Schlangen · Kohlstädt · Oesterholz · Haustenbeck

BEITRÄGE ZUR GESCHICHTE

Band II

Titelbild:
Altenheim des Kreises Lippe.
Das Gebäude war einst
Bestandteil des 1597-1599
errichteten Jagdschlosses Oesterholz.
Foto: Paul Theurich (1989).

ISBN 3-00-005 509-6

Satz und Druck: Druckerei Heinr. Fleege, Schlangen
Einband: Großbuchbinderei Gehring , Bielefeld

Schlangen · Kohlstädt · Oesterholz · Haustenbeck

BEITRÄGE ZUR GESCHICHTE

Band II

Zusammengestellt und bearbeitet
von Heinz Wiemann

Herausgeber:
Druck und Verlag Heinr. Fleege

Schlangen 1999

Inhaltsverzeichnis

Vorwort 7

Ernst Th. Seraphim
Die Eigenart der Sennelandschaft bei Schlangen unter besonderer Berücksichtigung ihrer Flora und Vegetation 9

Heinz Wiemann
Schlangen in den fünfziger Jahren 18

Schlangen in den fünfziger Jahren: 1950 20

Frank Huismann
Die Entstehung von Schlangen, Kohlstädt und Oesterholz im Frühmittelalter 26

Frank Huismann
Die Burg in Kohlstädt 30

Schlangen in den fünfziger Jahren: 1951 35

Heinrich Stiewe
Das Bauernhaus Kuhlmeier aus Kohlstädt 41

Schlangen in den fünfziger Jahren: 1952 53

Anne Schunicht-Rawe
Das Jagdschloß Oesterholz unter den Grafen Simon VI. und Hermann Adolph 61

Walter E. Capelle
„... totaliter ruinieret ...!" Die letzten Jahre des 30jährigen Krieges in der Vogtei Schlangen 65

Schlangen in den fünfziger Jahren: 1953 74

Ingrid Ahrendt-Schulte
„Von bösen Weibern ins Verderben gestürtzt" 83

Schlangen in den fünfziger Jahren: 1954 90

Nicolas Rügge
Aus der Geschichte der Tütgenmühle 98

Schlangen in den fünfziger Jahren: 1955 109

Hanns-Peter Fink
Jagdfrevel in der Senne im 18. Jahrhundert 116

Schlangen in den fünfziger Jahren: 1956 123

Heinz Wiemann
Zur Geschichte eines „besonderen Grenzsteines“ 129

Schlangen in den fünfziger Jahren: 1957 137

Vera Scheef
Die Senne in der bildenden Kunst des 19. Jahrhunderts 144

Walter Göbel
Elektrizitätsversorgung in Haustenbeck 148

Schlangen in den fünfziger Jahren: 1958 152

Erika Varchmin
1945: Die Amerikaner kommen ins Dorf 161

Heinz Wiemann
Erinnerungen an die Konfirmation im Jahre 1948 163

Schlangen in den fünfziger Jahren: 1959 167

Anmerkungen, Quellen, Literatur, Abbildungsnachweise 175

Vorwort

Eine Idee - und was daraus geworden ist: Dem 1991 in unserem Haus erschienenen Band mit Beiträgen zur Geschichte der Orte Schlangen, Kohlstädt, Oesterholz und Haustenbeck lag die Absicht zugrunde, eine Auswahl der im „Schlänger Boten“ veröffentlichten Arbeiten in einem Buch zusammenzufassen. Neue Abhandlungen sollten das Werk bereichern.
Das Buch ist auf eine gute Resonanz gestoßen. Es lag also nahe, den vorliegenden zweiten Band in gleicher Weise zu konzipieren.
Es ist Heinz Wiemann wiederum gelungen, ausgewiesene Kenner lippischer Geschichte zur Mitarbeit zu gewinnen. Den Ergebnissen ihrer Forschungen wurde Vorrang vor den „Boten“-Beiträgen eingeräumt. In starkem Maße haben wir bei der Zusammenstellung des Buches auch Bilder berücksichtigt, die an die fünfziger Jahre in Schlangen erinnern. So enthält der Band II der „Beiträge zur Geschichte“ nur drei Abhandlungen, die bereits im „Schlänger Boten“ erschienen sind.

Wir freuen uns jetzt besonders auf zahlreiche Leserinnen und Leser und erwarten im übrigen ein umfassenderes historisches Werk, zu dem wir mit unserem Bemühen um die Erarbeitung und Darstellung der heimatlichen Geschichte einen Beitrag leisten möchten.

Schlangen, im Dezember 1999

Druck und Verlag Heinrich Fleege

Haar-Ginster in Blüte, eine nur 15 bis 30 Zentimeter hohe Ginsterart, die im Heidekraut auf Sennedünen wächst.

Ernst Th. Seraphim

Die Eigenart der Sennelandschaft bei Schlangen unter besonderer Berücksichtigung ihrer Flora und Vegetation

„Die heutige Gemeinde Schlangen, die durch den Zusammenschluß der bis 1970 selbständigen lippischen Gemeinden Schlangen, Kohlstädt und Oesterholz-Haustenbeck entstanden ist, umfaßt etwa 57,98 qkm. Davon liegen 35,03 qkm, d. s. 46 %, also fast die Hälfte der Gemeindefläche, auf dem Truppenübungsplatz Senne.

Die erste Einbeziehung von Teilen der Schlänger Senne in den Übungsplatz fällt bereits in das Jahr 1892, das Gründungsjahr des Truppenübungsplatzes, als neben Senneteilen der damaligen Ämter Delbrück (wohin auch Hövelhof gehörte), Neuhaus und Lippspringe auch der Haustenbecker Ortsteil Lippisch-Taubenteich (rund 134 ha) und ein unbesiedeltes Gelände an den Bächen Lutter, Schlintgosse und Grimke in der Gemarkung Schlangen (rund 272 ha) an den Übungsplatz fielen[1]. Nachdem der Staat erst einmal Fuß gefaßt hatte, erfolgte durch die Militärverwaltung noch vor dem 1. Weltkrieg und dann erneut nach 1933 gleichsam scheibchenweise der Ankauf weiterer Teile der Senne für den Übungsplatz, darunter auch vieler Flächen in der Schlänger Senne, die damals, als Haustenbeck noch eine eigene Kommune bildete, von vier selbständigen Gemeinden verwaltet wurde. Nun wurden Flächen an der oberen Lutter und Grimke, am unteren Aschenweg, im Dünengelände „Auf der Horst" sowie bei den Sommerbergen und am oberen Rothebach (neuere Schreibweise des Baches in der amtlichen Topographischen Karte 4218 Paderborn) dem Übungsplatz zugeschlagen. Noch vor dem 2. Weltkrieg folgte fast die gesamte Gemeinde Haustenbeck bis zu den Bethelschen, bereits auf Augustdorfer Gebiet gelegenen Besitzungen (Heimathof, Wagnerhof u. a.), ebenso der größte Teil der damaligen Gemeinde Oesterholz sowie der nördlich Oesterholz gelegene Senneanteil der Gemeinde Kohlstädt, die sog. Kohlstädter Heide.

Da der Übungsplatz überwiegend in der Senne liegt, werden Sennelandschaft und Übungsplatz von einigen leider immer wieder für identisch gehalten. Bei etwas genauerem Hinsehen findet sich Sennesand auch außerhalb des Übungsplatzes, in der Gemeinde Schlangen z. B. an der Strothe und im Bereich des Gemeindefriedhofes an der Schützenstraße, aber auch im Gewerbegebiet am Heidweg, ferner in Oesterholz und sogar im Ortsteil Kohlstädt, wo am oberen Ende des Rotegrundes einst eine Düne aus Sennesand zur Ruhe gekommen ist. Auch die unter der Bezeichnung „Sennerandstraße" bekannte Verbindung zwischen dem Kreuzkrug und Augustdorf durch die Kammersenne entspricht nur grob dem Sennerand, denn Sennesand kommt in großer Menge auch im Lippischen Wald innerhalb und außerhalb des Übungsplatzes vor. Hier hat er sich vorwiegend in den tief in das Gebirge eingesenkten Tälern breitgemacht, doch begegnet man ihm auch noch hoch oben auf der Gauseköte und selbst im Schüsselgrund am Fuße des Barnacken.

Die Kraft, welcher der Sennesand seine Verbreitung verdankt, war zunächst das fließende Wasser, das ihn während der Eiszeit in breiter Front am Rande des Inlandeises vor sich her schüttete. Vor etwa 180 000 Jahren hatten unseren Raum während der sog. Saaleeiszeit zwei große Gletscherzungen erreicht: Die eine war von Norden vorwiegend durch die Porta Westfalica in das Hügelland zwischen Wiehengebirge und Teutoburger Wald vorgedrungen und hatte dort als äußerste Position den

Großen Ehberg (339,6 m über NN) und den Fuß der Grotenburg erreicht, auf der heute das Hermannsdenkmal steht. Der andere große Gletscherarm hatte etwa gleichzeitig die Mittelgebirgsschwelle westlich Osnabrück umgangen, war bei Rheine in die Westfälische Bucht eingedrungen, hatte sich dort ausgebreitet und dabei aus westlicher Richtung den Rand der Paderborner Hochfläche erreicht. Die weiteste, vom Inlandeis je erreichte Linie verlief exakt durch die Gemeinde Schlangen! Die als Fracht von Schmelzwasserbächen abgelagerten Sandmassen werden nach einem isländischen Wort als „Sander“ bezeichnet. Der Sennesand ist zum überwiegenden Teil wohl durch den Paß der Dörenschlucht in unseren Raum geschwemmt worden.

Eine zweite Kraft, die den Sennesand später erneut erfaßte, war der Wind. Er trieb ihn während der sog. Weichseleiszeit vor mehr als 10 000 Jahren aus der eigentlichen Senne die Hänge des Lippischen Waldes hinauf und trug damit wesentlich zur heutigen Verbreitung des Sandes bei. Darüber hinaus haben die Bäche, welche die Senne durchfließen, die sich aber erst nach der Eiszeit mit ihren Tälern bilden konnten, bis in die Gegenwart große Mengen Sand aus dem Zentrum der Senne talab in die Westfälische Bucht verfrachtet, wo er sich in den breiten Talungen verliert oder das Material für die Bildung der Dünenfelder an den Talrändern der Lippe und Ems geliefert hat. Auf Schlänger Gebiet legen einen Teil ihres Laufes Strothe, Lutter, Schlintgosse

Senne-Düne im Trockental in der Verlängerung der Straße „In der Rote“ in Schlangen-Kohlstädt. Rechts roher Dünensand, links mit Bewuchs durch „Pionierpflanzen“, u.a. Silbergras und Sand-Segge.

und Grimke, der Rothebach, der Haustenbach und der Knochenbach zurück. Wer die am Wochenende offene Straße von Bad Lippspringe zur Winningmühle und von dort über die ehemalige Dorfstelle Haustenbeck nach Augustdorf fährt, überquert sie alle. Durch ihre erosive Tätigkeit im Sennesand haben sie wesentlich zur Gestaltung der Oberflächenformen der Senne beigetragen.

Was den Sennesand gegenüber anderen Böden in der Gemeinde, z. B. dem ebenfalls verbreiteten Lehmboden unterscheidet, der sich bei der Verwitterung von Kalk- und Mergelgestein bildet, ist die naturbedingte Unfruchtbarkeit. Sie bedeutet aber nicht, daß auf dem Sennesand ohne Düngung kein Pflanzenwachstum möglich wäre. Auf Düngung, sowohl organische als auch anorganische, sind vor allem die Kulturpflanzen angewiesen, von denen ja erwartet wird, daß sie möglichst große Erträge bringen. Die an die Lebensbedingungen der Senne angepaßten heimischen Wildpflanzenarten zeichnen sich gegenüber den Kulturpflanzen, die der Mensch mitgebracht oder gezüchtet hat, durch ihre in Millionen Jahren der Evolution entwickelte Bedürfnislosigkeit aus. Für viele unter ihnen wäre jede Art von Düngung geradezu schädlich, sei es, daß sie durch die dem Boden zugeführten Stoffe unmittelbar geschädigt oder durch vom Dünger geförderte Arten verdrängt würden.

Die Unfruchtbarkeit des ungedüngten Sennesandes bezieht sich sowohl auf seine chemischen als auch seine physikalischen Eigenschaften. Aus chemischer Sicht sind es in erster Linie der Mangel an Mineralstoffen und die Versauerung der oberen Bodenhorizonte, aus physikalischer Sicht bei Dünen die extreme Grundwasserferne, die Neigung zu starker Erhitzung im Sommer und die Gefährdung durch frühe und späte Fröste. Darüber hinaus macht den Wurzeln der Pflanzen die Verbreitung eines bis zu 30 cm starken, durch Eisen-, Mangan- und Humusverbindungen verhärteten rostbraunen Bodenhorizontes, der als Ortstein bezeichnet wird, zu schaffen. Er bildet sich vor allem unter Kiefern und Zwergsträuchern der Heide unter den Bedingungen des relativ feuchten nordwesteuropäischen Klimas und führt, einmal vorhanden, auch zu Staunässe und damit einer schlechten Bodendurchlüftung.

Die Anpassung der Flora, d. h. der Pflanzenarten, und der Vegetation, d. h. der Pflanzengesellschaften, die in den verschiedenen Lebensräumen (Biotopen) der Schlänger Senne beobachtet werden können, bezieht sich in erster Linie auf den Stickstoff-Faktor. Stickstoff ist ein chemisches Element, das in mehreren Verbindungen in der Luft und im Boden enthalten sein kann und für den Aufbau der Zellen und Organe aller Pflanzen und Tiere (wie auch des Menschen) sowie ihrer spezifischen Erbsubstanz und der die Lebensabläufe regelnden Wirkstoffe unentbehrlich ist. Die Nutzung des Luftstickstoffes ist Tieren jedoch gar nicht und Pflanzen nur dann möglich, wenn sie in der Lage sind, mit bestimmten Bakterien eine für beide Seiten nützliche Lebensgemeinschaft (Symbiose) einzugehen. Alle anderen Pflanzen nehmen den von ihnen benötigten Stickstoff in Form von Bodensalzen als Nitrate oder Ammoniumverbindungen auf. Diese gelangen in den Boden, wenn abgestorbene pflanzliche und tierische Körpersubstanz durch dafür spezialisierte einfache Organismen stufenweise abgebaut worden ist, womit der Kreislauf des Stickstoffes in der Natur geschlossen wird.

Was hat das mit der Senne zu tun? Die Senne ist eine der an Bodenstickstoff ärmsten Landschaften Mitteleuropas! Ihr Sand, aus dem sich die hier heimischen Pflanzen ernähren, besteht im wesentlichen nur aus Kieselsäure sowie Eisen- und Manganoxiden. In den Randbereichen der Senne können dem Sand von Natur aus allerdings auch Kalkschotter beigemengt sein. Lediglich die Böden der Bachauen und Quellgebiete sind in der Regel mit Stickstoff versorgt, wo dann auch ein üppiger Pflanzenwuchs aufkommt. Zu den wichtigsten Vertretern dieser Lebensräume zählen in der Schlänger Senne Schmalblättriger Merk, Brunnenkresse, Wasserdost, Wasser-Minze, Blutweiderich, Mädesüß, Gelbe Schwertlilie, Wolfstrapp, Gilbweiderich, Schilfrohr und verschiedene Seggen und Binsen. Demgegenüber schlagen sich die Arten der anderen Lebensräume als sog. Stickstoff-Mangelzeiger[2] nur recht mühsam durch, wofür sie freilich den Vorteil haben, nicht die Konkurrenz der zwar wuchsstarken, aber stickstoffbedürftigen Arten „fürchten“ zu müssen.

Einen höchst bemerkenswerten Weg, an den benötigten Stickstoff zu gelangen, haben die sog. fleischfressenden Pflanzen eingeschlagen, unter denen in der Schlänger Senne zwei verschiedene Gattungen vertreten sind, nämlich Sonnentau und Wasserschlauch. Beide sind Bewohner der Heidemoore, wobei der Rundblättrige Sonnentau eher in den Torfmoospolstern, der Mittlere Sonnentau aber, wie die Wasserschlauch-Arten, in nassen Schlenken und Heideweihern anzutreffen ist. Die Heidemoore finden sich zwar hauptsächlich außerhalb der Gemeinde Schlangen zwischen Bad Lippspringe und Staumühle an der Alten Bielefelder Poststraße, am Diebesweg und an der Belowstraße, doch gibt es sie in geringer Ausdehnung auch im Quellgebiet der Schlintgosse südlich der Schlänger Schwarzen Berge, am Oberlauf von Rothebach und Grimke sowie in der Nähe des Eckelau. Die „Strategie“ der Sonnentauarten besteht darin, kleine Insekten (vorwiegend Mücken, Fliegen und Spinnen) mit klebrigen Sekrettröpfchen, die von Drüsen ihrer Blätter ausgeschieden werden, anzulocken, festzuhalten und mit den Blatträndern zu umschließen, um ihre eiweißhaltigen Bestandteile (u. a. inne-

Zwei Fangblätter des Rundblättrigen Sonnentaus. An der Spitze der Drüsenhaare befindet sich ein klebriges Sekrettröpfchen. Das rechte Fangblatt ist nach dem erfolgreichen Fang eines Insekts, das gerade verdaut wird, geschlossen.

re Organe und Flugmuskulatur) mit Hilfe von Enzymen nach Art der Tiere zu verdauen. Die unverdaulichen Teile, z. B. die Flügel und der Chitinpanzer der Beutetiere, bleiben zurück und werden, wenn das Blatt sich wieder öffnet, ausgeschieden. An den zarten Sprossen des Wasserschlauches, die im Wasser der Tümpel fluten, sitzen hingegen zahlreiche kleine Fangblasen, kleiner als der Kopf einer Stecknadel, in welche die Opfer, mikroskopisch kleine Wasserbewohner, hineingesaugt werden, um dort ebenfalls mit Enzymen aufgelöst und vom pflanzlichen Gewebe resorbiert zu werden.

Zu den bescheidensten unter den Stickstoff-Mangelzeigern gehören die sog. Pionierpflanzen. So nennt man die Erstbesiedler auf Rohböden, wie sie auf dem Übungsplatz in den Dünen der Schlänger Schwarzen Berge, den ehemaligen Sandgruben Auf der Horst und im Panzerübungsgelände der Kammersenne, aber auch auf den offenen Sandflächen der Düne im Kohlstädter Rotegrund (Fortsetzung der Straße „In der Rote") zu beobachten sind. Zu den Pionierpflanzen auf Sand gehören z. B. Sand-Segge, Silbergras, Bauernsenf und Frühlings-Spörgel, die mit einigen weiteren Arten die Silbergras-Gesellschaft bilden. Die Arten dieser Gesellschaft zeichnen sich dadurch aus, daß sie mit ihren dichten Wurzelbüscheln oder durch die Bildung von Wurzeln treibenden Ausläufern den losen Sand zu befestigen vermögen und sogar eine zeitweise Übersandung überstehen.
Haben sich die Erstbesiedler unter den Pflanzen auf dem rohen Sand erst einmal festgesetzt, dann gesellen sich mit Kahlem Bruchkraut, Zwerg-Filzkraut, Silber-Fingerkraut, Einjährigem und Ausdauerndem Knäuel, Feld-Thymian, Nelken-Haferschmiele, Frühlings-Segge sowie weiterhin auch Heidekraut, Englischem und Behaartem Ginster, Sandknöpfchen, Borstgras, Hunds-Veilchen, Sand-Löwenzahn und Gemeinem Ferkelkraut weitere Stickstoff-Mangelzeiger zu ihnen, wobei die „Pioniere" allerdings allmählich verdrängt werden. Die neuen Arten gehören teilweise zum Artenspektrum der Kleinschmielen-Rasen, teilweise

Blütenstand des Breitblättrigen Knabenkrautes, einer Orchidee der ungedüngten Feuchtwiesen im Randbereich der Schlänger Senne.

aber auch zu dem der Sandginster-Heiden. Viele unter ihnen sind, weil ihr Lebensraum, die stickstoffarmen trockenen Sande der Binnendünen, durch Abgrabungen, Besiedlung oder Aufforstung kaum noch irgendwo ungestört erhalten geblieben ist, inzwischen landesweit gefährdet oder sogar vom Aussterben bedroht[3]. Überließe man diese offenen Biotope sich selbst, so würden innerhalb einiger Jahrzehnte aus den benachbarten Wäldern und Forsten u. a. Sand-Birken, Ebereschen, Stiel-Eichen und Wald-Kiefern einwandern, und es würde sich schließlich ein Sekundärwald bilden, von dem man annimmt, daß er dem Birken-Eichen-Wald ähnlich wäre, der die Sandböden der Senne einst, d. h. vor der Nutzung der Landschaft durch den Menschen, flächenhaft eingenommen hat.

Die Erhaltung der in Nordrhein-Westfalen und darüber hinaus einzigartigen Gras- und Zwergstrauchheiden erfordert ständige Pflege. Vor der Einbeziehung in den Truppenübungsplatz erfolgte die Offenhaltung großer Teile der Schlänger Sennelandschaft in erster Linie durch die in Oesterholz und Haustenbeck ansässigen Bauern (Kolone), die Roggen, Hafer, Kartoffeln und Buchweizen anbauten, Schafzucht und Imkerei betrieben und sich einige Rinder hielten. Einen wesentlichen Beitrag zur Entstehung und Erhaltung der Heidelandschaft leistete dabei der regelmäßige Plaggenhieb, mit dem sowohl Streu für die Ställe als auch Dünger für die Äcker gewonnen wurde. Durch die archäologische Untersuchung einiger Hügelgräber eines jungsteinzeitlichen bis bronzezeitlichen Gräberfeldes bei Oesterholz durch F. Hohenschwert-Heuwinkel[4] ist nachgewiesen, daß Plaggen in der Schlänger Senne bereits vor mehr als 3000 Jahren gewonnen wurden, um mit ihnen die Hügel abzudecken, unter denen die Menschen damals ihre Toten bestatteten. Die häufig auf Dünenkuppen angelegten Hügelgräber, von denen im „Kaninchenbusch" in Oesterholz, im Eckelau und im Königslau noch etliche erhalten sind, sprechen als Kulturdenkmale ebenso für die Eigenart der Schlänger Sennelandschaft wie dies die Dünenfelder als Zeugen des Klimas der ausklingenden Eiszeit und damit als bedeutende Naturdenkmale tun.

Eine weitere Besonderheit der Senne bei Oesterholz ist ein Rücken aus Kreidekalk, der sich, von einer dünnen Decke aus Sennesand verhüllt, von der Reithalle in den Übungsplatz hinein erstreckt. Ein kleiner, verfallener Steinbruch, in dem der Aronstab und das in der Senne sonst unbekannte Christophskraut vorkommen, sowie zahlreiche alte Schürfe in dem bewaldeten, nach Süden gerichteten Hang des Rückens erinnern an die Zeit, als hier noch Kalkmergel zum Düngen der Sandäcker gewonnen wurde. An der Basis des Hanges tritt in mehreren Quellen Grundwasser zutage, Ursache hierfür sind weitere mergelige bis tonige Schichten der Oberen Kreide, die unter der Bezeichnung „Emscher-Mergel" bekannt wurden und hier an einigen Stellen bis zum Beginn des 20. Jahrhunderts in flachen Schürfen für die Ziegelherstellung abgebaut wurden.

Der zwischen der Reithalle des Reit- und Fahrvereins Schlangen und der Flur „Auf der Horst" im Untergrund anstehende Kalk und Kalkmergel hat auch auf die Flora und Vegetation in diesem Teil der Schlänger Senne einen deutlichen Einfluß. Da das kalkhaltige Grundwasser unter der Sanddecke in den Poren des Bodens bis in den Wurzelraum aufsteigt, hat sich nordwestlich des Haverkampsees ein artenreicher Laubmischwald entwickelt, in dem - je nach Feuchtigkeitsgrad - außer Sand-Birke und Stiel-Eiche auch Rotbuche, Berg-Ahorn, Hainbuche und Feld-Ahorn auf mäßig trockenen sowie Esche, Schwarz-Erle, Moor-Birke und die heimische Traubenkirsche auf den feuchteren Standorten, ferner vereinzelt auch Sommer-Linde und Trauben-Eiche auftreten. Auch die Strauchschicht ist hier vielseitiger zusammengesetzt als in den Wäldern im Inneren der Senne. Als Arten der mit Nährstoffen gut versorgten Krautschicht, die zum Teil sogar Zeigerwert für basische Böden besitzen, sind Waldmeister, Sanikel, Stattliches Knabenkraut, Schwarze Teufelskralle, Vierblättrige Einbeere, Zwiebel-Zahnwurz und Vielblütige Weißwurtz mit ihren zumeist kleinen Populationen zu erwähnen.

Wo der Laubwald gerodet und in Wiesen und Weiden umgewandelt wurde, wie es z. B. bei Wehmeyers Wiesen nördlich und bei den Wiesen in der Nähe der Försterei Eckelau südlich des Kreidekalkrückens geschehen ist, hat sich eine den Kalkflachmooren ähnliche Vegetation eingestellt. Unberührte Kalkflachmoore gehören in Nordrhein-Westfalen heute zu den seltensten Lebensräumen; aber auch die ihnen nahestehenden, schwach sauren bis basischen Moorwiesen sind in hohem Maße schutzbedürftig. Um sich nicht zu Hochstaudenfluren oder Röhrichten zu entwickeln, wie man sie in den Talauen der sich selbst überlassenen Sennebäche vorfinden kann, bedürfen sie einer fachkundigen Pflege (Mahd), die von der Landwirtschaftlichen Betreuungsstelle des Übungsplatzes alljährlich durchgeführt wird. Unter den vielen Arten, welche diese Wiesen in jahreszeitlichem Wechsel schmücken, können hier nur einige der auffälligeren genannt werden. Im Frühjahr sind es Sumpf-Dotterblume, Wiesen-Schaum-

Geschützter Landschaftsbestandteil (LB) „Alte Sandgrube Oesterholz". Im Vordergrund links bewuchsarmer eiszeitlicher Sand im Hang der Abgrabung, im Mittelgrund rechts Kalkgesteinstrümmer aus einem Schurf am Boden der Grube. Auf den Hängen haben sich durch natürlichen Samenanflug Kiefern, Birken und Weiden angesiedelt, in der Strauchschicht herrscht Besenginster vor. Der an verschiedenen Lebensräumen reiche Landschaftsbestandteil wird durch geeignete Pflegemaßnahmen der Biologischen Station „Senne" in Hövelhof in einem ökologischen Gleichgewicht gehalten.

kraut, Kuckucks-Lichtnelke, verschiedene Seggen, Scharfer Hahnenfuß und eine starke Population des Breitblättrigen Knabenkrautes, im Sommer dann Pfennigkraut, Wiesen-Platterbse, Geflügeltes Johanniskraut, Sumpf-Hornklee, Wiesen-Bocksbart und die gern von Schmetterlingen aufgesuchte Sumpf-Kratzdistel. In den Gräben und alten Lehmschürfen wuchern Blutweiderich, Kohldistel, Mädesüß, Wolfstrapp, Sumpf-Vergißmeinnicht, Bachbunge, Gelbe Schwertlilie, Froschlöffel, Wasser-Minze und Wasserdost. Mäßige Trockenheit zeigen hingegen Echtes Labkraut, Zittergras, Wiesen-Flockenblume und Kleiner Klappertopf an, während der Flammende Hahnenfuß bereits auf etwas höhere Säuregrade (niedrigere pH-Werte) des Bodens schließen läßt.

Der im Untergrund des Sennesandes anstehende Kalk der Oberen Kreide ist in der großen Sandgrube aufgeschlossen, auf die man stößt, wenn man vom Kreuzkrug am Rand des Übungsplatzes auf dem Aschenweg zur Bungalowsiedlung geht. In der durch den Landschaftsplan „Sennelandschaft“ des Kreises Lippe 1990 als „Geschützter Landschaftsbestandteil“ (LB) ausgewiesenen Grube zeigen bestimmte Fossilienfunde (Schwammtiere, Muscheln, Reste von Seeigeln), daß der unter dem abgebauten Sand in etwa 10 m Tiefe freigelegte Kalk aus der Ablagerung eines Meeres in der Turonzeit (eine Stufe der Oberen Kreide) vor etwa 100 Millionen Jahren hervorgegangen ist. Aus diesem Gestein bestehen auch die an die Senne angrenzenden Bergrücken des Lippischen Waldes. Die Sandgrube wurde mit Rücksicht auf das hier zeitweise austretende Grundwasser nicht mit Bauschutt oder Müll verfüllt, sondern unter Schutz gestellt, damit sich in ihr verschiedene Biotope ungestört entwickeln können. So hat sich inzwischen im oberen Teil der Grube eine Reihe Arten angesiedelt, die für trockene Kalkscherbenböden charakteristisch sind, während an den sandigen Hängen Besenginster-Gebüsch gedeiht und sich in dem zeitweise unter Wasser stehenden unteren Grubenbereich ein Feuchtbiotop entwickelt, in dem Amphibien laichen und verschiedene Libellenarten beobachtet werden können.

Die Schlänger Sennelandschaft verdankt, wie wir sehen, ihre Eigenart zum Teil ihrer Randlage gegenüber den andersartigen Landschaften außerhalb der Senne. Das trifft auch für das Tal der Strothe mit dem Naturschutzgebiet „Schlänger Moor“ an der Bundesstraße 1 zu. Das in der rechten Talaue der Strothe gelegene Gebiet wird von verschiedenen Pflanzengesellschaften besiedelt, deren Verbreitung den unterschiedlich starken Einfluß des basischen Druckwassers der Strothe und des sauren Sickerwassers von Quellen an der Basis der rechten Talkante spiegelt: Auf den in Bachnähe stockenden Traubenkirschen-Erlen-Eschen-Auenwald (und Weidengebüsch) folgt eine breite Zone aus Schilfröhricht und auf diese ein saures Talrandmoor mit Rundblättrigem Sonnentau, Weißem

Naturschutzgebiet „Schlänger Moor“ in der Strothe-Aue an der Bundesstraße 1. Ausschnitt mit Hochstaudenflur, Schilfröhricht und Weiden-Faulbaum-Gebüsch.

Schnabelried, Schmalblättrigem Wollgras und der Igel-Segge u. a., also Pflanzenarten, deren Standortbedingungen bereits jenen der Heidemoore ähnlich sind.

Ein Abstecher zum Quellkolk der Lutter und zu den Mergelgruben im Eckelau ist nur dann möglich, wenn der britische Platzkommandant dazu die Genehmigung erteilt und jeder Teilnehmer eine Unterschrift leistet, mit der er auf Ansprüche für den Fall verzichtet, daß ihm etwas zustößt. Denn das Betreten des Übungsplatzes ist wegen der Gefahren, die von Blindgängern und anderen Altlasten ausgehen, zunächst grundsätzlich verboten. Die Gefahr beschränkt sich nicht auf die eigentlichen Schießbahnen und ihre nähere Umgebung, sondern besteht auch noch weitab davon, wo ältere, darum aber nicht weniger explosive Munition aus einer Zeit liegen kann, als die Schußfelder noch anders ausgerichtet waren als heute.

Der Quellkolk der Lutter befindet sich eineinhalb Kilometer westlich des Schlänger Freibades in einem Waldgebiet. Er unterscheidet sich von dem Quellgebiet der anderen Sennebäche dadurch, daß das Quellwasser in einem eng begrenzten Bereich aus der Tiefe aufsteigt, statt kaum wahrnehmbar in sog. Sickerquellen an der unteren Talkante auszutreten. Ob es sich um echtes Tiefenwasser handelt, das seinen Ursprung in den Klüften des Kreidekalkes hat, ist noch nicht geklärt, jedoch nicht unwahrscheinlich. Der in einem nur schwach eingeschnittenen Tal weiterfließende Bach mündet am Diebesweg auf Paderborner Gebiet in die Strothe, die von hier an Thune heißt. Die Bodenflora in der Umgebung des Lutter-Quellkolkes setzt sich vorwiegend aus schattenverträglichen Arten wie dem Kleinen und Großen Dornfarn, dem in der Senne seltenen Bergfarn, dem Salbei-Gamander sowie Preisel- und Heidelbeere zusammen. Bemerkenswert ist auch das Vorkommen des zur Familie der Primelgewächse gehörenden Siebensternes.

Stausee an der Lutter, 1 Kilometer unterhalb des Lutter-Quellkolkes. Der vom Bundesforstamt Senne Anfang der 70er Jahre nahe der Ringstraße angelegte Stausee ist nach dem damaligen Leiter des Forstbezirks Eckelau, Heinrich Kaspers, benannt.
Die Bedeutung als Lebensraum für Pflanzen und Tiere ist wegen der Sauerstoffzehrung durch vermoderndes Laub und wegen der Beschattung des Gewässers zur Zeit jedoch relativ gering.

Das Eckelau („lau" = loh, Gehölz), in welchem die Mergelgruben liegen, ist ein vorwiegend von Laubmischwald bedecktes Gebiet, das sich östlich der Lopshorner Straße als flache Kuppe etwa 25 m über seine Umgebung erhebt. Der Untergrund wird hier, ähnlich wie an der Horst, nicht von Sennesand, sondern von Kalkmergel der Kreidezeit gebildet, auf dem aber verbreitet lockere eiszeitliche Sedimente liegen, an denen mit einem hohen Anteil kalkhaltiger Schutt des Lippischen Waldes beteiligt ist. Da sich der Kalkmergel und seine ebenfalls mergeligen Deckschichten dafür eigneten, den unfruchtbaren Sennesand mineralisch zu verbessern, wurden sie von den Bauern der Senne an mehreren Stellen in ausgedehnten Gruben abgebaut und auf dem Mergelweg in die Haustenbecker Senne und darüber hinaus auch noch bis in die Hövelsenne gebracht, wo bei Staumühle an der Kalkstraße ein Mergelhaufen bis in die Gegenwart ungenutzt liegen geblieben ist. Wo der Kalkmergel des Eckelau den Säurewert des Oberbodens positiv beeinflußt, haben sich etliche Pflanzen eingefunden, die man in der Schlänger Senne sonst nicht oder nur längs kalkgeschotterter Wege oder Straßen mit Kalkunterbau findet. Hierzu gehören u. a. die Kalkzeiger bzw. Schwachsäurezeiger Waldmeister, Kleiner Odermennig, Kleiner Wiesenknopf, Goldschopf-Hahnenfuß, Hohe Schlüsselblume, Bachbunge und Echte Hundszunge.

Es ist natürlich der Wunsch der Schlänger Bevölkerung, in der Senne wandern zu dürfen. Trotz der zur Zeit noch herrschenden Restriktionen sei deshalb ein Blick in die Zukunft erlaubt! Über bestimmte Lockerungen, die im äußersten Randbereich und auf einigen Straßen zu bestimmten Zeiten bereits in der Gegenwart gelten, gibt die Gemeindeverwaltung Auskunft.

Ob die weitere Nutzung der Senne als Truppenübungsplatz überflüssig oder unzweckmäßig wird, darüber entscheidet ebenso die Fähigkeit von Völkern und Volksgruppen, Konflikte ohne den Einsatz von Waffen zu lösen, wie die Entwicklung der bei kriegsähnlichen Auseinandersetzungen einsetzbaren Waffensysteme und computergesteuerter Trainingszentren. Als Folgenutzung für den Übungsplatz hat die Landesregierung von Nordrhein-Westfalen bereits im Jahre 1994 die Ausweisung als Nationalpark beschlossen. Zur Unterstützung dieses Zieles ist im Mai 1998 der „Förderverein Nationalpark Senne" gegründet worden. Die Bemühungen des Vereins, die nachgewiesene landesweite Sonderstellung von Natur und Landschaft zu erhalten, gelten auch für die Schlänger Sennelandschaft.

Die Realisierung des Nationalparks würde freilich nicht bedeuten, daß sich jedermann nach eigenem Gutdünken in der Senne bewegen, die Landschaft mit Fahrzeugen oder zu Pferde durchstreifen, Jagdhütten oder Wochenendhäuser bauen, zelten oder grillen dürfte, um nur einige beliebte Freizeitbeschäftigungen des Konsumenten „Mensch" zu nennen. Ohne auch künftig geltende Einschränkungen würde in kurzer Zeit alles verloren gehen, was die Schönheit und Eigenart der Landschaft sowie die Vielfalt der Arten und Lebensräume, kurz, was den besonderen Wert der Sennelandschaft bedingt. Dabei ist unumstritten, daß sich die hohe Qualität der Landschaft sowohl trotz als auch wegen der vor hundert Jahren begonnenen militärischen Nutzung eingestellt hat, denn die durch das Militär angerichteten Schäden sind ebenso offensichtlich wie die Tatsache, daß die Landschaft mit der Einrichtung des Übungsplatzes aus fast allen anderen menschlichen Nutzungsformen, die weitergehende negative Veränderungen hervorgerufen hätten, herausgenommen wurde. Wie es sich in den bereits bestehenden Nationalparks in den alten und neuen Bundesländern bewährt hat, so soll auch in der Senne eine zum Schutz der Natur gänzlich gesperrte Kernzone eingerichtet werden; innerhalb des Nationalparks soll es aber auch große Bereiche geben, zu denen der Mensch in naturschonender Weise Zugang erhält und schließlich solche, deren Infrastruktur durch bestehende oder noch zu schaffende Einrichtungen vorrangig dem Tourismus dient.

In welchem Umfang und in welcher Weise die Gemeinde Schlangen und die Schlänger Sennelandschaft von der Einrichtung des geplanten Nationalparks profitieren können, ist zum gegenwärtigen Zeitpunkt nicht geklärt und wird, wie bei allen anderen Anliegergemeinden, auch davon abhängig sein, in welchem Maße sie sich in ein zu entwickelndes Konzept einzubringen vermag.

Heinz Wiemann

Schlangen in den fünfziger Jahren

Im Jahre 1958 vor der Schmiede Wolf in Schlangen an der Detmolder Straße (heute Autohaus Deckers). Die Anfänge des Betriebes liegen im Jahr 1891. Ein Trecker wird repariert, und Pferde stehen zum Hufschlag bereit - Hinweise auf einen für die fünfziger Jahre typischen Wandel in der Landwirtschaft und im dörflichen Schmiedehandwerk.

Vorbemerkungen

Es geht um die fünfziger Jahre des 20. Jahrhunderts. Sie begannen am 1. Januar 1950 und waren am 31. Dezember 1959 zu Ende. Wir haben ein Stück Schlangener Geschichte gewissermaßen herausgeschnitten aus dem Lauf der Zeit.

Was wir zu bieten haben, ist keine umfassende, ausgewogene, wissenschaftlich fundierte Darstellung. Wäre die Gemeinde eine Familie, könnte man das Ganze ein Familienalbum nennen. Es ist eine Art Gemeindealbum mit chronologisch aneinandergereihten Bildern.

Viele werden darin blättern und sich erinnern. Sie werden möglicherweise ihre Gedanken für eine Weile der Vergangenheit zuwenden und Gefühle der Verbundenheit spüren. Wer die fünfziger Jahre in Schlangen nicht miterlebt hat, wird Einblicke gewinnen, ein paar Kenntnisse mehr erhalten. Je mehr jemand über die Geschichte seines Ortes weiß, um so eher wird er sich dort zu Hause fühlen.

Am Bild des Dorfes hat sich in der Zeit des Zweiten Weltkrieges kaum etwas gewandelt. Veränderungen sind in den Nachfolgejahren gekommen, bedingt auch durch den Zuzug von Flüchtlingen und Vertriebenen.

Das Kindergartengebäude an der Parkstraße - wie es 1920 gebaut wurde, fotografiert im Jahre 1952.

Im August 1957 wird damit begonnen, das Obergeschoß „voll aufzustocken“ und umzubauen. Nach drei Monaten hat das Hauptgebäude ein völlig anderes Gesicht bekommen.

Die Kinder, auf dem Foto vor einer Wanderung, wachsen in einer Welt auf, die sich grundlegend von dem unterscheidet, was ihre Eltern über weite Strecken ihres Daseins erlebt haben.

Zu Umbaumaßnahmen kommen in den fünfziger Jahren in Schlangen Neubauten im öffentlichen und in besonders großer Zahl im privaten Bereich. Dem Maurerberuf wird eine krisenfeste Zukunft vorausgesagt.

1950

Das 1826/27 gebaute Schul- und Küsterhaus wurde bereits 1856/57 mit einem südlichen Anbau versehen. Insbesondere durch den Zuzug von Flüchtlingen und Vertriebenen nach dem Zweiten Weltkrieg wuchs die Schülerzahl. Schon vor der Währungsreform 1948 hatte man damit begonnen, zwei nur noch Abstellzwecken dienende Räumlichkeiten der „Alten Schule" als Klassenzimmer wieder herzurichten.

Die „Neue Schule" ist im Oktober 1900 eingeweiht worden. Den vier Klassenräumen wurden 1925 durch einen Anbau zwei weitere hinzugefügt. Im Protokoll der Ratssitzung vom 8. Januar 1950 heißt es: „Der Gemeinderat hat sich nach Prüfung der Sachlage davon überzeugt, daß die jetzt bestehenden Raum- und Platzverhältnisse der Volksschule in Schlangen einen ausreichenden und vollwertigen Unterricht für die große Schülerzahl nicht ermöglichen und die vollständige schulische Ausbildung gefährden . . . Der Gemeinderat beschließt daher grundsätzlich die Planung eines Schulneubaus."

In einem kleinen Wohnhaus-Anbau eröffnet Fritz Reese an der Schützenstraße ein Lebensmittelgeschäft. Ehefrau Elfriede (Foto) ist eine fleißige Mitarbeiterin. 1949 haben bereits Otto Fischer an der Lindenstraße und Hermann Bögerbax an der Rosenstraße die Zahl der Lebensmittelgeschäfte vergrößert.

Protokoll der Gemeinderatssitzung vom 24. Februar 1950: „Die unglückliche Lage unserer Gemeinde am Truppenübungsplatz Senne wirkt sich immer ungünstiger aus. Die neu stationierten Panzereinheiten haben die Gemeindewege schwerstens beschädigt ...“ Panzer befahren auch häufig die mitten durch Schlangen führende Bundesstraße 1 und richten hier ebenfalls Schäden an. (Das Fachwerkhaus gehört Lina Grote, und daneben steht das Gebäude des Bäckermeisters August Stecker.)

Erstes Schuljahr, eingeschult am 18. April 1950.
Hintere Reihe: Helga Müller (vh. -?-), Marianne Rügge (vh. Jablonski), Heinrich Hörstmeier, Dieter Janz, Friedhelm Horstmann, Bernd Seifert, Siegfried Reschinski, Dieter Kaltenborn, Helmut Schäferjohann, Manfred Wobbe, Ulrich Dröge, Fritz Bollhöfer, Elfriede Rebbe (vh. Obenhausen), Elke Schmidt (vh. Werkmeister).
Davor stehend: Brigitte Behrend (vh. -?-), Friedhild Keiser (vh. Schlewing), Helga Wehmeier (vh. Peters), Gerhild Joly (vh. Joly-Buse), Helga Wolf (vh. Nagel), Udo Winkler, Reinhard Berner, Dieter Haase.
Vorn sitzend: Anni Meier (vh. Lübbertsmeier), Ingelore Dirscherl (vh. Köster), Ute Viereck (vh. -?-), Gustel Haase (vh. Schäferjohann), Leni Richts (vh. Grzibek), Hannelore Schomann (vh. Fritsch), Gisela Wiemann (vh. Nolte), Erwin Herdehuneke, Rainer Vollmer, Friedhelm Böger.
Klassenlehrerin: Erika Vollmer (vh. Varchmin).

Bei vielen ist das Verlangen nach Abwechslung, Aufmunterung und Frohsinn groß. Die Theaterabteilung des VfL hat im Vorjahr drei heitere Aufführungen (mit Wiederholungen) im jedesmal überfüllten Saal Sibille auf die Beine gestellt. Die Laienspielschar Schlangen brachte es ebenfalls auf drei erfolgreiche, mit viel Freude aufgenommene Inszenierungen.
Die Operette „Wiedersehen mit Helga" wird am 25. Juni von Mitgliedern der VfL-Theaterabteilung „vor ausverkauftem Haus" gespielt (Wiederholung am 15. Juli). Von links (stehend): Wilhelm Klöpping (Akkordeon), Irmgard Ellerbrok (Ballett), Werner Schmidt (Tom, Sohn einer Schwarzen), Ursula Tipolt (Schwarze Mammy), Werner Grimpe (Jimmy, ein Amerikaner/Inszenierung), Marie Göbel (Juliska, eine Ungarin), Otto Fischer (Klaus Lehner, ein Tenor), Elfriede Kleinschlömer (Helga Wehrmann), Erwin Buchholz (Alfred von Rabenau, Besitzer einer Farm am Rio Negro), Hugo Sunkovski (ein Diener), Marlies Sibille (Ballett), Willi Göbel (Trompete), Josef Stoffel (Geige).
Davor: Hans Schwob (Peter Müller, ein Musiker/Musikalische Leitung), Hilde Schröder (Ballett), Inge Motzen (Ottilie Wehrmann, Helgas Mutter), Heinrich Göbel (Adalbert Wehrmann, Helgas Vater/Leiter der VfL-Theaterabteilung), Erna Deppe (Ballett).
Vorn: Werner Petring (Beleuchtung), Albert Rebbe (Bühnenbild), Willi Benkelberg (Bühnenbild), Josef Summer (Bühnenbild). Es fehlt Walter Haase (Bühnenbild).

1950

Im „Lippischen Kalender 1951" heißt es in einem 1950 verfaßten Beitrag: „In den letzten zehn Jahren hat sich in Lippe trotz des Krieges und der schwierigen Nachkriegsjahre die Anzahl der Schlepper in landwirtschaftlichen Betrieben fast verdoppelt. Trotzdem fehlt auch heute noch in sehr vielen Betrieben der Schlepper und damit das Herz der Mechanisierung . . ." In der Landwirtschaft in Schlangen und seiner Umgebung sind noch überwiegend Pferde im Einsatz. Das Foto wurde in der Nähe des Kohlstädter Steinweges aufgenommen.

Als sich das dörfliche Leben nach dem Zusammenbruch anschickte, in normaleren Bahnen zu verlaufen, wurde 1949 der Spielmannszug wieder ins Leben gerufen. Das Gerede „Die wollen schon wieder marschieren!“ störte die jungen Spielleute des VfL Schlangen wenig.
Nach den ersten öffentlichen Auftritten erscheinen die Mitglieder des Spielmannszuges, angeführt von Adolf Haase, Anno 1950 im Festumzug zur 75-Jahr-Feier des Hermannsdenkmales in neuen einheitlichen Anzügen. Schneidermeister Georg Herzog hat's innerhalb von vier Wochen möglich gemacht. Der 13jährige Schüler Horst Krieger trägt dem Spielmannszug, der in Detmold viel Beifall findet, die Nummer 48 voraus.

Gemeinderatssitzung am 9. Dezember: Bürgermeister Fritz Rebbe, seit dem 20. September 1948 im Amt, wird wiedergewählt. Protokoll: „Bürgermeister Rebbe gibt seinen Tätigkeitsbericht über das abgelaufene Jahr. Es wurden 62 Wohnungsangelegenheiten geregelt, davon zwei Drittel für Flüchtlinge. An sonstigen Maßnahmen und Arbeiten wurden im ablaufenden Jahr fertiggestellt bzw. begonnen: 1. Schulneubauplanung, 2. Ausstattung von drei Klassenräumen mit neuen Schulmöbeln, 3. Überarbeitung des Bebauungsplanes, 4. Projekt Hochwasserabflußregelung Langes Tal, 5. Kanalisationsplanung, 6. Kanalisation Lindenstraße und Adolfstraße, 7. Erweiterung des Wasserleitungsnetzes, 8. Erneuerung des Feuerwehrgerätehauses, 9. Ausbau der Langetalstraße, Lindenstraße, Gartenstraße, Badstraße, Alte-Rothe-Straße und verschiedener Verbindungswege.
Seinen besonderen Dank spricht Bürgermeister Rebbe Herrn Gemeindedirektor Winter aus, der unermüdlich geschafft hat und die erforderlichen Unterlagen für die Beschaffung von Zuschüssen fertigstellte . . .“
Foto (aus dem Jahr 1949): Gemeindedirektor Hans Winter (seit dem 15. April 1947 als Gemeindedirektor tätig), Bürgermeister Fritz Rebbe und Oberkreisdirektor Karl Brand.

Frank Huismann

Die Entstehung von Schlangen, Kohlstädt und Oesterholz im Frühmittelalter

Man hat das Frühe Mittelalter gern als das dunkle Zeitalter bezeichnet. Daran stimmt nur, daß wir über diese Zeit wenig wissen. Schriftliche Quellen sind selten, und auch die archäologische Forschung der letzten Jahrzehnte kann auf viele Fragen keine Antworten geben. Dennoch soll hier versucht werden, die Entwicklung der drei Siedlungen Schlangen, Kohlstädt und Oesterholz bis ins 11. Jahrhundert zu beschreiben.

Schon die Frage, wann die drei Dörfer eigentlich gegründet wurden, ist kaum zu beantworten. Die ersten Spuren menschlicher Aufenthalte stammen aus der Mittleren Steinzeit (etwa 8.000 v. Chr. bis 3500 v. Chr.).[1] Auch aus den folgenden Epochen bis ins Frühe Mittelalter hinein liegen einzelne Funde vor. Bekannt sein dürften die älterbronzezeitlichen Hügelgräber, die zum archäologischen Lehrpfad in Oesterholz gehören.[2] Aber die Vorstellung, seit etwa 10.000 Jahren würden ohne Unterbrechung Menschen in Schlangen und Umgebung leben, ist sicher falsch. Eher könnte man sagen, es lebten immer mal wieder Menschen dort. War der Boden durch die Landwirtschaft ausgelaugt, verließ man die Siedlung und gründete andernorts eine neue. Hatte der Boden sich wieder erholt, kamen andere Siedler, um ihn erneut zu bearbeiten. Erst später begann man mit der sogenannten Zwei- oder Dreifelderwirtschaft, bei der ein Teil des Ackers als Brache liegenblieb, um sich zu regenerieren.[3]

Daneben gab es auch radikalere Einschnitte in der Bevölkerungsstruktur. Das heutige Münsterland etwa scheint im 5. Jahrhundert n. Chr. fast menschenleer gewesen zu sein. Auch in Ostwestfalen wurden gegen Ende des 4. Jahrhunderts n. Chr. viele Siedlungen aufgegeben, die Einwohner zogen im Rahmen von Wanderungsbewegungen nach Westen.[4] Auch wenn einige Niederlassungen in Lippe fortbestanden, können wir deshalb mit einer Gründung der Dörfer Schlangen, Kohlstädt und Oesterholz erst im Frühmittelalter rechnen.

Zwischen dem 4. und dem 7. Jahrhundert zogen Sachsen aus dem Raum Jütland-Schleswig-Holstein nach Süden und besetzten die wüst gefallenen Landstriche im heutigen Niedersachsen und in Westfalen. Dort wo es noch größere Bevölkerungsteile gab, wurden diese unterworfen und schließlich in den Stamm integriert. Um das Jahr 695 besiegten die Sachsen den Stamm der Bructerer, der bereits südlich des Flusses Lippe siedelte.[5] Entsprechend früher dürften sie das heutige Lippe erreicht haben. Mit dem Sieg über die Bructerer stießen die Sachsen im Süden in das Gebiet der Franken vor, zu denen es auch im Westen bereits Kontakte gab. Beide Stämme fochten immer wieder Kämpfe aus, bevor unter Karl dem Großen die sogenannten Sachsenkriege begannen. Zu dieser Zeit dürften die drei Dörfer, um die es hier geht, schon bestanden haben.

Die Zeit Karls des Großen

Die Sachsenkriege begannen mit Karls erstem Feldzug 772, bei dem er die Eresburg eroberte (das heutige Obermarsberg), und endeten erst im Jahre 804. Die Sachsen selbst bildeten nur einen lockeren Verband, der in den Kämpfen in drei Gruppen operierte: Ostfalen, Engern und Westfalen. Der heutige Kreis Lippe gehörte zum Einflußbereich der Engern, noch nicht der Westfalen.[6] Die von den Engern gegründeten Dörfer waren überwiegend kleine Höfegruppen mit drei bis fünf Gehöften oder auch Einzelhöfe.[7] Häufig lagen mehrere dieser Weiler nah beieinander in Siedlungs-

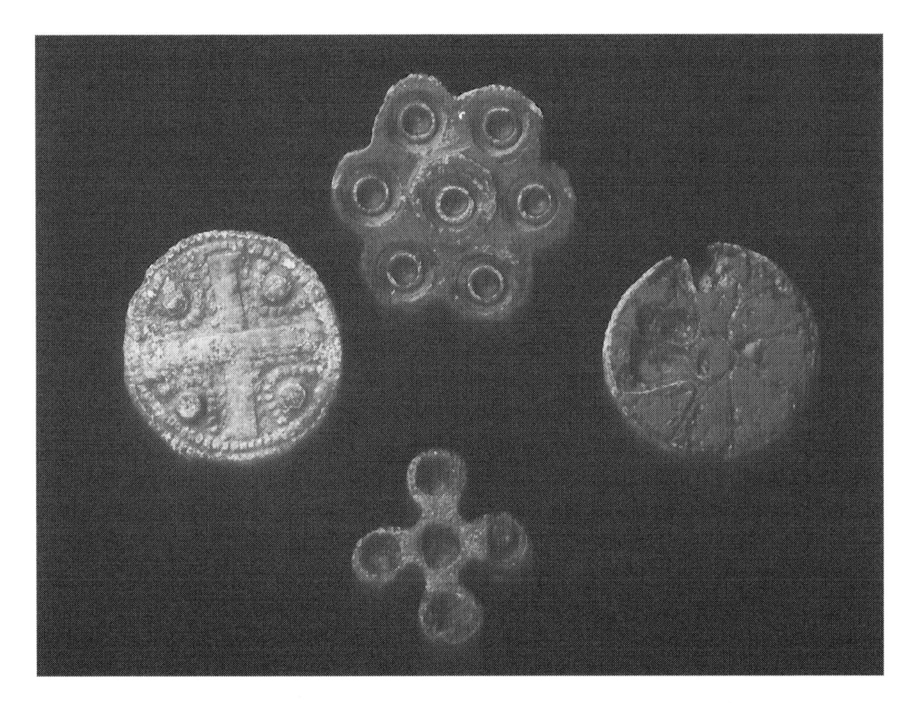

Auf dem Finkenkrug-Gelände wurden zahlreiche Fibeln unterschiedlicher Typen aus dem 8., 9. und 10. Jahrhundert gefunden - Hinweise auf eine frühe Besiedlung.

inseln, umgeben von reichlich Urwald. Die Bevölkerungsdichte war insgesamt sehr gering.
Es läßt sich feststellen, daß die Ortsnamen, die neugegründete Siedlungen erhielten, gewissen „Modetrends" folgten. Zur Benennung benutzten die Stämme gern Namen mit besonderen Endungen. Je nach Zeitschicht und Stamm herrschten einzelne Endungen vor, eine davon war bei den Sachsen vor der fränkischen Eroberung die Endung -idi.[8] Die früheste Erwähnung des Dorfes Kohlstädt lautet „Colstidi" (siehe unten). Weil auch Schlangen („Lanchel") mit seinem schwer zu deutenden Ortsnamen wahrscheinlich in die Zeit vor die fränkische Eroberung gehört, haben wir es bei der heutigen Gemeinde Schlangen offenbar mit einer frühen Siedlungsinsel zu tun. Auch Oesterholz könnte zu Beginn der Sachsenkriege schon bestanden haben. Immerhin kennen wir aus Oesterholz viele Scheibenfibeln, die dort zwischen dem 8. und 10. Jahrhundert hergestellt wurden und darauf schließen lassen, daß hier bereits eine Handwerkersiedlung bestand.[9] Leider läßt die Datierung es nicht zu, mit Sicherheit zu sagen, daß der Ort bereits vor den Sachsenkriegen bewohnt war. Die nächsten erreichbaren Siedlungen dürften Paderborn und Lippspringe, Horn und Heesten, sowie Detmold gewesen sein.
Paderborn und Lippspringe spielten eine zentrale Rolle in den Kämpfen zur Zeit Karls des Großen. Hier hielt er wichtige Reichsversammlungen ab und erbaute in Paderborn seinen stärksten Stützpunkt.[10]
Aber auch Detmold wurde im Jahr 783 zum Schlachtort. Dazu schreiben die Reichsannalen, die „offizielle" Kriegsberichterstattung der Franken: „Und König Karl zog nach Sachsen, weil sich die Sachsen wieder erhoben hatten, und kam mit wenigen Franken nach Detmold. Dort trafen die Sachsen Anstalten zu einer Schlacht in einer Ebene, wo mannhaft König Karl und die Franken in gewohnter Art auf sie eindrangen und die Sachsen sich zur Flucht wandten. (...) Und von da aus kam der genannte ruhmreiche König siegreich nach Paderborn und sammelte dort sein Heer."[11] Es ist kaum vorstellbar, daß die Bewohner Schlangens und Kohlstädts sich nicht an diesen Auseinandersetzungen beteiligt haben. Wir haben für die Beteiligung Kohlstädter Einwohner auch ein Indiz. Nach Abschluß der Kämpfe beschlagnahmten die Franken nämlich die Güter derjenigen Sachsen, die nicht im Laufe des Krieges zu ihnen übergelaufen waren.[12] Karl der Große verschenkte einen Teil dieser konfiszierten Güter an das neu gegründete Bistum Paderborn, und darunter befanden sich mit ziemlicher Sicherheit auch Grundstücke in Kohlstädt, wie man aus einer späteren Urkunde ersehen kann. Bevor wir aber näher auf die Paderborner Besitzungen

eingehen, möchte ich zuerst die älteste schriftliche Erwähnung eines der drei Dörfer anführen.

Adel und Klöster im sächsischen Frühmittelalter

Mit der Unterwerfung der Sachsen hielt auch das Christentum endgültig Einzug in Westfalen. Neben den neugegründeten Bistümern dienten besonders Klöster der Stärkung des noch jungen Glaubens. Das bedeutendste Männerkloster Sachsens war zweifellos Corvey. Hierhin konnte der hohe Adel des Landes seine nachgeborenen Söhne schicken. Denn als Mönch in Corvey zu leben, bedeutete nicht nur, eine gute Ausbildung zu erhalten. Die Mönche des Weserklosters hatten auch Anteil an der großen Politik des Mittelalters. Immer wieder wurde die Abtei von den deutschen Königen bis zu Otto IV. (1198-1218) besucht.[13] Damit die Mönche einen adeligen Sohn aufnahmen oder für das Seelenheil der Familie beteten, machte man ihnen Geschenke. Meist handelte es sich dabei um Landbesitz. Noch im 9. Jahrhundert begann man im Kloster damit, eine Liste zu erstellen, die diese Übertragungen („Traditionen") verzeichnete. Und in dieser Liste erscheint der Name „Astonholteiemarki". Ein Mann namens Bevo schenkte in diesem Dorf, sofern er keinen Sohn mehr erhalte, Land und Leute an das Kloster Corvey.[14] In der Lebensbeschreibung Bischof Meinwerks heißt Oesterholz „Astanholte"[15], so daß wir davon ausgehen dürfen, daß auch mit dem „Astonholteiemarki" der Corveyer Traditionen Oesterholz gemeint ist.[16] Außerdem schenkte Bevo dem Kloster noch weitere Güter, die alle in unserer Region lagen.[17] Wie sich aus einer anderen Übertragung ergibt, war er Graf und somit Vertreter des höchsten sächsischen Adels.[18]

Graf Bevo hatte wohl schon früh die christliche Lehre verinnerlicht. Ob das auf die Mehrzahl seiner Untertanen auch zutrifft, wissen wir nicht. Im Frühmittelalter gab es nur wenige Kirchen, so daß ein Teil der Bevölkerung gar nicht in der Lage war, am Gottesdienst teilzunehmen. In Schlangen gab es immerhin schon recht früh eine Kirche. Man hat vermutet, die erste Kirche in Schlangen sei sogar schon im 8. Jahrhundert erbaut worden[19], doch fanden sich bei einer archäologischen Grabung nur Reste eines Kirchenbaues aus dem 9. oder 10. Jahrhundert.[20] Zur Zeit des Grafen Bevo (Mitte des 9. Jahrhunderts) war also vielleicht schon ein Gotteshaus vorhanden. Im Falle, daß die Kirche doch erst im 10. Jahrhundert erbaut worden sein sollte, mußten alle, die die Heilige Messe hören wollten, Paderborn besuchen. In Paderborn saß in Person des Bischofs auch der größte Grundherr der drei Dörfer. Das Bistum war auf die Dauer so übermächtig, daß es alle Adeligen nach und nach verdrängte. Erst viel später erwuchs ihm in den Edelherren zur Lippe Konkurrenz.

Die Paderborner Besitzungen

Das Bistum Paderborn galt im Frühmittelalter als eines der ärmeren in Deutschland. Seine Besitzungen lagen vor allem in den heutigen Kreisen Paderborn, Höxter und Lippe. Das änderte sich erst mit Bischof Meinwerk (Bischof von 1009 bis 1036). Der Sohn einer der bedeutendsten sächsischen Adelsfamilien schenkte dem Bistum seinen gesamten Familienbesitz, der bis weit ins heutige Niedersachsen reichte. Durch Schenkungen und Ankäufe erweiterte er den Besitz zu seinen Lebzeiten noch. Seine Lebensbeschreibung, die wahrscheinlich von Abt Konrad von Abdinghof (ca. 1142 bis 1173) verfaßt wurde, hielt diese Schenkungen und Ankäufe gewissenhaft fest. Deshalb finden sich viele Orte unserer Region in eben jener Lebensbeschreibung Bischof Meinwerks zum ersten Mal erwähnt.

Eine Frau namens Oda, die in Geseke Nonne geworden war, übergab Meinwerk ihre Erbgüter „in villis ac marca Colstidi, Astanholte atque in Lanchel vel in omni Patherga", also in den Dörfern und der Gemarkung Kohlstädt, Oesterholz und in Schlangen, und zwar alles im Padergau.[21] Die Nonne hatte also Besitzungen in allen drei Dörfern geerbt - sie gehörte ohne Zweifel zum Adel - und schenkte sie mit Zustimmung ihres Bruders Richard dem Paderborner Bistum. Es ist wahrscheinlich, daß auch ihr Bruder hier Güter hatte. Vielleicht gingen auch diese Ländereien kurze Zeit später an Bischof Meinwerk über. Der

In der Amtszeit des Bischofs Meinwerk (1009 bis 1036) wurde der Besitz des Bistums Paderborn durch Schenkungen und Ankäufe erheblich erweitert. In der Lebensbeschreibung des Bischofs Meinwerk werden die Orte Lanchel, Colstidi und Astanholte genannt.
Ölgemälde aus der 2. Hälfte des 18. Jahrhunderts.

Bischof kaufte nämlich bald darauf von einem Tiederich und seiner Frau Geppa zwei Familien (und damit wohl auch zwei Höfe) in Schlangen.[22] Ob Tiederich und Richard zu einer Familie gehörten, muß dahingestellt bleiben.
Die Besitzungen des Bistums vergrößerten sich in dieser Zeit noch weiter. Eine Urkunde, die erst im 12. Jahrhundert ausgefertigt wurde, aber auf das Jahr 1093 zurückdatiert wurde, erzählt von einem Verkauf an das Kloster Abdinghof in Paderborn. Drei adelige Brüder hatten ihr Erbe geteilt. Zwei von ihnen teilten sich in den Besitz des Ortes Holzhausen (-Externsteine), der dritte aber erhielt Güter in Kohlstädt, die er der Bischofskirche schenkte.[23]
Somit hatte Paderborn im Laufe des 11. Jahrhunderts offenbar die meisten adeligen Güter in Schlangen, Kohlstädt und Oesterholz erworben. Es gab aber noch weitere Besitzungen, zumindest in Kohlstädt. Am 25. Mai 1036 stellte Meinwerk für das neugegründete Stift Busdorf eine Urkunde aus, in der er seiner Gründung die Zehntrechte an verschiedenen Liegensschaften überließ. Es handelte sich dabei um sogenannte Villikationen, große Höfe, die von einem Vorsteher („villicus“) geleitet wurden, und zu denen noch weitere kleine Höfe abhängiger Bauern gehörten. Unterhalb der großen Haupthöfe gab es noch „Vorwerke“, ebenfalls selbstständig wirtschaftende Höfe, die vom Haupthof aus überwacht wurden. Auch zu diesen Vorwerken gehörten in kleinerem Stil abhängige Bauernstellen. Sie lagen meist im gleichen Dorf und in den benachbarten Ansiedlungen. Eines der Vorwerke war „Colstidi“, das zum Haupthof Enenhus gehörte.[24]
Der Hof Enenhus lag in der heutigen Feldmark der Stadt Paderborn und war der größte Hof des Bischofs. Er hatte auch bei weitem die meisten Vorwerke. Wie Manfred Balzer gezeigt hat, waren in dieser Villikation Güter zusammengefaßt, die von Karl dem Großen dem Bistum geschenkt worden waren.[25] Auch in Kohlstädt scheint das Bistum demnach von Anfang an begütert gewesen zu sein. Diese Ländereien gehörten vorher sächsischen Adeligen, die gegen Karl gekämpft hatten. Wo die Bauernstellen lagen, die zum Vorwerk Kohlstädt gehörten, wird in der Urkunde nicht aufgeführt. Ich halte es aber für wahrscheinlich, daß sie sich außer in Kohlstädt selbst, in Schlangen und Oesterholz befanden. Mit den anschließenden Schenkungen und dem Ankauf Bischof Meinwerks rundete Paderborn seine Besitzungen ab. Es war seit dem 11. Jahrhundert vielleicht nicht der einzige Grundherr in den drei Dörfern, aber bei weitem der größte. Nur diesem Bestreben, den Besitz zu vervollständigen, verdanken wir auch die ersten urkundlichen Erwähnungen der Orte Schlangen und Kohlstädt. Wie man gesehen hat, sind die Dörfer aber schon älter. Demgegenüber ist Oesterholz zwar etwas früher in den Corveyer Traditionen erwähnt, könnte aber - der Namensform nach - durchaus die jüngste der Siedlungen sein. Was aus dem Corveyer Besitz wurde, wissen wir nicht. Vielleicht tauschten die Mönche ihn gegen andere Liegenschaften mit dem Bistum Paderborn. In jedem Fall ist die weitere Geschichte der Dörfer Schlangen, Kohlstädt und Oesterholz aufs Engste mit Paderborn und den dort herrschenden Adelsgeschlechtern verbunden.

Frank Huismann

Die Burg in Kohlstädt

In Kohlstädt steht eine kleine, eher unauffällige Burgruine, die dennoch wegen ihres hohen Alters von besonderem Interesse ist. Die Tatsache, daß die Burganlage klein ist und nicht unserem romantischen Bild einer mittelalterlichen Ritterburg entspricht, führte dazu, daß in früheren Jahrhunderten allerlei merkwürdige Interpretationen der Anlage umliefen. Man hielt den Turm für einen Kalkofen, eine Eisenschmelze, eine „Heidenkirche" oder gar den „Turm der Velleda".[1] Vel(l)eda war eine Frau, die in der Zeit des Römischen Kaiserreiches (69/70 n. Chr.) als Seherin verehrt wurde und von Tacitus in seinen Historien und auch in der Germania erwähnt wird. Natürlich stammt der Turm in Kohlstädt nicht aus dieser Zeit, denn damit überschätzt man sein Alter immerhin um gut tausend Jahre. Eine gewisse Unsicherheit über die Funktion des Bauwerkes läßt auch Wilhelm Gottlieb Levin von Donop in seiner 1790 erschienenen Beschreibung Lippes erkennen: „Gleich unterhalb Kolstät, an der Strote, stehen die Ueberbleibsel eines uralten Gebäudes. Sie sind an dem einen Ende noch an 50 Fuß hoch, etwa 40 breit und 100 lang. An jenem Ende ist dieses Mauer-

Die Burgruine an der Lippspringer Straße im südwestlichen Eingangsbereich des Ortsteils Kohlstädt (1997).

werk quer durch mit einer andern Mauer abgetheilt, und macht daselbst ein gleichseitiges Viereck. Man findet in diesem Viereck nirgends einen eigentlichen gemachten Eingang; sondern nur ein nachher eingebrochenes Loch, wodurch man einkriechen kann; auch trift man an dem ganzen noch stehenden Ueberrest des Gebäudes keine Spur von Fensterlöchern an. Die Mauern sind übrigens dick und von besonderer Beschaffenheit: denn man glaubt ehender eine Felsenwand als Mauerwerk zu betrachten."[2] Das Unverständnis für die Ruine hatte immerhin schon 1704 Schatzsucher angezogen, die vor Ort gegraben hatten, aber offensichtlich nichts für sie Wertvolles fanden.[3] Erst 1932 konnten in einer archäologischen Grabung viele der Rätsel um die alte Ruine geklärt werden. Seit dieser Zeit aber haben verschiedene Forschungen eine ganze Reihe von Erkenntnissen über vergleichbare Anlagen erbracht, so daß es sich lohnt, auch die Kohlstädter Burg noch einmal zu beschreiben.

Der Wohnturm in Kohlstädt: eine Motte

Die Burg besteht aus zwei Teilen, einem Turm und einem weiteren Gebäude, das seitlich durch einen kleinen Zwischenraum verbunden ist. Der Turm bildet fast exakt ein Quadrat, mit knapp 12 Meter Seitenlänge.[4] Er dürfte mehrere Geschosse hoch gewesen sein und besaß einen Zugang im ersten Obergeschoß[5], was das Fehlen eines Eingangs im erhaltenen Erdgeschoß erklärt. Gefunden wurden Reste einer Lehmtenne, die den Fußboden gebildet haben dürfte, und Überreste eines Kreuzgewölbes, mit dem das Erdgeschoß überbaut war. Die noch erhaltenen Fenster sind eigentlich Schlitze, etwa 15 Zentimeter breit und 1 Meter hoch. Für die Verteidigungsfähigkeit einer Burg waren solche kleinen Fensteröffnungen wichtig, aber man kann sich gut vorstellen, daß zumindest in den unteren Räumen die einfallende Sonne nur ein schummriges Dämmerlicht erzeugte. Außerdem war der Innenraum nicht besonders groß, denn die Mauern waren immerhin knapp 2,40 Meter dick. Um die Burg besser verteidigen zu können, hatte man zuerst einen Hügel von 3,40 Meter aufgeschüttet, was heute durch den modernen Straßenbau und andere Arbeiten nur noch zu erahnen ist. In den Hügel baute man dann den Turm, in dem sicher auch gewohnt wurde. Einen solchen Wohnturm auf einem künstlichen Hügel nennt man Motte nach dem französischen Begriff Chateau à motte (= Burg auf einem Erdhügel).

An den Wohnturm schließt sich nach Westen ein etwa 18 Meter langes und knapp 12 Meter breites Gebäude an, das durch eine Wand in zwei Räume geteilt war. Seine Mauern sind deutlich dünner, so daß dieses Haus offensichtlich nicht in erster Linie der Verteidigung, sondern dem Wohnen diente. Um die ganze Anlage herum darf man einen Graben vermuten, der aber heute nicht mehr nachweisbar ist. Vergleichbare Burgen vom Typ Motte gab es auch in Rheda, in Brake bei Lemgo[6] und in Rischenau.[7] Auf dem Brink bei Rischenau konnte man bei einer ebenfalls sehr kleinen Motte Gräben von 14 Meter Breite erkennen, was den Wehrcharakter einer solchen Burg deutlich aufzeigt.[8] Wie aber ist eine Motte und damit auch die Kohlstädter Ruine nun in den Burgenbau im östlichen Westfalen einzuordnen? Wann entstand die Burg und wer bewohnte sie? Weil schriftliche Quellen zu diesen Fragen im Falle Kohlstädts fehlen, sind wir bei diesen Fragen neben der Auswertung der archäologischen Grabung auf Vergleiche zu anderen Burgen in der Region angewiesen.

Die ersten Adelsburgen

Schon zur Zeit Karls des Großen gab es Burgen in unserem Gebiet. Während der Kriege der Franken gegen die Sachsen werden zum Beispiel die Eresburg (auf dem Bergsporn, der heute den Stadtteil Obermarsberg trägt) oder die Iburg oberhalb Bad Driburgs erwähnt.[9] Allerdings handelte es sich dabei um sehr große Anlagen, die nicht nur Straßen und Wege schützten, sondern auch als Fliehburg für die Bevölkerung dienen konnten. Die Adeligen dieser frühen Zeit bewohnten Höfe, die höchstens durch einige Palisaden geschützt waren. Erst unter dem Eindruck der Kämpfe gegen Normannen, Slawen und Ungarn begannen einzelne Adelige damit, kleine Burgen zu erbauen, um sich selbst, ihre Familie und ihr Gefolge zu schützen. Die Bevölkerung allerdings fand in diesen Adelsburgen keine Zuflucht mehr.[10] Die frühesten Beispiele kleiner Burgen des Adels kennen wir aus der Zeit um 1000. Es handelte sich dabei nahezu immer um Wohntürme wie in Kohlstädt. Im weiteren Verlauf des Mittelalters wurden zwar größere Burgen gebaut, doch blieben Wohntürme im ganzen Mittelalter beliebt. Es finden sich deshalb noch viele solcher Burgen in unserer Region. Dazu gehören die Oldenburg bei Marienmünster, die Burg in Beverungen oder die Tonenburg bei Höxter.

In der ersten Phase dieses Burgenbaues zwischen 1000 und 1150 waren es große und bedeutende Familien, die Burgen errichteten. Erst später gingen auch kleinere Adelsgeschlechter dazu über, ihre Wohnsitze zu befestigen. Eine solche kleine Adelsfamilie gab es auch im Raum Kohlstädt. Der älteste von drei Brüdern erbte den Besitz in Kohlstädt und schenkte ihn um 1050 dem Bistum Paderborn wie aus einer Urkunde hervorgeht, die allerdings erst später ausgestellt wurde.[11] Weil dieses insgesamt unbedeutende Adelsgeschlecht nicht für einen Burgenbau in Frage kommt (vergleiche unten), kann die Burg erst danach errichtet worden sein.[12] Demnach ist die Burg wohl um 1100 gebaut worden. Ein Ergebnis, das sich auch mit der dort gefundenen Keramik deckt.[13] Sie gehört damit aber immer noch zu den ältesten Adelsburgen im heutigen Kreis Lippe.

Die Anlage zeigt auch schon eine Übergangsform zu späteren Burgen. Weil die Wohntürme eng, dunkel und schwer zu beheizen waren, zog man es bald vor, die Türme nicht mehr zu bewohnen. Neu errichtete Türme enthielten kaum noch Wohnräume. So entstand der Bergfried, der dann auch mit geringerem Durchmesser gebaut werden konnte. Stattdessen baute man zum Wohnen ein separates Gebäude, meistens Palas genannt und umgab die ganze Anlage mit einer Ringmauer. Das Fehlen einer solchen Ringmauer und das Aussehen des Turmes zeigen, daß der Turm in Kohlstädt zumindest für den Fall einer Fehde noch bewohnbare Räume enthalten haben muß. In ruhigen Zeiten aber wurde der angebaute Wohnteil genutzt, in dem auch ein Herd gefunden wurde.[14] Allerdings muß man sich vergegenwärtigen, daß nur ein einziger Herdplatz vorhanden war. Im Winter mußten sich die Bewohner der Burg in einem einzigen Raum zusammendrängen, wollten sie

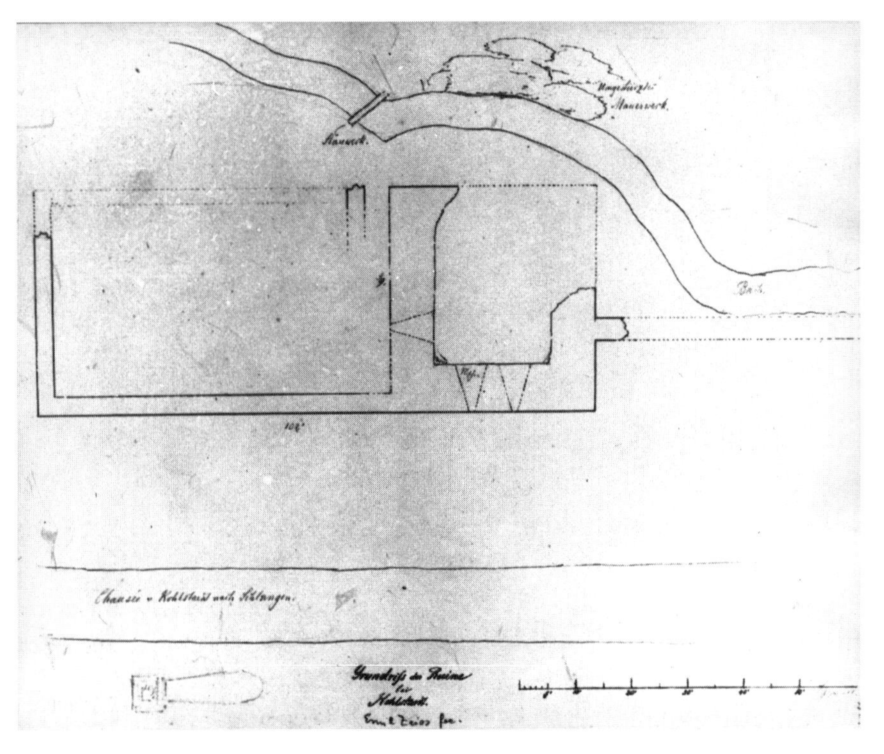

„Grundriß der Ruine bei Kohlstädt." Zeichnung von Emil Zeiß, wahrscheinlich aus dem Jahre 1863. Beschriftung von oben nach unten: Umgestürztes Mauerwerk - Stauwerk - 39 (Fuß) - Bach - Nischen - 102 (Fuß) - Chaussee von Kohlstädt nach Schlangen.

Ruine der Burg in Kohlstädt. Aquarell von Emil Zeiß aus dem Jahre 1863.

nicht frieren. Besonderen Luxus bot die Burg in Kohlstädt sicher nicht. Das ist zweifelsohne auch ein Grund, warum sie im 14. Jahrhundert aufgegeben wurde. Ungeklärt blieb bisher, wer die Burg gebaut und bewohnt hat.

Die Erbauer der Kohlstädter Burg

Heinrich Kiewning glaubte offensichtlich 1933, in der kleinen Adelsfamilie von Kohlstädt auch die Erbauer der Burg gefunden zu haben.[15] Weil das Bistum Paderborn schon zu Zeiten Bischof Meinwerks (Bischof von 1009 bis 1036) über Besitz in Kohlstädt verfügte, nahm Kiewning außerdem an, daß die erwähnte Schenkung schon vor Meinwerks Zeiten geschehen sein müßte. Eine so frühe Übergabe paßt aber nicht zu der in der Urkunde geschilderten Generationsfolge. Die

Schenkung muß statt dessen wie oben erwähnt um 1050 erfolgt sein. Der Paderborner Besitz unter Bischof Meinwerk kann demnach nicht identisch sein mit dem Besitz der „Edelinge" von Kohlstädt. Daß es auch andere Grundbesitzer in Kohlstädt gab, ist durch Schenkungen an Meinwerk überliefert.[16] Interessanter ist die Frage, ob diese Edelinge die Erbauer der Burg in Kohlstädt waren? Das scheint jedoch ausgeschlossen, denn für das 11. und frühe 12. Jahrhundert ist in keinem einzigen Fall ein Burgenbau durch ein kleines Adelsgeschlecht in unserem Raum verbürgt. Die noch wenigen Burgen gehörten (soweit bekannt) alle bedeutenden Adelsgeschlechtern. Darüber hinaus wäre die Schenkung einer Burg sicher auch in irgendeiner Form schriftlich festgehalten worden.

Auf den ersten Blick scheint daher nur der Bischof von Paderborn als Erbauer in Frage zu kommen. Doch auch die Paderborner Bischöfe treten erst im 12. Jahrhundert als Burgenbauer in Erscheinung. Es wäre immerhin merkwürdig, daß die Bischöfe zuerst in einem von Paderborn aus gesehen eher am Rande liegenden Dorf eine Burg bauten, bevor sie in ihrem Kerngebiet entsprechende Anlagen gründeten. Wahrscheinlicher ist es, daß die Grafen von Schwalenberg den Kohlstädter Wohnturm errichten ließen. Ihre Geschichte ist eng verzahnt mit der des Bistums Paderborn und des Klosters Corvey (das hier ebenfalls begütert war). Seit 1123 hatten sie als Vögte die Gerichtsherrschaft für die Bischöfe ihne und spätestens seit 1116 waren sie auch Vizevögte von Corvey.[17] Außerdem belegen spätere Urkunden, daß sie in Kohlstädt über Besitz verfügten.[18] Wann sie diesen Besitz erworben hatten, wissen wir allerdings nicht. Wichtiger scheint mir, daß die Schwalenberger als Erbauer ganz ähnlicher Anlagen bezeugt sind. Sie besaßen um 1100 nicht nur die Stammburg bei Marienmünster, sondern spätestens 1150 auch den kleinen Wohnturm auf dem Brink bei Rischenau.[19] Beide Anlagen weisen Ähnlichkeit mit dem Kohlstädter Wohnturm auf. Später wurde von den Schwalenbergern in Rischenau selbst noch ein Wohnturm erbaut, der in Ausdehnung und Mauerstärke ebenfalls vergleichbar ist.[20] Natürlich ist dies kein Beweis dafür, daß auch die Burg in Kohlstädt durch die Grafen von Schwalenberg errichtet wurde. Solange keine neuen Erkenntnisse vorliegen, scheint mir diese Annahme aber am wahrscheinlichsten. Die Burg selbst war zweifellos mit Burgmannen besetzt. Noch im Jahre 1365 gab es einen Niederen Hof, der als Burglehen ausgegeben wurde, obwohl die Burg offenbar nicht mehr bewohnt wurde.[21] Wo dieser Niedere Hof lag, ist heute nicht mehr festzustellen.[22] Burgländereien allerdings erschienen noch in einem Salbuch des 17. Jahrhunderts.[23]

Nimmt man an, daß die Kohlstädter Burg von den Grafen von Schwalenberg gebaut worden ist, dann klärt sich auch ihr weiteres Schicksal. Im Laufe des 14. Jahrhunderts erbten die Edelherren (später Grafen und Fürsten) zur Lippe den größten Teil des Besitzes der Schwalenberger und damit wohl auch den Kohlstädter Wohnturm. Genau zu dieser Zeit aber wurde nach Ausweis der Keramikfunde die Burg aufgegeben. Die Lipper benötigten sie offensichtlich nicht, weil sie mit den Burgen Horn und Blomberg, sowie der Falkenburg bei Detmold-Berlebeck bereits genügend Stützpunkte an den Straßen über das Gebirge besaßen. Denn die wichtigste Funktion der Kohlstädter Burg war offensichtlich der Schutz der vorbeiführenden Straße. Die Strothe, die im Mittelalter noch einen etwas anderen Verlauf besaß als heute, hatte an ihren Seiten Kiesflächen angehäuft, die lange Zeit als Weg benutzt wurden.[24] Diesen Weg und das Dorf bewachte der Turm. Unter der Herrschaft der Edelherren zur Lippe konnte Kohlstädt sowohl von Horn aus als auch von der Falkenburg aus in annehmbarer Zeit erreicht werden. Tatsächlich rechneten die Edelherren Kohlstädt schon 1405 zur Ausstattung der Falkenburg.[25] Die kleine, ungemütliche Burg verfiel in der Zwischenzeit und wurde nicht mehr erwähnt. Deshalb geriet auch ihre ursprüngliche Funktion in Vergessenheit.

1951

Lippische Landes-Zeitung vom 6. Januar: „Lustiges Skileben herrschte am Schlanger Bauerkamp. Die wiederhergestellte Sprungschanze bot Sportlern die Möglichkeit, ihr Können zu zeigen. Das herrliche Skigelände um den Bauerkamp wird besonders gern von der Paderborner Bevölkerung aufgesucht . . .“

Im Hause Schäferjohann mitten im Ort eröffnet Schlachtermeister Willi Hanke aus Jauer in Schlesien eine Metzgerei. In seinem Angebot sind auch schlesische Spezialitäten. Darüber freuen sich viele Flüchtlinge und Vertriebene. Und langsam kommen auch Schlänger auf den Geschmack. Altbekannte Metzgereien in Schlangen sind Schröder und Biere. (Das Foto ist 1953 entstanden.)

1951

Ein ereignisreiches Wochenende für die Freiwillige Feuerwehr Schlangen. Am Samstag (26. Mai 1951) gegen 22 Uhr hatte ein Blitz das Fachwerkhaus des Landwirts Karl Hanselle in Brand gesetzt. Innerhalb von 5 Minuten war die Feuerwehr zur Brandbekämpfung zur Stelle. Am Sonntagvormittag galt es in einem Wettbewerb mit den Nachbarwehren aus Kohlstädt und Oesterholz erneut, die Leistungsstärke unter Beweis zu stellen. Am Nachmittag des 27. Mai wurde das neuerbaute Spritzenhaus mit Steigerturm durch Bürgermeister Rebbe der Wehr übergeben. Es folgten Schauübungen auf dem Schulhof. Die Ankündigung, daß in den nächsten Tagen ein neues Löschfahrzeug eintreffen werde, wurde mit viel Beifall aufgenommen.
Die Wehrmänner mit Bürgermeister und Gemeindedirektor im Juni vor dem neuen Spritzenhaus und dem neuen Opel-Blitz-Löschfahrzeug.
Obere Reihe: Heinrich Haase, Friedrich Richts, Georg Herzog, Ernst Schönlau, Hubert Huneke, Gottlieb Hanselle, Richard Mötz, Heinrich Haase (Grundhaase), Ernst Schäferjohann, Fritz Rebbe.
Davor: Friedrich Hermann, Wilhelm Neese, Friedrich Schäferjohann, Herbert Krüger, Walter Wolf, Werner Tegeler, Julius Keiser, Fritz Leimenkühler, Fritz Tracht (jun.), Karl Wesemann, Georg Kalkreuter, Fritz Ostmann, Heinrich Schäferjohann, Wilhelm Haase, Hubert Solle.
Sitzend: Fritz Wolf, Gustav Wiesbrok, Gemeindedirektor Hans Winter, Ehrenbrandmeister August Tegeler, Brandmeister Wilhelm Sibille, Bürgermeister Fritz Rebbe, Heinrich Voß, Richard Mötz, Moritz Oetken, Fritz Tracht (sen.), Fritz Haase.
Davor: Josef Summer, Karl-August Hanselle, Erich Benkelberg.

25 Jahre Badeanstalt in Schlangen. Im Rahmen des Schwimmfestes wird der Schlangener Schwimmer-Nachwuchs im Bild festgehalten. Die drei Erwachsenen sind Bademeister Hermann Wolf und in der oberen Reihe Schwimmabteilungs-Leiter Werner Grimpe und Margarete Wolf, die Tochter des Bademeisters.

Turn- und Sportfest der Volksschule Schlangen am 29. Juli. Nach der Siegerehrung.
Obere Reihe: Helmut Wobbe, Heinrich Schäferjohann, Karl Krämer, Helmut Fortnagel, Heinz-Martin Huneke, Rudolf Luberg, Bernd Rehlaender, Frank Rehlaender, Wilfried Liedtke, Karl Paulsen, Reinhard Vothknecht, Albrecht Lübbertsmeier, Friedhelm Schomann, Wilfried Köster, Heinz Bruns, Werner Hünkemeier.
Davor: Lehrerin Margot Gaidzik, Anneliese Heuwinkel (vh. Möller), Anni Poppe (vh. Geise), Anni Drewes (vh. Mehler), Erna Herdehuneke (vh. Holcher), Elfriede Tegeler (vh. Kleine), Ingrid Beyer (vh. Avianus), Marlies Kehne (vh. Küssner), Lehrer Heinz Varchmin.
Davor: Renate Klehr (vh. Peters), Ellen Tornede (vh. Grote), Hannelore Dickewied (vh. Rotzler), Edeltraud Blanke (vh. Hennek), Helga Schönlau (vh. Schiewer), Ilse Schäfer (vh. Krome), Lisa Feldkamp, Edith Milewski, Brunhilde Funk (vh. Müller), Ilse Derhake (vh. Holtmeier).

1951

Das Lehrerkollegium der Volksschule Schlangen nach dem Turn- und Sportfest der Schule am 29. Juli auf dem Sportplatz Rennekamp.
Ursula Krome (seit 1947 an der Schule tätig), Hermann Schönfeld (seit 1918), Wilhelm Möller (seit 1928), Adolf Dröge (seit 1947), Helmut Ober (seit 1951), Erika Vollmer (seit 1943), Liselotte Feldmann (seit 1947), Ottilie Schiffler (Ehefrau des Schulleiters und nicht als Lehrerin beschäftigt), Heinz Varchmin (seit 1949), Ilse Schmähl (seit 1946), Margot Gaidzik (seit 1949) und Rektor Anton Schiffler (seit 1946). Es fehlt Lehrer Ludwig Pempeit (seit 1927 an der Schule tätig).
Übrigens: Anton Schiffler aus dem Sudetenland ist der erste katholische Schulleiter in einer überwiegend evangelischen Gemeinde in Lippe.

Erntearbeiten auf dem Hassel. Zwei Zeiten begegnen sich in einem Bild. Die Harkemaschine wird vom Pferd gezogen und der Selbstbinder von einem 22-PS-Trecker. In Schlangen beginnt die „Trecker-Boom-Phase" der fünfziger Jahre „schlagartig" mit dem Jahr 1951. Außer Helmut Voß, der im Bild am Steuer seines ALLGAIER-Schleppers sitzt, legen sich nach mündlichen Aussagen folgende Landwirte einen Trecker zu: Paul Ebert (LANZ, 20 PS), Adolf Fleege (LANZ, 22 PS), Fritz Haase (DEUTZ, 15 PS), Fritz Hanselle (HANOMAG, 28 PS), Fritz Krome (LANZ, 20 PS), Fritz Lübbertsmeier (NORMAG, 25 PS) und Fritz Ostmann (NORMAG, 20 PS). Fritz Keiser hat bereits 1949 einen 28-PS-DEULIEWAG gekauft, und Fritz Schomann verfügt seit 1950 über einen 32-PS-GÜLDNER.

Seit 1910 betrieb Fritz Lüning (geb. 1878) den Milchverkauf von Haus zu Haus - zunächst in Bad Lippspringe und seit 1944 ausschließlich in Schlangen und hier zusätzlich zu dem Verkauf vom Wagen aus im eigenen Haus. Sohn Ernst arbeitete seit 1934 mit. 1951 löst ein Tempo-Dreirad-Fahrzeug Pferd und Wagen auf den Wegen durch die Gemeinde ab. Ein Milchtank ist in dem Auto noch nicht installiert. Die Milch wird weiter aus Kannen verkauft.

Milchfahrer Emil Schemel - er bringt regelmäßig die in Kannen gefüllte Milch von Schlangener Kühen zur Molkerei in Bad Lippspringe - verzichtet auf die vierbeinigen Pferdestärken vor seinem Milchwagen und spannt einen neuen 24-PS-FAHR-Traktor davor.

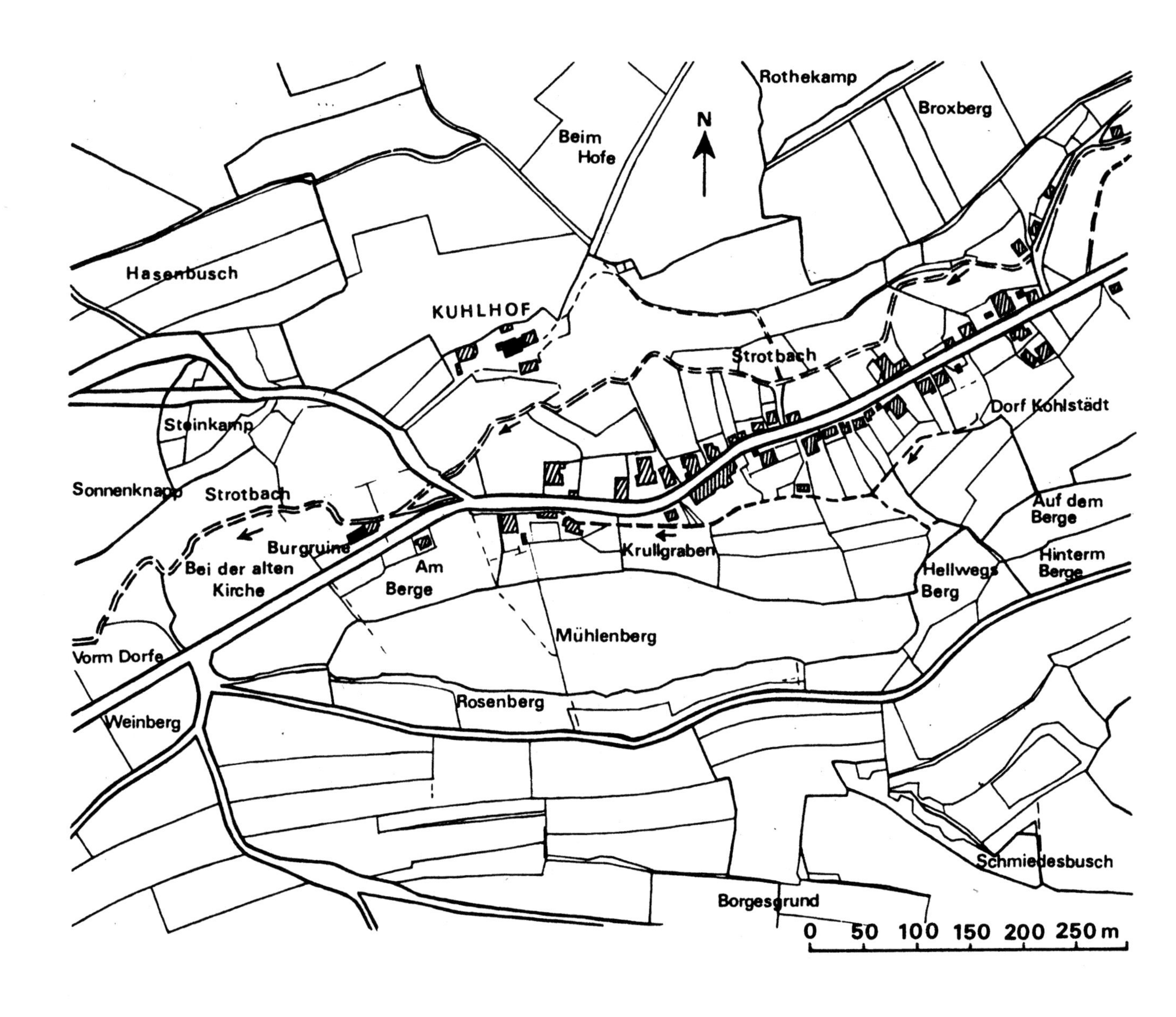

Abb. 1: *Kohlstädt mit Burgruine und Kuhlhof, Lageplan nach dem Urkataster von 1879.*

Heinrich Stiewe

Das Bauernhaus Kuhlmeier aus Kohlstädt

Neue Erkenntnisse zu Baugeschichte und Datierung

Das „älteste Bauernhaus Westfalens“

Der frühere Kuhlhof, Kuhlmeier Nr. 1, lag etwas abseits am nordwestlichen Ortsrand von Kohlstädt am rechten Ufer des Strothebaches, nicht weit von der mittelalterlichen Burgruine entfernt (Abb. 1). Als „Oberhof“, der von einem Kort Kule bewirtschaftet wurde, wird er erstmals 1409 erwähnt (ein „Unterer Hof“ wird an der Stelle der Kohlstädter Burg vermutet).[1] Nach dem Salbuch (Höfeverzeichnis) des Amtes Horn von etwa 1620 gehörte „Kulemeier“ zur Klasse der Vollspänner und war mit 250 Morgen Landbesitz der mit Abstand größte Hof im Dorf. Bis zur „Bauernbefreiung“ des 19. Jahrhunderts waren seine Inhaber dem lippischen Landesherrn gutsuntertänig und leibeigen (eigenbehörig).[2]

Bis 1957 stand auf der Hofstelle ein sehr altes Bauernhaus, das mit verschiedenen, in späteren Zeiten hinzugefügten Gebäudeteilen einen eindrucksvollen Baukörper bildete (Abb. 2): Der älteste Kernbau war ein mächtiger Zweiständerbau aus dem 16. Jahrhundert, dem an der Ostseite ein zweistöckiges Wohnhaus von 1811 angebaut worden war. Der hohe Westgiebel mit dem Einfahrtstor war in der zweiten Hälfte des 19. Jahrhunderts durch einen massiven Bruchsteingiebel ersetzt worden; links vom Dielentor befand sich ein Fachwerkvorbau, der wohl aus dem 18. Jahrhundert stammte. Außerdem standen auf dem Hof ein Schafstall von 1739 (abgebrochen 1968) und ein Schuppen aus Bruch-

Abb. 2: *Kohlstädt, Hof Kuhlmeier von Nordwesten. Der mehrgliedrige Baukörper besteht aus dem Kernbau des 16. Jahrhunderts (Mitte), dem Wohnteil von 1811 (links) und einem Stallvorbau des 18. Jahrhunderts (rechts). Foto um 1940.*

stein; vor dem Einfahrtsgiebel des Haupthauses stand eine gewaltige, jahrhundertealte Linde.[3]
Aufgrund seines offensichtlich hohen Alters hatte das Bauernhaus Kuhlmeier schon früh die Aufmerksamkeit von Hausforschung und Denkmalpflege gefunden: 1936 publizierte der Paderborner Stadtbaurat a.D. Paul Michels einen Zeitungsartikel, in dem er die konstruktiven Besonderheiten des Gebäudes erstmals beschrieb.[4] Der bekannte westfälische Hausforscher Josef Schepers würdigte den Bau in seiner 1943 publizierten Dissertation „Das Bauernhaus in Nordwestdeutschland" und zählte ihn „zu den ältesten überhaupt vorhandenen Bauernhäusern Niederdeutschlands".[5] Er datierte das Zweiständergerüst in die erste Hälfte des 16. Jahrhunderts; später präzisierte er diese Einschätzung auf „um 1525". Schepers ließ den Bau um 1950 von dem Hausforscher Gerhard Eitzen aufmessen und veröffentlichte die Zeichnungen in seinem großen Darstellungswerk „Haus und Hof westfälischer Bauern", das 1960 in erster Auflage erschien.[6]
Dieses wissenschaftliche Interesse verhinderte zwar nicht den fortschreitenden Verfall des zuletzt leerstehenden Gebäudes, führte aber schließlich zu einer bemerkenswerten „Rettungsaktion": Als im Sommer 1956 das Dach über dem Flett eingestürzt war und der endgültige Abbruch drohte, veranlaßte Josef Schepers über das Landesamt für Baupflege des Landschaftsverbandes Westfalen-Lippe in Münster, wo er seinerzeit beschäftigt war, die Sicherstellung des Hausgefüges für einen zukünftigen Wiederaufbau in einem geplanten Freilichtmuseum. 1957 erfolgte daraufhin die zimmermannsmäßige Abtragung des Zweiständergerüstes (Abb. 3, 4) und seine Einlagerung auf einem Gelände des Landschaftsverbandes in Münster-Kinderhaus; die jüngeren Gebäudeteile wurden abgebrochen.

Abb. 3: *Kohlstädt, Hof Kuhlmeier. Abbau des Haupthauses im April 1957. Rechts Bruchsteingiebel des 19. Jahrhunderts.*

Zehn Jahre später wurde die alte Hofstelle mit einer Straße überbaut; noch „in letzter Minute" konnte Friedrich Hohenschwert auf dem Gelände eine Notgrabung durchführen, die die Fundamente des abgebrochenen Gebäudes und geringe Spuren von einem älteren, wohl eisengewerblich genutzten Pfostenbau mit einer Ofenanlage freilegte. Ein direkter Vorgängerbau des abgebrochenen Bauernhauses konnte jedoch nicht nachgewiesen werden.[7] Im Bereich des früheren Hofes entstand ein Neubaugebiet; lediglich der Straßenname „Am Kuhlhof" erinnert noch an die alte Hofanlage.
Seit den Veröffentlichungen von Josef Schepers gilt der Kuhlhof in Kohlstädt als „ältestes Bauernhaus Westfalens" - obwohl ein genaues Baudatum bisher nicht bekannt war. Die Dendrochronologie (Jahrringmethode) als eine inzwischen eingeführte Datierungsmöglichkeit in der Hausforschung, die

Abb. 4: *Kohlstädt, Hof Kuhlmeier. Abbau des Haupthauses im April 1957, südliche Traufseite. In der Bildmitte der frühere Direktor des Lippischen Landesmuseums Detmold, Wilhelm Hansen.*

Schepers seinerzeit aber noch nicht zur Verfügung stand, gab den Anlaß zu einer erneuten Beschäftigung mit diesem Gebäude. Im folgenden Beitrag sollen die Ergebnisse dieser Untersuchungen in Verbindung mit einem Überblick über die Baugeschichte des Hauses dargestellt werden.

Der Kernbau des 16. Jahrhunderts

Betrat man das Gebäude durch das Einfahrtstor der Diele (mundartlich: Deele), so stand man in dem Kernbau des 16. Jahrhunderts, dessen Bau- und Raumgefüge den Betrachter beeindruckte (Abb. 5, 6): „Mächtige Ständerreihen, vor allem aber die Dachbalken, die bei einer Stärke von 35 x 40 cm mit 12 m Länge die Deele überspannten und das steile, hohe Dach trugen, verliehen der 8 m breiten und einschließlich Flett 21 m langen Halle eine einmalige Raumwirkung," schrieb etwa Friedrich Hohenschwert, der den Bau noch vor dem Abbruch gesehen hatte.[8] Nach Meinung von Schepers stellte das Holzgefüge „mit seinen Balkenüberständen von etwa 1³/₄ Metern (...) die letztmögliche Steigerung eines Zweiständerbaus dar."[9]

Der Kernbau des Hauses war ein Zweiständerbau von sieben Fachen (acht Gebinden) Länge, davon entfielen fünf Fache auf den Wirtschaftsteil mit der Mitteldiele und seitlichen Stallabseiten und zwei Fache auf das anschließende Flett, den früheren Herdraum des Hauses (Abb. 7). Nicht mehr vorhanden war das Kammerfach, der ursprüngliche Wohnteil, der hinter der Rückwand des Fletts lag und 1811 durch den zuletzt vorhanden gewesenen Wohnhausanbau ersetzt worden war.

Beiderseits der Diele verliefen die beiden tragenden Ständerreihen des Hauses. Sie bestanden aus kräftigen, bis zu 44 x 24 cm starken Ständern, die in etwa 3 m Abstand auf einer Schwelle mit der Breitseite zur Diele errichtet waren. In halber Höhe wurden die Ständer durch die sogenannten Hillenriegel verbunden. Über den Ständerköpfen verlief in Längsrichtung das 24 x 25 cm starke Rähm, das im Flett ohne zusätzliche Verstärkung zwei Fache freitragend überbrückte. Quer über die Rähme der beiden Ständerreihen waren die mächtigen Deckenbalken breitkant verlegt; jeder von ihnen wog gut 1,5 Tonnen. Seitlich ragten die Deckenbalken etwa 1,75 m weit über die tragenden Ständerreihen. Ständer, Rähme und Deckenbalken waren durch große, bogenförmig gekehlte Kopfbänder in allen vier Richtungen winkelfest verstrebt. Diese standfeste Konstruktion aus den beiden Ständerreihen und den überstehenden Deckenbalken bildete

Abb. 5: *Kohlstädt, Hof Kuhlmeier, Haupthaus. Diele, Blick zum Einfahrtstor. Foto 1956.*

Abb. 6: *Kohlstädt, Hof Kuhlmeier, Haupthaus, Diele und Flett. Rechts erhaltene Lucht mit Unterzug, dahinter Fachwerkwand des Wohnteils von 1811. Foto um 1940.*

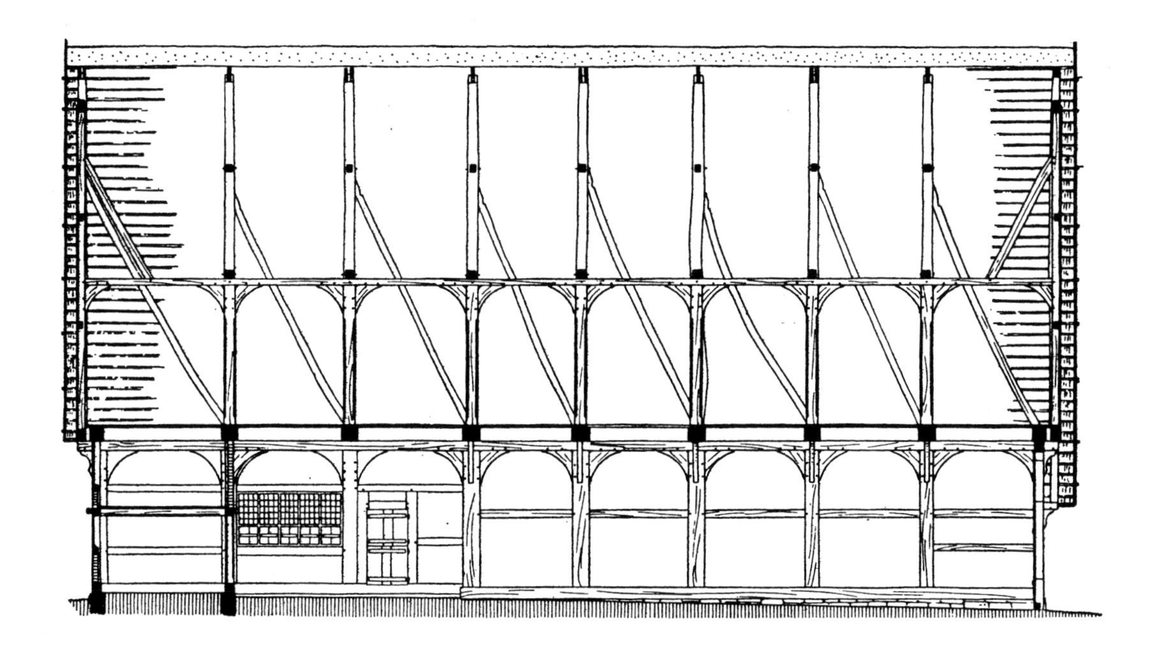

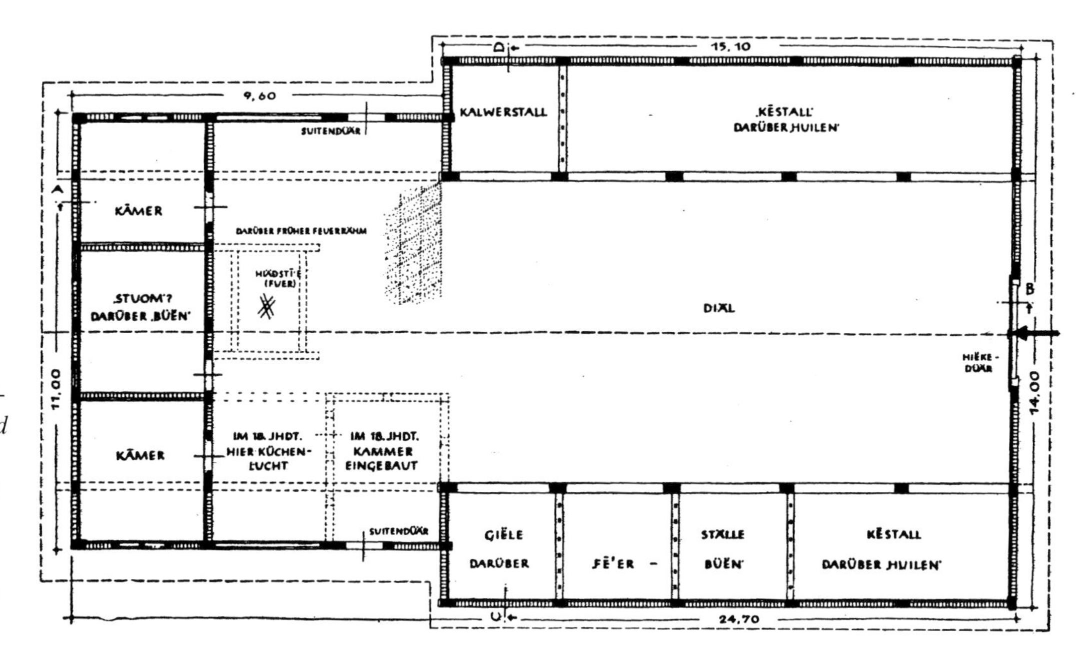

Abb. 7: *Kohlstädt, Hof Kuhlmeier, Haupthaus. Längsschnitt und Grundriß im rekonstruierten Zustand des 16. Jahrhunderts. Aufmaß und Zeichnung: Gerhard Eitzen, um 1950.*

das dachtragende Innengerüst des Hauses - die niedrigen Außenwände der Stallabseiten waren lediglich durch eingezapfte Hillenbalken mit dem Kerngerüst verbunden und hatten keine tragende Funktion.
Die mächtigen Sparrenpaare des steilen Daches waren mit Kehl- und „Hahnenbalken" ausgesteift und auf den überstehenden Enden der Deckenbalken eingezapft. In Firstrichtung wurden die Sparren durch zwischengenagelte Schräghölzer, sog. Windrispen, und einen mittig stehenden Dachstuhl, auf dem die unteren Kehlbalken auflagen, stabilisiert. Dieser Dachstuhl wurde in jedem Gebinde durch eine Stuhlsäule mit sorgfältig abgefasten Kanten und Längskopfbändern unterstützt.
Nur noch in Resten vorhanden war der ursprüngliche Wirtschaftsgiebel, der im 19. Jahrhundert durch den genannten Bruchsteingiebel ersetzt worden war. Erhalten blieben die rechte Abseite, die beiden Hauptständer und der mächtige, 31 x 50 cm breite Giebelbalken, der breitkant verlegt war und ursprünglich eine etwa 25 cm weite Giebelvorkragung bildete. Die ursprüngliche Ständeranordnung der Giebelwand konnte beim Abbau nach den Zapfenlöchern in dem vorhandenen Giebelbalken rekonstruiert werden - entgegen der ersten Annahme von Schepers besaß die Front ein relativ enges Fachwerk aus Haupt- und Zwischenständern, wie es auch von anderen lippischen Zweiständerbauten des 16. Jahrhunderts bekannt ist (Abb. 9).[10] Das steile Giebeldreieck war verbrettert und kragte auf

Abb. 8: *Kohlstädt, Hof Kuhlmeier, Haupthaus. Erhaltene Knagge des alten Vordergiebels am Eckständer der rechten Abseitenwand. Foto um 1940.*

schlicht gekehlten Knaggen vor. Eine dieser Knaggen war am Eckständer der rechten Abseite erhalten geblieben. (Abb. 8).
Beide Abseitenwände waren noch in ihrem originalen Gefüge erhalten - ihre kurzen Ständer standen auf mächtigen Schwellen über einem Sockel aus plattigem Bruchsteinmauerwerk und waren in halber Höhe durch Riegel verbunden (Abb. 10). Die Eckständer und der jeweils dritte Ständer waren mit Kopfbändern zum Rähm verstrebt. Die Dächer der Stallabseiten wurden von kurzen Sparren gebildet, die über den Enden der Deckenbalken an die Hauptsparren des Innengerüstes geschiftet waren und mit einer Klaue auf dem Rähm der Abseitenwände auflagen.

Abb. 9: *Kohlstädt, Hof Kuhlmeier, Haupthaus. Ansicht von Nordwesten, rekonstruierter Zustand des 16. Jahrhunderts. Zeichnung: Gerhard Eitzen, um 1950.*

Abb. 10:
Kohlstädt, Hof Kuhlmeier, Haupthaus. Rechte Abseitenwand des Wirtschaftsteils, dahinter der Wohnteil von 1811. Foto um 1940.

Im Flettbereich fehlten die Abseiten - hier waren die Seitenwände des Hauses um etwa einen Meter eingezogen und standen direkt unter den überstehenden Enden der Deckenbalken. In die so entstandenen höheren Außenwände konnten seitliche Türen und größere Fenster zur Belichtung des Fletts eingefügt werden. An der Südseite war noch der ursprüngliche Flettausgang erhalten; dagegen waren die ursprünglichen, bleiverglasten Fenster des Fletts im 19. Jahrhundert durch kleinere Fenster mit Holzsprossen ersetzt worden (Abb. 11).

Zur Datierung

Kürzlich ergab sich die Gelegenheit, die eingelagerten Bauhölzer des Hauses Kuhlmeier im Westfälischen Freilichtmuseum dendrochronologisch zu untersuchen und jahrgenau zu datieren. Drei Bohrproben aus dem Kernbau erbrachten ungefähre Fälldaten kurz nach der Mitte des 16. Jahrhunderts (1553 +/- 2, 1558 +/-1, 1560 +/- 8), während zwei Proben (ein Dielenständer und eine Dachstuhlsäule) übereinstimmend das exakte Fälldatum 1558/59 (Winterfällung) erbrachten - damit kann von einer Errichtung des Hauses im Sommer 1559 ausgegangen werden.[11] Damit ist der Bau zwar etwas jünger, als von Schepers geschätzt, doch gehört er in jedem Fall zu den ältesten erhaltenen Bauernhäusern in Ostwestfalen-Lippe.

Abb. 11: *Kohlstädt, Hof Kuhlmeier, Haupthaus. Alter Flettausgang und Fenster des 19. Jahrhunderts an der rechten Traufwand, links jüngere Verlängerung der Stallabseite. Foto um 1940.*

Spätere Umbauten und Veränderungen

Der Bau von 1558/59 hat im Laufe seiner Geschichte vielfältige Umbauten und Veränderungen erfahren, die bei der bisherigen Beschäftigung mit dem Gebäude eher als „störend“ empfunden und daher nur am Rande berücksichtigt worden waren. Sie geben aber wichtige Informationen über den Wandel der Nutzung des Hauses und sollen daher im folgenden näher beschrieben werden.

An der linken Seite des Fletts wurde nachträglich ein zweistöckiger, zur Diele vorspringender Fachwerkeinbau errichtet, der eine Kammer und eine stark verkleinerte, nur noch halbhohe Luchtöffnung enthielt. Gleichzeitig wurde der Seitenausgang in der nördlichen Flettaußenwand um ein Fach verlegt. Über der Lucht, die zuletzt als Futterküche genutzt wurde, bestand eine verbretterte Räucherbühne - es ist daher anzunehmen, daß die Herdstelle in diese Lucht verlegt wurde, die damit als Küchenlucht anzusprechen ist. Tatsächlich fand Friedrich Hohenschwert die Reste einer backsteingepflasterten Herdstelle in der Ecke der Lucht an der Stelle, wo um 1900 ein Schornstein für einen Futterkessel errichtet worden war. Im Gebäudestapel des Kuhlhofes im Freilichtmuseum wurde ein stark verrußtes Fußbodenbrett mit vier eingesägten, parallelen

Abb. 12: *Kohlstädt, Hof Kuhlmeier, Haupthaus. Rautenförmiges Kieselpflaster im Flett. Foto 1967.*

Schlitzen gefunden, die offensichtlich dazu dienten, den Rauch der offenen Herdstelle in die Räucherbühne eindringen zu lassen. Außerdem ist diesem Umbau ein rautenförmig gemustertes Kieselpflaster zuzuordnen, das beim Abbau im Flettbereich gefunden wurde und dessen Musterung auf die nachträglich eingebaute Küchenlucht Bezug nimmt (Abb. 12). Ein Türständer des Kammereinbaus konnte dendrochronologisch auf 1686 +/- 8 datiert werden - demnach wurde dieser Einbau mit Küchenlucht und Räucherbühne bereits im ausgehenden 17. Jahrhundert errichtet.
Ein weiterer, zur Diele vorspringender Fachwerkeinbau bestand im ersten Fach an der linken Seite der Diele. Er entstand vermutlich gleichzeitig mit dem linksseitigen Fachwerkvorbau am Westgiebel, der schon vor dem Abbau 1957 abgebrochen worden war (vgl. Abb. 2, 15). Vermutlich enthielt der Vorbau zusätzliche Ställe und Futterkammern. Dieser Anbau, der an den Eckständern des Giebels mit Kopfbändern versehen war, kann aufgrund seiner Fachwerkformen in das 18. Jahrhundert datiert werden - die dendrochronologische Datierung erbrachte hier bisher kein Ergebnis.
Weiterhin ist an einigen Dielenständern deutlich zu erkennen, daß ihre unteren Enden nachträglich abgeschnitten und zimmermannsmäßig „angeschuht" worden sind - diese Reparatur wurde erforderlich, nachdem die Ständerfüße durch aufsteigende Feuchtigkeit oder Stallmist verrottet waren. In

Abb. 13: *Kohlstädt, Hof Kuhlmeier, Haupthaus. Wohnteil von 1811 vor dem Abbruch 1957.*

einem Fall gelang es, ein repariertes Ständerende dendrochronologisch auf 1796/97 zu datieren - demnach erfolgte diese Instandsetzungsmaßnahme am Ende des 18. Jahrhunderts. Wohl im 19. Jahrhundert wurden die Pferdeställe im rechten Seitenschiff erweitert und bis an das Flett ausgedehnt - die zugehörigen Steinkrippen und hölzernen Futterraufen sind auf Innenaufnahmen aus der Zeit vor dem Abbruch deutlich zu erkennen (vgl. Abb. 5, 6).

Schließlich wurde 1811 ein neuer Wohnteil hinter dem Flett errichtet; dazu wurde das alte Kammerfach einschließlich der Rückwand des Fletts abgebrochen. Es entstand ein für seine Entstehungszeit sehr moderner, zweistöckiger Fachwerkbau mit Krüppelwalmdach, der in Traufenstellung an den alten Zweiständerbau angefügt wurde. Damit erhielt der Baukörper eine markante, abgestufte First- und Trauflinie, die eine deutliche Trennung von Wohn- und Wirtschaftsteil bereits im Außenbau erkennen läßt (vgl. Abb. 2)[12]. Die südliche Traufenfront war als Eingangs- und Hauptschauseite mit fünf Fensterachsen und einem repräsentativen Mitteleingang gestaltet (Abb. 13); hier befand sich auf der Stockwerkschwelle die von Paul Michels überlieferte Bauinschrift: HEINRICH ERNST KUHLMEIER UND KATHARINA SUSANNA LAKEMEIERS ANNO 1811 DEN 13. JULI.[13] Das geräumige Gebäude enthielt einen Mittelflur und mehrere Stuben und Kammern in zwei Etagen sowie eine separate Küche mit Rauchfang und zentralem Schornstein. Das alte Flett hatte damit seine frühere Küchenfunktion verloren und wurde nur noch als Futterküche genutzt. Die Geringschätzung der älteren Hausforschung gegenüber jüngeren Umbauten und Ergänzungen älterer Häuser führte dazu, daß das Wohnhaus von 1811 beim Abbau von 1957 nicht für erhaltenswert befunden und undokumentiert abgebrochen wurde (Abb. 14) - ein aus heutiger Sicht höchst bedauerlicher Verlust.

Vermutlich aufgrund starker Verwitterungsschäden wurde in der zweiten Hälfte des 19. Jahrhunderts der nach Westen gerichtete Einfahrtsgiebel des Kernbaus von 1558/59 durch eine massive Fassade ersetzt (Abb. 15). Dieser neue Giebel bestand aus plattigem Bruchsteinmauerwerk, vermutlich aus dem Plänerkalk der südlichen Kette des Teutoburger Waldes. Dieses Baumaterial wurde in mehreren Steinbrüchen der unmittelbaren Umgebung gewonnen und prägte im 19. Jahrhundert in starkem Maße das Ortsbild von Kohlstädt.[14] Mit zwei spitzbogigen Blendnischen über dem breiten, stichbogig überwölbten Dielentor und einer weiteren Spitzbogenblende im oberen, aus Backstein gemauerten Giebeldreieck erhielt die Fassade eine sparsame, aber wirkungsvolle Gliederung. Ursprünglich war das Mauerwerk verputzt; in den Blenden waren Reste von aufgemalten Fenstersprossen erkennbar. Dieser mächtige Giebel, dessen historisierende Architektur von den früheren Autoren keiner Erwähnung für wert befunden wurde, verlieh dem alten Zwei-

Abb. 14: *Kohlstädt, Hof Kuhlmeier, Haupthaus. Wohnteil von 1811 während des Abbruches 1957.*

Abb. 15: *Kohlstädt, Hof Kuhlmeier, Haupthaus. Einfahrtsgiebel, im 19. Jahrhundert in Bruchstein erneuert und Fachwerk-Vorbau des 18. Jahrhunderts. Foto um 1940.*

ständerbau ein monumentales, an gotische Klosterscheunen erinnerndes Erscheinungsbild.

Schluß

Mit seiner nunmehr dendrochronologisch auf 1558/59 festgelegten Datierung ist der 1957 abgetragene Zweiständerbau des Hofes Kuhlmeier in Kohlstädt zwar nicht, wie verschiedentlich behauptet, das älteste Bauernhaus Westfalens, doch gehört er zweifellos zur frühesten erhaltenen Bestandsschicht ländlicher Fachwerkbauten in Ostwestfalen-Lippe. Das älteste derzeit bekannte Bauernhaus in Lippe ist ein 1532/33(d) datierter Zweiständerbau auf dem Hof Obermeyer in Lieme bei Lemgo;[15] als früheste bäuerliche Bauten im östlichen Westfalen konnten ein Vierständerbau von 1525(d) in Westkirchen bei Warendorf und ein Zweiständerbau in Spexard bei Gütersloh von 1535(d) ermittelt werden.[16] Das Bauernhaus Kuhlmeier gehört zu einer Gruppe von sehr alten Meierhäusern aus der Mitte des 16. Jahrhunderts, die auf großbäuerlichen Höfen vornehmlich im Westen Lippes erhalten geblieben sind. Die wichtigsten Beispiele sind das 1555(d) datierte Haupthaus des Amtsmeierhofes Meier zu Asemissen (Gemeinde Leopoldshöhe), das 1562 erbaute Haus des Meiers zu Iggenhausen in Lage-Pottenhausen sowie die 1570 bzw. 1570/71(d) datierten Meierhäuser Meier Barthold in Wittigenhöfen bei Lemgo-Leese (heute im Westfälischen Freilichtmuseum Detmold) und Manhenke in Detmold-Dehlentrup.[17] Alle genannten Häuser sind sieben bis neun Fach lange, monumentale Zweiständerbauten mit qualitätvollen Gefügen aus kräftigen Hölzern. Im Unterschied zu dem Kohlstädter Bau handelt es sich aber durchweg um Dielenhäuser ohne Kammerfach, die im Flettbereich nur eine einseitige Lucht mit einem Unterschlagriegel in halber Höhe aufweisen. Das Haus Kuhlmeier in Kohlstädt ist das bisher einzige lippische Bauernhaus aus der Mitte des 16. Jahrhunderts mit einem nachweisbaren Kammerfach aus der Bauzeit und einem monumentalen Flettraum mit beidseitigen hohen Luchten.[18] Es entspricht damit dem „Idealbild" eines niederdeutschen Hallenhauses, das aber für den lippischen Baubestand des 16. Jahrhunderts noch eine Ausnahme darstellt. Vergleichbare frühe Bauten mit voll ausgebildetem Flett und Kammerfach finden sich aber in westlich angrenzenden Territorien - ein Beispiel ist der bereits erwähnte Meierhof to Berens in Gütersloh-Spexard von 1535(d). Die frühe Verbreitung des Kammerfaches im ländlichen Hausbau Westfalens und Niedersachsens ist bisher erst in Ansätzen erforscht; jüngere Ergebnisse zeigen aber, daß von einem differenzierten Verbreitungsbild schon im ältesten Bestand auszugehen ist: Während im Osten Niedersachsens (Braunschweiger Land, Lüneburger Heide, Elbmarschen) schon im ältesten Baubestand des 16. und teilweise des späten 15. Jahrhunderts vollausgebildete Flettdielenhäuser mit Kammerfach nachweisbar sind, wurde das Kammerfach in der Mitte und im Westen Niedersachsens sowie in Teilen Westfalens erst im 17. und 18. Jahrhundert eingeführt. Auch der größte Teil Lippes ist zu diesen ursprünglich „kammerfachlosen" Regionen Niederdeutschlands zu rechnen - dagegen läßt sich der Kuhlhof in Kohlstädt einem größeren Gebiet westlich des Teutoburger Waldes zuordnen (östliches Münsterland, Senne), in dem schon ab dem frühen 16. Jahrhundert monumentale Bauernhäuser mit Flett und Kammerfach nachweisbar sind. Archäologische Befunde legen hier eine Entstehung von kammerfachähnlichen Strukturen schon im beginnenden Hochmittelalter (10./11. Jahrhundert) nahe.[19]

Das 1957 abgetragene Zweiständergerüst des Hauses Kuhlmeier lagert bis heute im Westfälischen Freilichtmuseum Detmold und wartet auf seinen Wiederaufbau. Josef Schepers hatte seinerzeit geplant, den Bau in rekonstruierter Form im „Weserdorf", dem heutigen Paderborner Dorf des Freilichtmuseums, wiederzuerrichten. Aufgrund der zwischenzeitlich veränderten Aufbaukonzeption des Museums ist ein solcher rekonstruierter Wiederaufbau in dieser dörflichen Baugruppe, die einen Zustand der Zeit um 1900 darstellen soll, nicht mehr vorgesehen.[20] Daher ist das Museum bereit, das Holzgefüge des Hauses zum Wiederaufbau in seine Herkunftsregion zurückzugeben - denkbar wäre etwa eine Nutzung als Bürgerbegegnungsstätte, Heimathaus oder Gastronomiebetrieb. Es wäre sehr zu wünschen, wenn dieses eindrucksvolle Bauernhaus des 16. Jahrhunderts als bedeutendes Zeugnis der Kohlstädter Siedlungs- und Baugeschichte eines Tages in der Nähe seines historischen Standortes wiedererstehen könnte.

1952

Es sind ortsbekannte Persönlichkeiten, die sich am 5. Februar zum 70. Geburtstag des immer noch beruflich tätigen Malermeisters Gustav Wiesbrok im Haus an der Bergstraße treffen: Adolf Weeke, geb. 1868 (Landwirt und bis zum 31. Dezember 1944 bahnamtlicher Spediteur), Wilhelm Deppe, geb. 1890 (Landwirt), Karl Renne, geb. 1874 (Gastwirt, Landwirt und Postbediensteter), Gustav Wiesbrok, geb. 1882 in Milse (Malermeister), Adolf Huneke, geb. 1878 (Briefträger), Adolf Fleege, geb. 1873 (Landwirt), Friedrich Krome, geb. 1888 (Landwirt) und Richard Mötz, geb. 1879 (Schmiedemeister).

Das Kreisgesundheitsamt hat festgestellt, daß der Gesundheitszustand der Schlangener Schuljugend wesentlich schlechter ist als der der Schülerinnen und Schüler in anderen Gemeinden. „Als Ursache werden die Struktur der hiesigen Bevölkerung und der im Vergleich zu anderen Gemeinden hohe Prozentsatz an Evakuierten- und Flüchtlingskindern angenommen." (Protokoll der Ratssitzung vom 10. Mai). 23 Kinder haben im vergangenen Jahr an Erholungskuren teilgenommen. Die Maßnahme soll weitergeführt werden.

1952

Auf dem Gelände des Sägewerkes Karl Rebbe am Kohlstädter Weg sind Gatterführer Heinrich Wolf und Mitarbeiter Fritz Räker damit beschäftigt, eine Baumkarre einzusetzen. Links ist eine elektrische Gattersäge zu erkennen. Dem Sägewerk ist eine gut ausgelastete Tischfabrikation und eine Produktion von Möbelkleinteilen angegliedert. Die Belegschaft besteht aus rund einem Dutzend Personen.

In Schlangen existiert seit 1948 ein Reitverein unter dem Vorsitz von Dr. Karl Altrogge. Was die vierbeinigen Mitglieder angeht: Es sind in der Mehrzahl Ackerpferde. Geübt wird „hinter der Alten Rothe". U. a. gehören dem Verein an (von links): Heinz Schwarz, Willi Haase, -?-, Heinz Kluge, Rolf Wulfkuhle, Walter Penke, Peter Reichel. Werner Fleege und Werner Rebbe.

Alfred Dirscherl in zünftiger Motorradfahrer-Kleidung mit seiner 200er Zündapp.

Die erste Schlangener Handballmannschaft trat im Jahre 1927 gegen auswärtige Spieler an. Die Begeisterung für das Handballspiel nahm rasch zu. Im Jubiläumsjahr 1952 spielen in der „Ersten" (stehend von links): Josef Laposchan, Gerhard Brunk, Heinz Varchmin, Erwin Buchholz, Alfred Peters, Mittlere Reihe: Helmut Becker, Werner Schmidt, Werner Müller. Davor: Fritz Schäferjohann, Rudolf Wille, Karl Deppe. Mit im Bild: Heinz Biere (Handballobmann) und Heinrich Schildmann.

1952

Fröhlicher Umzug der Kindergartenkinder anläßlich des Fröbelfestes. Mit dabei Schwester Lotte Schneider, die Leiterin des Kindergartens seit Oktober 1949, und die Kindergartenhelferinnen Christa Kriete und Helga Schmidt.

Auf Tanzvergnügen, die sehr beliebt sind, auf Hochzeiten, die in zunehmender Zahl und auf einem der Säle gefeiert werden, sowie auf besonderen Vereinsveranstaltungen ist Schlangens „Kleine Kapelle“ tonangebend - was die Musik angeht.
Von links: Willi Brockmeier, Willi Göbel, Josef Stoffel, Wilhelm Klöpping und Hans Schwob.

Bruno Leimenkühler vor dem 1923 als Fahrradgeschäft gegründeten Unternehmen seiner Eltern, zu dem seit 1927 auch eine Zapfsäule gehört. Im Hintergrund Nachbar Gottlieb Mehrmann. Erstmals im laufenden Jahr läuft der dreirädrige „Messerschmitt-Kabinenroller" (175 Kubikzentimeter), der in der ehemaligen Flugzeugfabrik Messerschmitt hergestellt wird. Der erste „Messerschmitt-Kabinenroller", der durch Schlangens Straßen rollt, ist auf dem Bild zu sehen. Er gehört Friedrich Wolf. (Ein paar Jahre weiter. Lina Wolf erinnert sich: „Wir haben mit dem Kabinenroller schöne Touren gemacht. Bis nach Hannover sind wir gefahren. Wir, das waren mein Mann und ich und unsere beiden Töchter, solange sie noch entsprechend klein waren. Ich hatte meinen Platz hinter meinem Mann, eine Tochter saß auf einer Fußbank vor mir und die andere auf dem Sitz neben mir.")

Am 8. Juni 1950 gründeten 17 junge motorsportbegeisterte Männer den Motor-Sport-Club Schlangen. Den Vorsitz übernahm Bruno Leimenkühler. Einer der Höhepunkte in der erst kurzen Geschichte ist das vom Verein veranstaltete Moto-Cross-Rennen „Rund um den Pastorenberg" am 17. August. Motorradsportler aus 20 Orten nehmen teil. Spannende Wettbewerbe bringen auch die zahlreichen Zuschauer am Streckenrand in Fahrt. Folgende Motorradmarken sind vertreten: NSU, DKW, Puch, Maico, Dürkopp, Anker, Triumph, Ariel, Matchless, Rudge und BMW.

1952

Im Sommer 1937 ist die Gemeindeverwaltung aus der „kleinen Schmiede" (Bachstraße Nr. 105) in das ehemalige Konsumgebäude an der Rosenstraße umgezogen.
Am 1. Januar geht das Gebäude wieder in den Besitz der Lippischen Konsumgenossenschaft über.

In der Sitzung des Gemeinderates am 28. September 1951 hat Architekt Vollmer den Entwurf für das neue Verwaltungsgebäude an der Parkstraße erläutert: „Das Gebäude soll so eingerichtet werden, daß es später jederzeit in Wohnräume umgewandelt werden kann . . . Vorgesehen sind im Erdgeschoß je ein Raum für Meldeamt, Gemeindedirektor, Kasse, Wohnungsamt, Bürgermeister und ein Sitzungszimmer. Im Dachgeschoß ist eine Wohnung, bestehend aus vier Räumen und einer Küche, geplant." (Protokoll).
Der Rat beschließt, das Bauvorhaben nach dem vorgelegten Entwurf auszuführen.
Am 4. August meldet die Lippische Landes-Zeitung: „Als wir vor Monaten über das Richtfest der Gemeinde Schlangen berichteten, haben wir kaum daran gedacht, daß die Bauarbeiten so schnell vorangetrieben wurden, daß die Gemeindeverwaltung bereits am heutigen Wochenende in das schmucke Verwaltungsgebäude einziehen kann . . . Die Gemeinde Schlangen kann mit Recht stolz sein, mit den geringen zur Verfügung stehenden Mitteln ein solch stattliches Verwaltungsgebäude ihr eigen nennen zu können."

Brennholz ist ein wervolles Material. Und wer abgebrochene Äste und Zweige im Wald zusammenträgt, auf den Handwagen lädt und nach Haus transportiert, braucht nichts zu bezahlen. Emilie Hilgerdenaar und Enkelsohn Harry sind aus dem Langen Tal zurückgekehrt und haben gut lachen.

Im November wird die Gutberlet-Filiale aus dem Haus Biele Nr. 276 in das Gebäude Schäferjohann Nr. 26 verlegt. Heinrich Schäferjohann hat den Kuhstall zu einem Ladenlokal umgebaut. Wilhelm Biele gründet im eigenen Haus ein eigenes Lebensmittelgeschäft.
Die Tage der Straßenbahn sind gezählt.

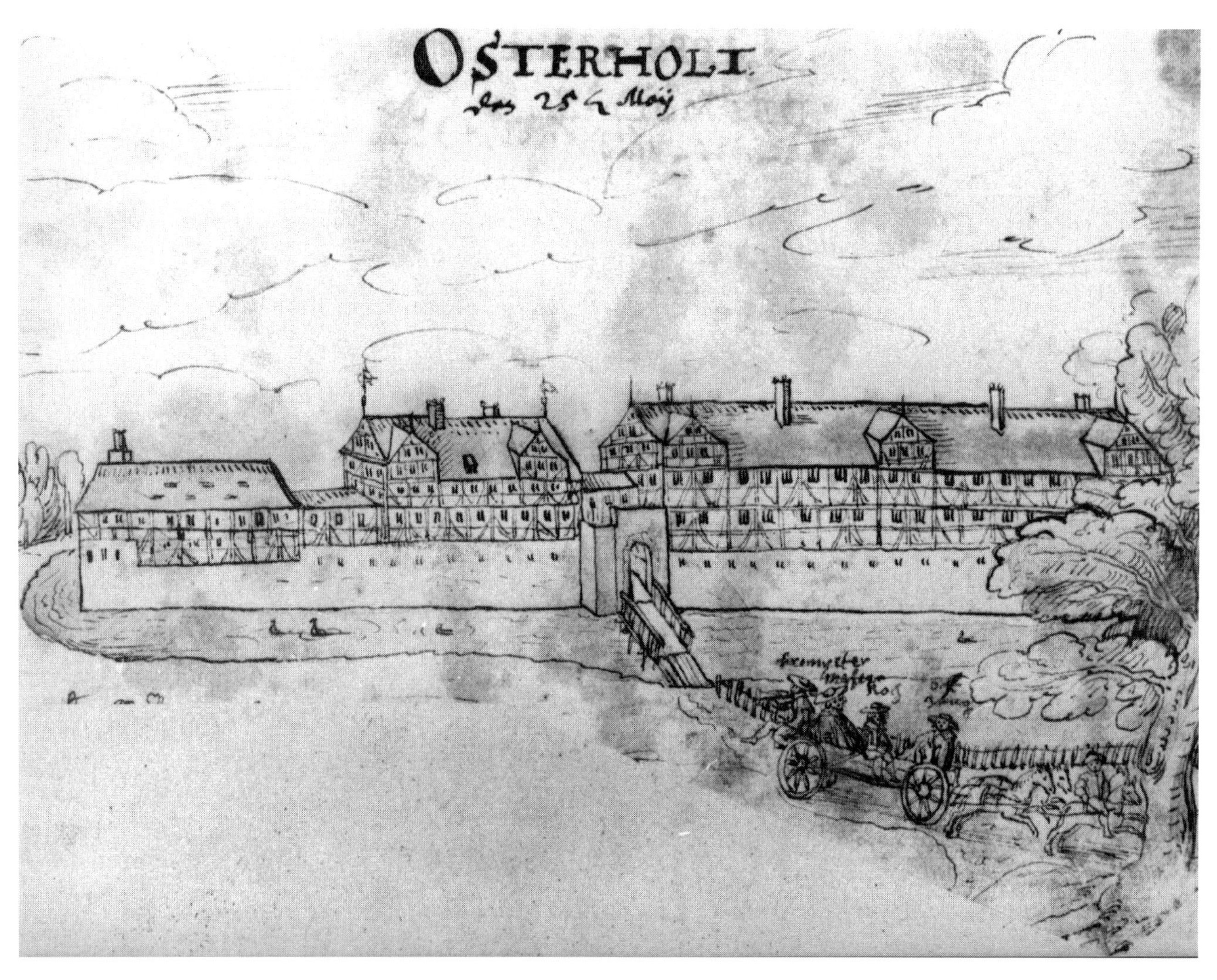

Das Jagdschloß Oesterholz von Osten. Zeichnung von Dr. Georg Faber, 1632. Aus: Skizzen- und Reisetagebuch eines Arztes im Dreißigjährigen Krieg. Hg. von Walter Gunzert, Darmstadt 1952.

Anne Schunicht-Rawe

Das Jagdschloß Oesterholz unter den Grafen Simon VI. und Hermann Adolph

Ende des 16. Jahrhunderts ließ Graf Simon VI. zur Lippe in Oesterholz ein Jagdschloß errichten. Heute befindet sich an dieser Stelle das Kreisaltenheim, und es stellt sich die Frage, ob es sich bei dem alten Fachwerkhaus südlich des Tores noch um ein Gebäude des Jagdschlosses des 16. bzw. 17. Jahrhunderts handelt. Um diese Frage zu klären, sollen hier noch einmal die wichtigsten historischen Daten zusammengefaßt werden:[1]

Zu Beginn der neunziger Jahre des 16. Jahrhunderts hat Graf Simon VI. mit großem Eifer versucht, den Meier Christoph als Inhaber der Meierei zu Oesterholz zu veranlassen, sein Meierrecht vorzeitig wieder abzutreten. Die bauliche Ausgestaltung dieser Anlage ist nicht überliefert. Graf Simon VI., ein Freund des Weidwerks, wollte die Anlage durch den Bau eines Jagdschlosses erweitern. Am 7. August 1593 wurde schließlich der Meierstand u.a. gegen Zahlung von 4650 Reichstalern an den gräflichen Gutsherrn zurückgegeben. Die Arbeiten am Bau des Jagdschlosses begannen 1597. Zahlreiche Rechnungen aus den Jahren 1597 bis 1599 belegen Steinarbeiten durch den Baumeister Hermann Wulff, der u.a. auch am Bau des Nordflügels des Schlosses Brake und der Rathauslaube in Lemgo beteiligt war. Ein Meister Iggenhausen wurde in den Jahren 1598 und 1599 für Holzarbeiten am Jagdschloß bezahlt. Aus diesen Rechnungen läßt sich der Schluß ziehen, daß Gebäude bzw. Gebäudeteile aus Stein und Holz errichtet wurden.

Eine Vorstellung des Schloßbaus unter Graf Simon VI. vermittelt heute eine skizzenhafte Zeichnung aus dem Reisetagebuch von Dr. Georg Faber von 1632. Dargestellt ist die Ostseite der Anlage mit der Brücke und dem Eingangstor. Die von Wasser umgebene Anlage ist über eine einfache Holzbrücke zu erreichen. Die Ostseite ist vollständig mit Fachwerkgebäuden bebaut: Sie erheben sich über einem wuchtigen Steinsockel, der von kleinen schießschartigen Fenstern durchbrochen ist. Nördlich des Tores erstreckt sich ein langes Gebäude, an dessen Außenseite drei Zwerchhäuser aufsitzen. Die vier dargestellten Schornsteine weisen auf eine Wohnnutzung des Gebäudes hin. Südlich des Tores schließt sich ein kleineres Gebäude an, dessen Fachwerk den gleichen Aufbau zeigt. Auch hier finden sich neben zwei Zwerchhäusern an der Außenseite Schornsteine. Seitlich davon erstrecken sich zwei einfache Fachwerkgebäude unterschiedlicher Größe, die wohl Wirtschaftszwecken dienten. Anhand dieser Zeichnung können allerdings weder Aussagen über die gesamte Ausdehnung der Anlage noch über weitere Gebäude getroffen werden. 1633 und 1634 soll es zu Plünderungen der Anlage in Folge des 30jährigen Krieges gekommen sein.

Unter Graf Hermann Adolph, dem Enkel Simons VI., kommt es erneut zu Baumaßnahmen. Die Bauakten aus dieser Zeit sind nicht vollständig erhalten und bedürfen einer vollständigen Aufarbeitung; aus ihnen gehen jedoch umfangreiche Bauarbeiten in den Jahren 1655-1665 hervor. Auch noch 1666 werden große Mengen Bruchstein und Kalk abgerechnet, ohne daß man das Baumaterial bestimmten Gebäuden zuschreiben kann. An diesen Rechnungen läßt sich jedoch ablesen, daß Hermann Adolph im Gegensatz zu Simon VI. viele Gebäude in Stein errichten ließ. Ebenso ließ er Wasserleitungen verlegen und Arbeiten am Garten, der sich im Norden befand, sowie an der Gräfte durchführen. Der heute noch existie-

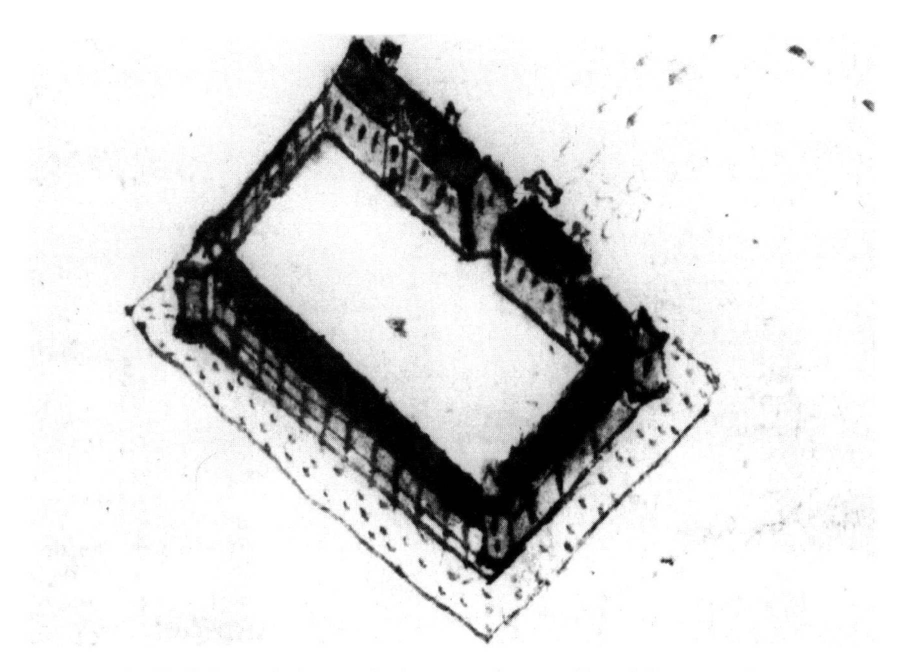

Das Jagdschloß Oesterholz von Südwesten, dargestellt auf der Sennekarte von A. Riepe, 1715.

rende und im Jahr 1929 restaurierte Torbogen, der inschriftlich in das Jahr 1665 datiert ist, geht ebenfalls auf Hermann Adolph zurück. Darüber hinaus hat Hermann Adolph an den beiden südlichen Ecken und der nordwestlichen Ecke der Anlage drei Rundtürme ausführen lassen, die auf der Sennekarte aus dem Jahr 1715 von A. Riepe zu erkennen sind. Von ihnen haben sich bis heute die Reste des südöstlichen Turmes erhalten.

Auch hat Hermann Adolph das nördlich der Brücke liegende längliche Gebäude, das unter Simon VI. als Fachwerkbau ausgeführt worden ist, in Stein neu errichten lassen. Nachrichten über den Abriß dieses Gebäudes im Jahr 1775 bestätigen diesen Neubau. Aus den Quellen des Detmolder Staatsarchivs geht hervor, daß in Oesterholz ein großes steinernes Gebäude niedergelegt und das Abbruchmaterial zum Bau des Kurhauses „Zur Rose“ in Bad Meinberg wiederverwendet wurde. Die beschriebene Ausdehnung des zum Abbruch stehenden Gebäudes stimmt mit den heute noch erkennbaren Mauerresten nördlich des Tores überein. Rechnungen in den Jahren 1655 bis 1658 berichten von Bauarbeiten am „newen Bau des langen steinernen Jagthauses“. Da alles darauf hindeutet, daß mit diesem Gebäude das längliche, nördlich der Brücke liegende Gebäude gemeint ist, entsteht ein Widerspruch zwischen den erhaltenen Text- und den Bildquellen: Ein Stich von Elias van Lennep gibt die Anlage in der Zeit um 1663 wieder. Van Lennep erhielt 1663 vom Landesherren den Auftrag, das Fürstentum in Stichen darzustellen. Sein Stich zeigt die Anlage von der gleichen Seite wie die Skizze von Faber. Bis auf kleinere Veränderungen scheint es sich auch um die gleichen Gebäude zu handeln. Die seitlich des kleinen Torhauses liegenden Gebäude weisen noch die Zwerchhäuser auf, nur neben dem südlichen Gebäude scheint ein Aborterker hinzugekommen zu sein. Aufgrund der Vogelperspektive des Stiches ist zusätzlich zu erkennen, daß die Südseite der Anlage durch ein einziges Gebäude abgeschlossen wurde. Auf der Westseite erstreckten sich mehrere Gebäude - wohl Wirtschaftsgebäude -, von denen van Lennep drei Dächer in unterschiedlicher Länge und Höhe abbildet. Nur auf der Nordseite scheinen sich keine Gebäude befunden zu haben. Die Gebäude auf dem Stich sind insgesamt sehr schematisch wiedergegeben und scheinen als Steinbauten dargestellt zu sein.

Fraglich bleibt demnach, welchen Zustand van Lennep in dem Stich wiedergibt und wie groß der Aussagegehalt des Stiches ist. Handelt es sich bei den meisten Gebäuden noch um Bauten, die unter Simon VI. errichtet wurden, da van Lennep nur eine Baustelle sah, die er nicht wiedergeben wollte? Warum sollte dann aber Hermann Adolph

Das Jagdschloß Oesterholz von Osten: Kupferstich von Elias van Lennep, um 1663/1665.

einen veralteten Bauzustand darstellen lassen? Oder war die Anlage, die Hermann Adolph errichten ließ, schon 1663, als van Lennep sie aufnahm, fertiggestellt? Dies kann nur schwer zutreffen, da es aus den folgenden Jahren noch Baunachrichten gibt und van Lennep auch nicht die Rundtürme an den Ecken darstellt. Oder müssen vielmehr Fehler in der Überlieferung vermutet werden, so daß van Lennep das Jagdschloß schon früher als 1663 dargestellt hat und er tatsächlich noch den Zustand unter Simon VI. wiedergibt?

Festzustellen ist auf jeden Fall, daß es sich bei dem Stich von Elias van Lennep um eine sehr schematische, stilisierte Darstellung der Gebäude handelt, die nicht viel Wert auf die Wiedergabe von Details legt. So wäre es nicht verwunderlich, wenn z. B. Fachwerk generell von ihm nicht wiedergegeben wurde. Es wäre aber auch möglich, daß man in der Zwischenzeit das Fachwerkesch geschlämmt hatte, um das Fachwerk aus der Ferne als verputztes Steinmauerwerk erscheinen zu lassen; eine gebräuchliche Praxis, um eine kostenaufwendigere und damit repräsentativere Steinbauweise vorzutäuschen.

In seinem Entwurf zur Sennekarte hat A. Riepe 1715 das Jagdschloß in einer Ostansicht und nicht in einer Südwestansicht gezeichnet. Er gibt die Anlage sehr ähnlich wieder, bildet auf der Ostansicht jedoch nur einen Eckturm ab. Bei dem nördlichen Hauptgebäude klappt er in der Ostansicht den nördlichen Giebel in die Ansichtsfläche, so daß der repräsentative geschweifte Giebel zu sehen ist. In beiden Darstellungen sind die Wirtschaftsgebäude als Fachwerkbauten, die Hauptgebäude dagegen als Steinbauten bzw. als mit Putz versehene Baukörper zu erkennen. Bei dem nördlichen Hauptgebäude handelt es sich ja tatsächlich um ein Steingebäude, das Hermann Adolph in den 60er Jahren des 17. Jhs. errichten ließ. Bei dem südlichen Gebäude handelt es sich - wie im folgenden zu zeigen ist - sehr wahrscheinlich um das unter Simon VI. errichtete Fachwerkgebäude, das aus repräsentativen Gründen geschlämmt wurde. Wie oben schon angesprochen, handelt es sich um eine sehr gängige Vorgehensweise, um die Wohngebäude gegenüber den Wirtschaftsgebäuden, die eine mindere Funktion ausübten, hervorzuheben.

Nach dieser knappen Zusammenfassung der Text- und Bildquellen soll abschließend auf die eingangs gestellte

Das Jagdschloß Oesterholz von Osten, dargestellt im Entwurf zur Sennekarte von A. Riepe, 1715.

Frage, aus welcher Bauzeit das heute noch bestehende Gebäude (Kreisaltenheim) stammt und welcher Funktion es urpsrünglich diente, eingegangen werden.
Die formale Analyse der Ornamentik des Außenhauses deutet darauf hin, daß es sich um ein Fachwerkgebäude aus der Zeit um 1600 handelt. Wie schon Otto Gaul beschrieb, ähnelt der Aufbau der ornamentierten Geschoßschwellen aus Zahnschnittfriesen und Perlrundstäben denen am Kornhaus in Schieder, das um 1600 unter Graf Simon VI. errichtet wurde. Er schrieb beide Gebäude dem gleichen Baumeister bzw. Zimmermann zu. Eine dendrochronologische Untersuchung[2], die das Weserrenaissance-Museum Schloß Brake durchführen ließ, macht deutlich, daß das Gebäude tatsächlich aus der Bauzeit unter Simon VI. von 1597-1599 stammt. Jedoch wurden später einzelne Fachwerkhölzer ausgetauscht und Umbauten vorgenommen: Die Ausluchten wurden erst in jüngerer Zeit angefügt, und die Innenraumaufteilung wurde durch die neuen Nutzungen einer starken Änderung unterworfen.
In einer Quelle aus dem Jahr 1658 wird das neu zu errichtende steinerne Gebäude als „Jagthaus“ bezeichnet; diese Bezeichnung wird für dieses Gebäude auch noch 1763 benutzt. Das südlich des Tores liegende kleinere Gebäude - das heutige Altenheim - wird dagegen als „herrschaftliches Wohnhaus“ bezeichnet.
Hinsichtlich der für die Datierung vorgenommenen unterschiedlichen Methoden steht also außer Frage, daß es sich bei dem heutigen Hauptgebäude des Kreisaltenheimes um einen Bau aus der ersten Bauphase des Jagdschlosses Oesterholz unter Simon VI. handelt. Es ist sehr wahrscheinlich, daß es das alte herrschaftliche Wohnhaus ist, welches in der Folgezeit einige bauliche Veränderungen erfahren hat.

Walter E. Capelle

„... totaliter ruinieret ...!" Die letzten Jahre des 30jährigen Krieges in der Vogtei Schlangen 1645-1650

Gliederung

A. Zeitzeugen schrieben
B. „... totaliter ruinieret ...!"
  1. Zeitzeugen-Schicksale
  2. Die Situation in der Vogtei im Jahre 1645
  3. Die „Schweden" kamen 1646
  4. Unglück über Schlangen
  5. Schlangens kirchliche Situation 1645-1650
  6. Noch größere Kriegsbeschwer 1647
  7. Unerwarteter Besuch im Jagdschloß Oesterholz
  8. Westfälischer Frieden 1648 in Münster/Osnabrück
C. Die Vogtei Schlangen nach dem Friedensschluß

A. Zeitzeugen schrieben

Nahezu drei Jahrzehnte lang währte bereits der schreckliche Krieg, und das Plündern und Morden wollte nicht enden. Lippe hatte anfangs seine Neutralität erklärt, mußte jedoch bald schmerzlich erfahren, daß es die Kriegsparteien nicht kümmerte. Zahlreiche Kriegshandlungen wurden hier ausgetragen, wobei die Vogtei Schlangen neben dem lippischen Südosten am schlimmsten drangsaliert und ruiniert wurde.

Zeitzeugen schrieben in jener Zeit:

„... Es wird berichtet, wie es in der Vogtei Schlangen zugeht ... nötig ist es, daß ein Bote mit Schreiben an den Herrn Generalmajor von Hammerstein (nach Marienloh, dem schwedischen Hauptquartier vor Paderborn) geschickt wird, welcher gebeten würde, daß in Schlangen und Collstedt nicht alles preisgegeben (und plattgemacht) würde, denn seine Krieger nehmen nicht allein die hinterbliebenen Stoppeln, sondern reißen auch die Häuser herunter. Der Bote müßte stracks abgefertigt werden, denn die Hausleute können nicht sicher durchkommen, die keinen Botenbrief haben ..."[1]

Das meldete der Horner Drost Jörg Wilhelm Rübel von Biberach seinem Vorgesetzten, dem Landdrosten Lucanus in Detmold. Der wiederum setzte augenblicklich seine im Detmolder Schloß amtierende vormundschaftliche Regierung, den Administrator und Vormund Graf Emich von Leinigen und den Vizekanzler Dr. Nevellin Tilhen, in Kenntnis:

„... Die Eingesessenen der Vogtei Schlangen berichten, daß die Parthien (Kriegshorden) itzo alles da preismachen (plattmachen), die übrig gebliebenen Früchte auf den Feldern vollends ausdreschen und die Häuser herunterreißen, auch die Früchte bei unserer Gnädigen Herrschaft Hause Oesterholz gehörig ebenmäßig vernichten und verderben ... So bitten wir gleichermaßen gar dienstlich, der Herr Generalmajor der Armee wollte belieben zu befördern, daß das Auslaufen der Völker (= das Plündern) ernstlich verboten und also diese Grafschaft nicht ganz und gar ins Verderben geraten möge ..."[2]

An die gleiche Adresse richtete der Horner Stadtrichter Conrad Peters, zwar in anderem Zusammenhang, jedoch auch auf die bedrückenden Zeitläufte bezogen, seine Bemerkungen zu den Schrecknissen der Zeit:

„... daß die Soldatesca ... unerhörtermaßen unsere Bürger, welche darüber gleichsam erstarret und zaghaft geworden, die letzten Reste auspressen und eintreiben. Die Executionen müssen sie unterlassen! ... Wir können nur alles Gott, dem Herrn, anheimstellen, so werden wir einst an unserem Verderb und Untergang unschuldig befunden werden ...!"[3]

Den Schlänger Küster Hans Heinrich Gronemeyer hatte es besonders hart getroffen. Er schrieb am 11. April 1648:[4]

„... Da habe ich nun betrübte Zeiten ge-

Der Augsburger Hans Ulrich Frank zeichnete von 1643 bis 1656 eine Folge von Szenen aus dem 30jährigen Krieg. Die Radierung aus dem Jahre 1655 zeigt, wie Vieh weggetrieben und ein Bauer gezwungen wird, geplünderte Beute zu tragen.

habt, denn ich habe wohl zweimal soviel verloren, als ich habe verdient, sonderlich im vergangenen Jahr, da habe ich von den zehn Morgen Korns, die ich hatte ausgesäet, nichts behalten, davon ich hätte wirklich leben können, also stark hat mich das Kriegswesen getroffen. Weil wiederum auch die Einwohner zu Schlangen sind dermaßen verdorben, daß sie nicht viel übrig behalten haben und mir nichts für meine Arbeit geben können, so treibt mich die Not, daß ich diesen Bittbrief an Euer Gnaden richten muß ...!"

Schließlich klagte Conradt von Oisterholz am 27. November 1651, der nach erfolgreichen Jahren als Bürgermeister der Stadt Horn durch fortwährende Einquartierungen und Plünderungen kaiserlicher Streitkräfte sein Vermögen in den 30er Jahren verloren und 1638 für 12 Jahre die Pachtung des Jagdschlosses Oesterholz und der dazugehörigen Meierei übernommen hatte, resigniert auf seine Weise:

„... daß wir leider eine geraume Zeit von Jahren in dieser löblichen Grafschaft mit so vielen und mannigfachen Einquartierungen, Durchzügen, streitenden Parteien und unsäglicher Unsicherheit beschweret worden, daß ich als ein alter erlebter Mann solches nicht länger habe ausstehen, weniger meine Haushaltung und Äcker (in Horn) bestellen, ganz zu schweigen meine Felder nicht mähen oder einernten können, dannenhero wie ungern ich auch gewollt, die gräfliche Oisterholzische Konduktion in der Meinung, mich und die Meinigen zu ernähren, hätte annehmen, worüber ich aber um all das Meinige gekommen bin und durch den Krieg einen schlechten Gewinn gehabt habe ... So bin ich doch die ganze Zeit über während der Kriegsunruhen über zwanzig Jahre lang und mehr hier in den allergefährlichsten Zeiten verschont und am Leben geblieben ... Wann ich aber der untertänigen Zuversicht lebe, Euer Gnaden werden den nun Gottlob abgelebten beelendeten Zustand dieser Grafschaft, also auch unserer armen Stadt Horn und der Vogtei Schlangen so oft vielmals überhäufte Drangsalen in Gnaden nicht allein gnädig erwägen, sondern wegen allerhand Verheerungen und schädlicher Verhinderung alles nießlichen Gebrauchs mit mir ins Gnadenbuch sehen ... meine untertänige höchstfleißige Bitte, gnädig zu geruhen, mein gnädiger Herr zu sein und zu bleiben!

... meine Güter (haben) öde und wüst gelegen, ja auch mein Haus im Grunde verderben lassen müssen ..., daß ich als ein alter erlebter Mann mit meinen Enkeln, welchen ihre Eltern frühzeitig abgestorben, so viel lassen, wie wir zum Leben nötig haben und nicht entblößet werden mögen, darum bittet ..."[5]

Wie der Konduktor im Hause Oesterholz, so zeichneten auch die anderen Zeitzeugen ein erschütterndes Bild vom Kriegselend in der Vogtei und formulierten nahezu einmütig und resignierend „... totaliter ruinieret!"[6],wenn sie das Geschehene, wo auch immer, zusammenfaßten. Es war die gängige Formulierung, die überall im Lande verstanden wurde.

B. „... totaliter ruinieret...!"

1. Zeitzeugen-Schicksale

Wer waren die Zeitzeugen, die die Grausamkeiten vor Ort miterlebt hatten? Jörg Wilhelm Rübel von Biberach hatte 1627/28 als kaiserlicher Rittmeister reiche Kriegsbeute gemacht und seinen Abschied genommen. Er kaufte 1629 das Gut Küterbrok bei Heesten und bewarb sich um das Horner Drostenamt. Sein besonders hohes Kautionsangebot von 1.800 Talern konnte niemand überbieten, und so wurde ihm das Amt Horn einschließlich der Vogtei Schlangen 1631 - ohne Patent!- übertragen, obwohl er von Verwaltungsdingen wenig verstand. Seine Loyalität wurde lange Jahre angezweifelt, weil er sich das Patent von der lippischen Schattenregierung 1637-1640 erhofft hatte. 1640 patentiert, wurde er im Herbst von seinem Wohnsitz im Gut Hornoldendorf (heute Oetker) als Geisel entführt. Nach sechs Wochen ausgelöst, spielte er bei der Bestrafung und Verfolgung der Horner Lachsfänger 1643 eine dubiose Rolle. Seinem Stellvertreter, dem Amtsschreiber, blieb er in allen Amtsgeschäften ausgeliefert, besonders in Sachen Kriegskontributionen. So geriet er zwischen die Fronten und wurde zum „Sündenbock" in Amt und Vogtei. - Etliche seiner korrekten Schadensmeldungen aber in Stadt, Amt und Vogtei sind erhalten geblieben und gleichsam wichtige Dokumente für die Kriegsschäden im Land. Nach der Stadtratswahl am Dreikönigstag 1657 wurde ihm von Graf

Hermann Adolph für gravierende Versäumnisse der Laufpaß erteilt. Er lebte noch wenige Jahre verbittert auf Gut Küterbrok und starb 1660.[7]
Sein Schwiegersohn wurde zur Nachfolge berufen, der Amtmann und Drost Adam Henrich Kotzenberg, der spätere Hofmeister im Detmolder Schloß, 1677 geadelt.
Aus Horn kam der Bürger Hans Heinrich Gronemeyer 1644 nach Schlangen, dessen bescheidenes Haus am damals kleinen Marktplatz in Horn durch die mehrjährigen Einquartierungen kaiserlicher Streitkräfte 1642-44 „totaliter ruinieret" wurde. In jenen Jahren hatte er sich von dem Horner Drosten als Schulmeister anwerben lassen, seine Kinder (und wohl auch die der Heestener Bauern) auf seinem Gut Küterbrok privat zu unterrichten. Der Kriegsalltag holte ihn jedoch auch dort ein, denn mit seinen Steuern und Kontributionen war er gänzlich in Rückstand geraten. Als einzigen Ausweg sah er das Angebot des Amtsschreibers, ihm seine Schulden zu begleichen, wenn er auf sein bescheidenes Besitztum in Horn verzichtete. Im Gegenzug halfen ihm beide Amtsleute beim Antritt des vakanten Küsterdienstes in Schlangen. Dort sollte es ihm jedoch noch weit übler ergehen![8]
Der lippische Landdrost Lucanus war ein integrer Mann und tat aufopfernd seine Pflicht. Ihm war es nicht möglich, Einfluß auf das verheerende Kriegswesen im Lande zu nehmen, es zu mindern oder gar zu unterbinden. Ihm blieb allein, den Mangel im Lande zu verwalten.
Das Los des lippischen Kriegsbevollmächtigten Heilersiek ähnelte dem des Landdrosten. Er mußte sich mit Bittbriefen an die kriegführenden Parteien, die Kaiserlichen in Hamm und Schwedischen in Minden, bescheiden, die selten Linderung auslösten. Lippe selbst führte nicht Krieg, lippische Kriegsknechte dienten jedoch in benachbarten Armeen.
Der lippische Vormund Graf Emich von Leiningen, ein Schwager der 1643 designierten Vormünderin Gräfin Katharina zu Lippe, geb. von Waldeck, die wegen Wiederverheiratung hatte verzichten müssen, und mit ihm der Vizekanzler Dr. Nevellin Tilhen regierten auf Zeit für den minderjährigen Thronprätendenten Prinz Simon Philipp zur Lippe. Sie stritten defensiv für Lippe, um Schaden abzuwenden. Ihr Einsatz konnte das Los auch für die Vogtei Schlangen nicht wenden.

2. Die Situation in der Vogtei Schlangen im Jahre 1645

Mehr als ein Vierteljahrhundert lang lebten die Einwohner der Vogtei Schlangen nun mit der Kriegsbeschwer. Die Dörfer waren schon von dem Kriegsgeschehen gezeichnet: Zahlreiche Häuser waren beschädigt, ja niedergebrannt und zerstört und etliche verlassen, weil die Bauern und ihre Söhne, durch die immensen Kontributionen überfordert, sich von den Werbern zum Kriegsdienst hatten gewinnen lassen. Die Alten, Mütter und zahlreichen Kinder waren zusammengerückt, aber noch in ihren Dörfern verblieben. Der Viehbestand war arg geschrumpft, und große Ackerflächen blieben unbestellt. Es fehlte an allem, den Pferden, den Gerätschaften und dem nötigen Saatgut. Der Hunger war ihr ständiger Begleiter. Ihre bescheidene Aussaat ernteten die Kriegsleute, und nur ein Rest verblieb ihnen.
Das Amtsdeputat für die Kirche und die Jahre 1643 und 1645 konnte, wenn auch verspätet, am 4. Februar 1645 als „von den Schonlowischen Gütern restierender Kirchenschulden halber" von den Dechen der Gemeinde empfangen werden: je 1 Molt Hafer und je 4 Scheffel Gerste, weitergehende Schulden des Amtes blieben offen, auch die der vorangegangenen Jahre. Es quittierten: „Johann Husius, Diener am heiligen Evangelio", und derselbe auch für Johann Gerken, während der Kirchendeche Hans Sibille schon eigenhändig unterschrieb.[9] Hans Heinrich Gronemeyer hatte kurz zuvor sein Küsteramt angetreten, das bescheidene alte Küsterhaus bei der Kirche (an der Stelle des heutigen Rathauses) bezogen und unterrichtete die Dorfjugend, schlecht und recht, jedoch schon mit Unterrichtserfahrung.

3. Die Schweden kamen

Seit Anfang der 40er Jahre hielten die Kaiserlichen das Land besetzt, d. h. sie hatten sich in den lippischen Städten einquartiert. Neben den hohen Kontributionen, die die Ämter und Städte in bar oder Naturalien an das Hauptquartier der Schweden in Minden zu zahlen hatten, forderten die Kaiserlichen die doppelte Summe zu ihrem Unterhalt. Das Land war jedoch so verarmt, daß die Forderungen schon lange nicht mehr erfüllt wer-

den konnten. Also versorgten sich die Kriegsleute selbst und plünderten systematisch bei Freund und Feind. Am schlimmsten erging es denen, die dazu den Einquartierten Obdach gewähren und sie auch beköstigen mußten. 1646 drang die schwedische Armee unter dem Marschall Wrangel von Norden her ins lippische Land ein, so daß die Kaiserlichen der Übermacht weichen mußten.[10] Sie marschierte bis vor die Tore der Städte Höxter und Paderborn, belagerte und umzingelte sie, konnte sie jedoch nicht erobern. Bei den Kämpfen blieb kein Haus verschont. Wrangel befahl, die Bauern aus den Ämtern der Umgebung mit Gerätschaften und Proviant für vier Tage zu mobilisieren, die die Mauern und Wälle der Stadt Höxter niederreißen sollten. Der Befehl verhallte jedoch, denn die wenigen verbliebenen Bauern fürchteten um Leib und Leben ihrer Familien und um ihr Vieh. Die aus dem Paderborner Land hatten ihre Höfe verlassen und waren in den Lippspringer Stadtwald und nach Horn geflüchtet, während die Schlänger in den nahegelegenen lippischen Wald ausgewichen waren, von wo sie ihre Dörfer im Auge behielten. Die Blomberger tauchten vor Detmold auf und weigerten sich zurückzukehren.
Marodierende Kriegsleute plünderten im ganzen Land. Dabei sank das Dorf Neuenbeken in Schutt und Asche. Selbst die Kirche brannte nieder.[11]

4. Unglück über Schlangen

In Schlangen blieb die Kirche verschont. Aber fast alle Höfe, auch das Küsterhaus und das Pastorat, wurden zerstört.

Daniel Finkensiep, seit 1997 Küster in Schlangen, mit dem Eichenholz-Ziffernblatt der alten Kirchturmuhr, deren Zeiger schon im 30jährigen Krieg ihren „richtigen Gang" hatten. Uhrwerk und Ziffernblatt sind 1894 durch eine neue Anlage ersetzt worden.

Der neue Küster in Schlangen stand vor den Trümmern seiner Wirkungsstätte. Als vielleicht einziger im Dorf blieb er und wechselte in das verlassene Pastorenhaus in der Hoffnung, hier einmal wieder Schule halten zu können, wenn die Kinder zurückgekehrt wären. Ihm blieb immerhin noch eine wichtige Aufgabe. Dazu schrieb er 1648 in Fortsetzung seines am Anfang zitierten Bittbriefes:[12]
„... Durch guter Leute Hilfe und Rat bin ich an den Küsterdienst zu Schlangen gekommen ... Gleichwohl muß ich alle Tage aufwärtig sein, daß ich am Abend und Morgen muß auf die Kirche steigen, (um die Turmuhr, die einzige Uhr im Dorf, zu regulieren), ... wenn der Zeiger soll seinen richtigen Gang haben und behalten, also treibt mich die Not ..."
Einzig der Glockenschlag begehrte auf gegen die Totenstille im Dorf ...

5. Schlangens kirchliche Situation 1645 - 1650[13]

Das Detmolder Konsistorium hatte 1645 die Pfarrvakanz in Schlangen registriert, konnte aber die Pfarrstelle nicht besetzen, denn es herrschte auch hier ein großer Mangel in Lippe. Im befreundeten reformierten Emden bat man um Amtshilfe, hatten sich ähnliche Hilferufe in den vergangenen Jahren doch schon mehrfach zu aller Betroffenen Zufriedenheit lösen lassen .
Ein junger Pastor aus Greetsiel, Gerlacus Gerlaci, der Sohn eines engagierten Kirchenjuristen in Emden, folgte dem Rufe im August 1645. Bei seinem ersten Besuche vor Ort griff jedoch Ernüchterung Platz. Mit Hilfe seines Vetters, des Amtsschreibers in Horn, bemächtigte er sich der ebenso vakanten Pfarrstelle in Meinberg und trat den Dienst in beiden Gemeinden an, je drei bzw. vier Tage im Wechsel, der jeweils am Mittwoch und Sonnabend geschah. Das Konsistorium tolerierte die unbefriedigende Lösung, war doch das Problem zweier Vakanzen auf einmal gelöst. Fünf Jahre lang „versorgte" er so beide Gemeinden, schlecht und recht, ständig verbunden mit der Sor-

ge um Leib und Leben bei den (meist) nächtlichen Wechselgängen oder- fahrten. Erst 1650 regten sich „die Kirchspieleingesessenen in Schlangen“, die ihre Unzufriedenheit über die geringe Zahl an Gottesdiensten zum Ausdruck brachten. Ihre Klagen hatten endlich Erfolg. Am 8. Oktober 1650 wurde das Interim in Schlangen beendet. Pastor Martinus Heusemann aus Salzuflen wurde berufen und trat die Pfarrstelle an. Er starb 1672 in Schlangen. Beim Start quittierte er den Empfang rückständiger „Amtsgefälle“ und forderte den Neubau eines „Cösterhauses“ als Ersatz für das 1645 niedergebrannte Schlänger Schulhaus. Die gräfliche Rentkammer bewilligte das notwendige Eichenholz, allerdings nicht umsonst, wie gebeten, sondern „zum halben Preis“.[14]

6. Noch größere Kriegsbeschwer 1647!

Erstmals im Frühjahr 1647 erhob ein kaiserlicher General, der in Lippe seit 1640 bekannte Graf von der Wahl, ein Freund des lippischen regierenden und vormundschaftlichen Hauses, öffentlich seine Stimme, beklagte „den unglücklichen Zustand des Landes“ und trat entschieden für den Abschluß eines Friedensvertrages ein. Er wußte von den langwierigen und schwierigen Verhandlungen der beiden kriegführenden Parteien in Münster und Osnabrück, deren Ergebnis herbeigesehnt wurde und längst überfällig war. Anfang Mai 1640 hatte Graf von der Wahl mit einem Bataillon von 300 - 400 Reitern und Fußvolk das Detmolder Schloß im Handstreich von der illegitimen lippischen Schattenregierung befreit, so daß auf Zeit Ruhe im Lande eingekehrt war.

Doch jetzt waren Anzeichen von Frieden im Land noch nirgends erkennbar. Im Gegenteil: Eine neue Hiobsbotschaft jagte Angst und Schrecken ein! Der schwedische Feldmarschall Hans Christoffer Graf von Königsmark kündigte den Anmarsch seiner Armee an. Im Raume Vechta/Oldenburg stationiert, trafen die ersten Truppenverbände Mitte Mai 1646 entkräftet in Varenholz ein. Die von den lippischen Städten und Ämtern geforderten 100 Fuder Brot und Unmengen an Bier, Hafer, Rindern und Pferden standen jedoch nicht bereit. „... die ausgeschickten Parthien (der Armee) raubten und plünderten, doch nur noch weniger Ausschuß wurde erbeutet bei der Meierei und im Dorf.“[15] Die Bewohner hatten sich versteckt und wagten es nicht zurückzukehren. Dem anderen Armeeteil, der über Herford nach Lippe einmarschierte, erging es nicht anders: Niemand befolgte mehr die Befehle des Feldmarschalls, konnte es auch nicht mehr. Eine Woche später traf die Hauptarmee in Lemgo ein. In der Burgmeierei Horn und hinter den sicheren Stadtmauern wähnten etliche Bauern aus den Dörfern des Amtes ihre Pferde sicher. Alle 22 Tiere wurden requiriert, dafür 11 kranke und völlig ausgezehrte von den „Schnapphähnen“ zurückgelassen.

In der Vogtei fanden sie es nicht anders. Auch vor den Toren Paderborns herrschte Armut, ebenso im folgenden Nieheim. Weiter zur Weser hin und vor Höxter lagerten „die Völker“ des Marschalls Wrangel. Auf dem Wege zurück ins Paderbornische und in die Vogtei hinterließen sie überall Chaos und „verbrannte Erde“. Hier verharrten die Kriegsleute in Stumpfsinn und Lethargie, einzig beschäftigt mit der Suche nach Nahrungsmitteln, um zu überleben, und verbrachten ihre Zeit in Ruinen und Schlupflöchern mit Trinken und Würfelspiel.[16]

7. Unerwarteter Besuch im Jagdschloß

Inmitten des großen Durcheinanders tauchte am 21. April 1646 mit „schwedischer Salveguarde“ (Geleitschutz) die Herzogin Katharina von Holstein-Lüneburg auf, um im Jagdschloß Oesterholz weitreichende Entscheidungen zu treffen.[17] Als junge Prinzessin aus Waldeck hatte sie 1631 den lippischen Thronfolger Graf Simon Ludwig geheiratet und ihm bis 1636 drei Söhne geboren, als ihr Gatte 26jährig plötzlich (durch vergiftete Speise?) im Detmolder Schloß verstarb. In schwerer Zeit kämpfte sie um das Recht der Vormundschaft für ihren minderjährigen ältesten Prinzen Simon Philipp (*1632), was ihr durch kaiserliches Dekret endlich 1640 gegen ihre drei Schwäger verbrieft wurde. Ihre Söhne gab sie nacheinander zur Bildung und Erziehung nach Marburg, wo sie verblieben, als Katharina Ende 1643 eine zweite Ehe mit dem jüngeren Herzog Philipp von Holstein-Lüneburg einging. Ihn hatte sie als kaiserlichen General und Kommandanten von Lemgo kennengelernt.[18] Auf die Vormundschaft und Regierung in

Traf im Jagdschloß Oesterholz weitreichende Entscheidungen: Katharina, geborene Gräfin zu Waldeck (1612 bis 1648), von 1631 bis 1636 Gemahlin des Grafen Simon Ludwig zur Lippe. Nach dem Tode des Grafen kämpfte sie um die Rechte ihres Sohnes Simon Philipp. Anno 1643 heiratete Katharina Herzog Philipp Ludwig von Holstein.
1909 angefertigte Fotografie eines Gemäldes im Detmolder Schloß.

Lippe mußte Katharina verzichten und berief ihren Schwager Graf Emich von Leiningen zum Nachfolger. In ihrer „Abdankungsnotul" 1643 hatte sie sich einige Klauseln für mögliche Eventualitäten - rechtlich anfechtbar - vorbehalten, die sie nunmehr umzusetzen suchte.[19]
Das Jagdschloß war von vielen Kriegsspuren gezeichnet und kaum noch bewohnbar. Vor allem: die Meierei war nach vielen Plünderungen völlig devastiert, kein Vieh mehr und keinerlei Vorrat vorhanden.[20]

Die Horner Burgmeierei, die die Haushaltung im Detmolder Schloß gewährleistete und ihr ursprünglich u. a. als Wittumbs-Einkunft verschrieben war, hatte sie sich bei ihrer Abdankung vorbehalten. Darauf stützte sie nun ihre gewagten Pläne.
Der Vogt in Schlangen, Friedrich Schönlau, der für Nachschub sorgen sollte, hatte nur Reste von Feldfrüchten auftreiben können.[21] Der zuständige Horner Amtsschreiber meldete: „Horner Kornboden leer!"[22] Einige Male jedoch hatte er noch „Victualien" aufspüren können, die ihr notgedrungen genügten. Die katastrophalen Kriegsläufte hatten ihre gut durchdachten Pläne zunichte gemacht. Ihr ältester Sohn, Prinz Simon Philipp, der lippische Thronprätendent und Student in Marburg, war inzwischen 14 Jahre alt geworden und sollte nach ihrer Vorstellung „nun möglichst bald", spätestens jedoch 1650-52 die Regierungsgeschäfte in Lippe übernehmen. Dazu sollte er augenblicklich die damals übliche Bildungsreise in benachbarte europäische Länder antreten, die Schweiz, Frankreich und Italien. Doch die Formalitäten verzögerten das Vorhaben sehr. Ein verantwortlicher „Reiseleiter"/Tutor mußte ausfindig gemacht werden, und Reisepässe aus Hessen-Kassel sollten sie legitimieren! Und das Geld für das kostspielige Unternehmen mußte herbeigeschafft werden, und das gestaltete sich in jenen „teuren" Zeiten am schwersten.[23]
Viel Zeit verstrich, obwohl sich Katharina dagegen zu stemmen suchte. Die Pässe besorgte sie persönlich in Frankfurt[24], und der Tutor wurde in der Person des 20jährigen Horner „Kammerdieners" und späteren Amtmanns Adam Henrich Kotzenberg ausfindig gemacht. Nach wiederholten kurzen Aufenthalten in Oesterholz traf sie im November 1647 - hochschwanger - zum letzten Male hier ein und verhandelte mit dem Horner Drosten G. W. Rübel um die Burgmeierei.[25] Diese war ihr als einzige „Immobilie" aus ihrem früheren Horner Wittumb verblieben, die wiederum ihre Kreditoren (aus Bremen?) als Pfand beanspruchten. Rübel hatte dem nichts entgegenzusetzen, und so stiegen die Schulden des Amtes in schwindelnde Höhen. Sie nach dem Kriege noch jahrzehntelang wieder abzutragen, blieb auch den „Amtsinsassen" der Vogtei Schlangen nicht erspart.
Die Rechnung der Herzogin ging jedoch nicht auf, denn ein Unglück folgte dem anderen.[26] Ihre beiden jüngsten Söhne waren schon 1646 plötzlich an vergifteter Speise verstorben. Das Los ihres Ältesten, des Thronprätendenten noch wahrzunehmen, blieb ihr erspart. Sie starb im Frühjahr 1648 im Kindbett „im Feldlager", nachdem sie den jungen Grafen mit ihrem Tutor zum Antritt der Bildungsreise verabschiedet hatte. 1649/50 weilten sie am Hofe des Herzogs von Parma in Florenz. Nach einer päpstlichen Audienz in Rom im Juni 1650 erkrankte Simon Philipp auf dem Rückweg und starb unter den Augen seines Tutors in Florenz. In der gräflichen Gruft der alten Klosterkirche zu Blomberg fand er seine Ruhestatt.[27]

8. Westfälischer Frieden 1648 in Münster/Osnabrück

Zurück zu den Kriegsereignissen im Lande. Seit dem Einmarsch der Königsmarckschen Armee in Lippe gab es keine geordneten Kriegszüge mehr, vielmehr ließen Kaiserliche wie Schwedische überall erste Auflösungserscheinungen erkennen. Die „Parthien" verselbständigten sich und kämpften ums Überleben. Kaum jemand vermochte noch „Freund" und „Feind" zu unterscheiden. Die Ressourcen des Landes waren gänzlich erschöpft, so daß Hunger und Durst vorherrschten. Im Verwüsten wetteiferten beide Seiten unerbittlich. Feldmarschall von Königsmarck hatte in einem Akt der Verzweiflung angesichts seiner ausgezehrten Kriegsknechte die Erlaubnis zur Plünderung der befreundeten Stadt Lemgo erteilt, wohl wissend, daß solches Tun den sicheren Untergang bedeutete.[28]

Der gealterte Horner Drost Jörg Wilhelm Rübel von Biberach, der einst als kaiserlicher Rittmeister reiche Kriegsbeute gemacht hatte, verstand die Welt nicht mehr, als er sinnierte, „... den Kriegsleuten Proviant zu geben, die sich dann selbst alles nehmen, räumbt sich nicht!"[29]

C. Die Vogtei Schlangen nach dem Friedensschluß 1648

Die langwierigen Friedensverhandlungen in Münster und Osnabrück konnten endlich am 24. Oktober 1648 besiegelt werden. In der Vogtei änderte sich jedoch kaum etwas. Wohl kehrten die Bewohner in ihre Trümmerstätten zurück, doch Schweiß und Tränen rannen bei dem mühseligen Wiederaufbau, als gleichzeitig 1650/51 ein neues Schul- und Küsterhaus unter großen Anstrengungen errichtet wurde. Bitterste Armut herrschte noch jahrelang vor, denn die Kriegsleute wichen nicht. Wohin sollten auch viele von ihnen zurückkehren? Andernorts hätten sie es nicht besser angetroffen, galt es nun doch zuzupacken, und das hatten sie verlernt ...

Mit dem Friedensschluß drang die kaiserliche Armee des Generals und Herzogs Philipp von Holstein ins Paderbornsche und nach Lippe ein. An Demobilisierung dachten sie nicht, im Gegenteil, sie forderten neue und unerfüllbare Kontributionen, so daß die Last des Unterhalts kaum Hoffnung auf Besserung aufkommen ließ. Die Kriegsleute wiesen die Klagen der „Eingesessenen" entschieden zurück. Ihre üblichen Forderungen verknüpften sie nunmehr mit der Zahlung von horrenden Abfindungssummen. Eher würden sie freiwillig das Land nicht verlassen.[30]

Kontributionen hin, Abfindungen her, beides konnte nicht gezahlt werden. Erst nach der bitteren Erkenntnis dieser Tatsache löste sich das Problem, wenn auch recht zögerlich!

Nach knapp zwei Jahrzehnten des bescheidenen Wiederaufbaus flammte der Glaubenskrieg erneut auf. „Berndken" von Galen, der Fürstbischof von Münster, hatte ein eigenes Heer von Landsknechten ausgehoben. Er stiftete erneut Unfrieden und Armut im Lande, besonders an der Nahtstelle zum Hochstift Paderborn, wo 1658 ein Grenzvergleich geschaffen und alte Nachbarschaften getrennt worden waren.[31]

Und wiederum ein Jahrzehnt später geschah eine neue Katastrophe, als 1678 in einem großen Brandunglück das eben wiedererrichtete Dorf Schlangen zur Hälfte eingeäschert wurde.[32] Die Vogtei hat im gesamten 17. Jahrhundert, kaum einer anderen vergleichbar, unendlich viel Elend und schmerzliche Entbehrungen ertragen müssen.

Mit den Baulichkeiten des Schlosses Oesterholz hat eine bemerkenswerte Kellertür den 30jährigen Krieg überdauert. Die eingeschnitzten Muster und Arkadenbögen sind typisch für die Zeit der Renaissance. Das Jagdschloß war von vielen Kriegsspuren gezeichnet und kaum bewohnbar.

1953

Die 98er NSU-Fox (Besitzer: Karl-Heinz Benkelberg) hat es dem neunjährigen Schüler Dieter Haase (Weststraße) angetan. „Besitzen“: Ja. - Fahren: Noch nicht.

Am 31. März 1912 nahm die PESAG-Straßenbahn, von den Bewohnern der Stadt Horn und der Gemeinden Schlangen und Kohlstädt jubelnd begrüßt, ihren Dienst über die Egge auf. Am selben Tag trat der Postillion von Horn aus zum letzten Male mit seiner Kutsche den Weg nach Lippspringe an.
Die Straßenbahn, die mitten durch Schlangen fährt und in der Ortsmitte über eine „Weiche“ verfügt, ist ein altvertrautes Verkehrsmittel geworden. Damit ein Ausweichgleis vor seinem Haus angelegt werden konnte, hat Gastwirt Koch 1911 unentgeltlich Grund und Boden zur Verfügung gestellt.

17. März: Die Straßenbahn fährt zum letzten Mal zwischen Schlangen und Horn. Ihre Nachfahren sind Linienbusse, die vom 18. März an für regelmäßige Verkehrsverbindungen über die Egge hinweg sorgen.
In der Nacht zum 18. März begleiten einige hundert „Betroffene" die sich im Schneckentempo vorwärts bewegende Bahn auf ihrer Abschiedsfahrt. Vor den Lokalen wird gehalten, um zu „tanken". In Höhe des Gasthofes Sibille steigen Ludwig Kubach und Herbert Kleinschlömer der Bahn auf's Dach. Ludwig Kubach, als Frau verkleidet, hält im Schein zahlreicher Fackeln eine Abschiedsrede.

1953

Das Abschiedsfoto der Kindergartenkinder, die am 16. April eingeschult werden. Hintere Reihe: Schwester Lotte Fischer, Willi Richtermeier, Hans Biel, Michael Pöhn, Friedhelm Schönlau, Reinhold Michels, Heinz Kriete, Friedhelm Huneke, Karl-Wilhelm Gerbsch, Fritz Wegener.
Davor: Werner Bohne, Karl-Heinz Meier, Klaus Tegeler, Gisela Engelbracht (vh. Möller), Christel Kehne (vh. Erdmann), Gisela Richtersmeier (vh. Neese), Irmtraud Schmidt (vh. Steffens), Inge Emmighausen (vh. Krause), Loni Richtermeier (vh. Lemberg), Ursula Schierenberg (vh. Schleusener), Brunhilde Haase (vh. Ulhard), Heidemarie Herdehuneke (vh. Ilgut).
Sitzend: Uwe Mähl, Heinz Blanke, Erwin Günter, Heinz Vothknecht, Christel Stange (vh. Feuchthofen), Ursula Rügge (vh. Horstmann), Birgit Habermann (vh. Lücking), Heidelore Lüning (vh. Runge), Monika Otto (vh. Walter).

1953

Seit Mitte der dreißiger Jahre führt Fritz Lüning sein Friseurgeschäft in dem Gebäude an der Hauptstraße/ Ecke Rosenstraße. Das sich anschließende Bauwerk wurde 1939 errichtet und ist Domizil des Korb- und Spielwarengeschäftes Benkelberg. Daneben präsentiert sich das Geschäftshaus Keiser (Textilien und Lebensmittel), und dann ist noch das den Erben Lüning gehörende ehemalige Bauernhaus Vothknecht zu sehen.

Protokoll der Gemeinderatssitzung vom 28. Mai: „Der Gemeinderat nimmt ein Schreiben des Landesstraßenbauamtes betreffs Entfernung der Schienen im Dorf zur Kenntnis. Die Schienen werden zur Zeit mit Bitumen vergossen, weil die erforderlichen Mittel für die Straßenpflasterung noch nicht zur Verfügung stehen."

Der Beschluß zur Anlage eines neuen Sportplatzes in der Alten Rothe fiel am 6. September 1947. Vor den Sportlern des VfL lag eine gewaltige Aufgabe. Sie hatte zunächst die Gestalt eines ansehnlichen Sandberges, der abgetragen werden mußte. Nicht zu übersehen waren auch die tiefen Wasserlöcher. Schon im September 1947 rückten Handballspieler, Turner und Fußballfreunde mit Hacken und Schaufeln in der Alten Rothe an.
1950 konnte bereits auf dem neuen Sportplatz gespielt werden. Der Sportstätte wurde ein „Sporthäuschen" hinzugefügt (Richtfest im Dezember 1952). Die Einweihungsfeierlichkeiten für Platz und Haus mit Fuß- und Handballspielen, leichtathletischen Vereinsmeisterschaften, turnerischen Vorführungen und einem Tischtennisturnier nehmen vier Tage in Anspruch (31. Mai, 4.,6., 7. Juni 1953). In der Lippischen Landes-Zeitung ist am 9. Juni zu lesen: „Was die im VfL zusammengeschlossenen Turner und Sportler in mühevoller Kleinarbeit mit tatkräftiger Unterstützung der Gemeinde - die außer dem Gelände das Bauholz für das Sporthaus spendete und mit Arbeitskräften zur Seite stand - schufen, verdient höchstes Lob und fand bei der Weihe der mustergültigen Sportanlage Alte Rothe und des Sporthauses durch TSL-Geschäftsführer Fritz Mahlmann die verdiente Anerkennung."

Bürgermeister Friedrich Ellerbrock (rechts) und Rektor Anton Schiffler ehren die Sieger des Schulsportfestes am 26. Juli. Friedrich Ellerbrock ist am 15. November 1952 zum Bürgermeister der Gemeinde Schlangen gewählt worden.

Zum Tanken an der Tankstelle Solle vorgefahren: Josef Summer mit seiner 125er DKW. Tankwart: Hubert Solle. Die Lippische Landes-Zeitung berichtete am 25. Juli 1950: „Die Firma Gebrüder Solle hat eine neue moderne Tankstelle errichten lassen, die allen Anforderungen der Jetztzeit entspricht. Zwischen der glücklich gewählten An- und Abfahrt ist ein großes Blumenbeet angelegt.“

An der Lippspringer Straße, nicht weit von der Tankstelle Solle entfernt, hat Kfz-Meister Hermann Redlich 1952 eine Kfz-Werkstatt gebaut. 1953 erfolgt die Errichtung des Wohnhauses mit der Rhein-Preußen-Tankstelle. Der Bau eines Tankstellenflachdaches war den Gebrüdern Solle 1950 noch nicht genehmigt worden.

1953

Nicht wenige haben in Schlangen Tauben auf dem Dach. Dem 1930 gegründeten Brieftaubenzuchtverein Teutobote gehören über 50 Mitglieder an. Dieses Mal macht der Verein einen Ausflug, und zwar in die blühende Heide in der Nähe des Forsthauses Nassesand. Teutobote-Vorsitzender ist Heinrich Klöpping. Fritz Meier und Werner Rügge fungieren als Schriftführer bzw. Kassenwart.

1946 stellte der italienische Fahrzeughersteller Enrico Piaggio mit der von ihm auf den Markt gebrachten „Vespa" einen neuen Typ des motorisierten Zweirades vor: Den Motorroller. Leonore Schoman fährt mit einer „NSU-Lambretta", gekauft in der Schlangener Firma Solle.

Dreschschuppen des Lohndreschunternehmers Mense an der Oberen Straße/Ecke Langetalstraße. Fritz Mense, von Beruf Schmied, in der Zeit vom 15. Januar 1946 bis zum 20. Oktober 1948 Schlangens Bürgermeister, hat seinen ersten Dreschkasten um 1927 gekauft. Wenn die Ernte „so richtig im Gang ist", herrscht in den Dreschschuppen und um die Dreschschuppen herum Hochbetrieb. Neben den Dreschschuppen wird bei Bedarf Bauholz geschnitten.
Zu den größeren Bauernhöfen kommt der Dreschunternehmer mit seinem Dreschkasten.
Sägewerksbesitzer Hermann Rebbe war der erste Schlänger, der eine Dreschmaschine mit Lokomobile angeschafft hat. Das war Anno 1904.

Dreschen auf dem Hof Wolf/Kalkreuter. Auf dem Dreschkasten: Walter Schneppendahl, Luise Schneppendahl, Else Kalkreuter, Lohndreschunternehmer Ernst Poppe, Hermann Tornede, Auguste Schneider geb. Deppe, Heinrich Haase, Elise Schlüter geb. Wolf.

1953

Am 28. Oktober hat der Gemeinderat beschlossen, den Fremdenverkehr zu fördern. Die Bevölkerung wurde aufgerufen, Zimmer für Gäste zur Verfügung zu stellen. Durch einen Fotowettbewerb hoffte man, an geeignete Bilder für einen Ortsprospekt zu gelangen. Kurz vor Weihnachten bereits steht der Gewinner des Fotowettbewerbs fest. Es ist Alfred Dirscherl mit dem Pastorenwiesen-Motiv.

Im Januar ist unter der Leitung des Landesvorsitzenden Erich Rathmann (Detmold) der Ortsverein Schlangen des Heimkehrerverbandes gegründet worden. 13 Heimkehrer trugen sich als Mitglieder ein und wählten Willi Dahlhaus zum Vorsitzenden. Bis zum 31. Dezember ist die Mitgliederzahl auf 61 gestiegen. Unser Foto wurde anläßlich der Ehrungen für zehnjährige Mitgliedschaft (1963) aufgenommen

Von links: Hermann Kelle, Franz Riese, Wilhelm Köster, Franz Wobbe, Fritz Becker, Willi Dahlhaus, Wilhelm Deppe, Bruno Bieberneit, Hermann Herdehuneke, Josef van Kerkhoff, Herbert Danzenbächer, Wilhelm Püster, Fritz Fleege.

Sitzend: Ewald Runte, Fritz Schneider, Fritz Bauerkämper, Heinrich Meier, Heinz Traft, Friedrich Tornede.

Ingrid Ahrendt-Schulte

„Von bösen Weibern ins Verderben gestürtzt“

Nachbarschaftskonflikte und Hexenprozesse im Kirchspiel Schlangen

1. Die Macht der Worte

Im Frühjahr 1565 kam es zwischen dem Kohlstädter Bauern Wulfkuhle und seiner Nachbarin Gertrud Deppe zum Streit, weil die Gänse der Deppe in Wulfkuhles Roggenfeld gelaufen waren und sich über die junge Saat hergemacht hatten. Dieser Vorfall war der Beginn einer erbitterten nachbarlichen Feindschaft, eines Dramas, in dem Worte zu tödlichen Waffen wurden. Der Bauer Wulfkuhle starb in dem Glauben, der Fluch der Deppe habe ihn umgebracht. Sein Sohn Hermann, der den Hof übernahm, wurde vom Unglück verfolgt und bezichtigte Gertrud Deppe der Zauberei. Diese verließ im Frühjahr 1586 Kohlstädt für immer, um ihr Leben zu retten. Ihre Existenz war damit zerstört. Im gleichen Jahr wurde ihre Tochter Mette Deppe als Zaubersche mit dem Feuer hingerichtet, und fünf weitere Frauen aus dem Kirchspiel Schlangen wurden der Zauberei angeklagt.

Der Vorfall, an dem sich der Streit entzündete, war für sich gesehen nicht ungewöhnlich. Daß Vieh Feldschäden anrichtete, kam in bäuerlichen Gemeinden häufiger vor. Im Rahmen der Dreifelderwirtschaft blieb ein Teil der Äcker im dreijährigen Wechsel brach liegen und diente als Viehweide. Kühe, Pferde, Schweine, Ziegen und auch Gänse, die nicht hinreichend beaufsichtigt wurden, konnten leicht in die benachbarten Felder laufen, die Saat oder das Korn abfressen und die Pflanzen niedertreten. Für solche Fälle gab es innerdörfliche Regelungen, die vorschrieben, daß die Halter der Tiere den Schaden angemessen zu bezahlen hatten. Waren sie dazu nicht bereit, hatte der Besitzer des Feldes das Recht, das Vieh zu pfänden, bis der Schaden beglichen war. Eine konfliktträchtige Situation, in der es fast nie ohne Streit abging. Gestritten wurde um die Höhe des Schadens, um den Zeitpunkt der Zahlung oder darüber, ob der Geschädigte das Recht hatte, das Vieh als Pfand einzubehalten. Da Frauen für die Versorgung des Viehs (mit Ausnahme der Pferde) zuständig waren, gehörten diese Konflikte zu ihrem Alltag.

Welche Maßnahme der geschädigte Bauer Wulfkuhle ergriff, ist nicht überliefert, wohl aber, daß sich Gertrud Deppe in dieser Sache betrogen fühlte und seitdem einen Groll gegen den Nachbarn hegte. Sie wollte es ihm heimzahlen, und das tat sie mit ihren Mitteln, sie nutzte die Macht des Wortes. Wulfkuhle solle „nimmermehr über grün Graß gehen“, äußerte sie vor den Knechten des Bauern in der Gewißheit, daß die es ihrem Dienstherrn melden würden. Die Bedeutung dieser Worte war allen bekannt, sie waren Drohung, Fluch und Verwünschung zugleich. Derjenige, an den sie gerichtet waren, sollte sterbenskrank werden und sein Haus nicht mehr verlassen können, nie mehr über grünes Gras gehen.

Es vergingen noch etliche Jahre, bis die letzte Stunde des alten Wulfkuhle kam. Doch er hatte den Fluch nicht vergessen und beharrte bis in den Tod darauf, daß die Deppesche für sein „Unglück“ verantwortlich sei. Da er zu diesem Zeitpunkt bereits ein hohes Alter erreicht hatte, teilten nicht alle Nachbarn seine Überzeugung, aber die Worte des Sterbenden taten ihre Wirkung. Sie brachten Gertrud Deppe im Dorf in Verruf, man redete über sie, ihr Name war mit Zauberei in Verbindung gebracht worden. Solches Gerede konnte tödlich sein, es war in vielen Fällen der erste Schritt auf dem Weg zum „Hexenprozeß“.

Dem Abwenden von Behexungen (in der Zeichnung geht es um Milchzauber) diente der Drudenfuß. Ein Teil des Pentagramms ist links im Bild zu erkennen. Holzschnitt aus dem Jahre 1486.

Seit Hermann Wulfkuhle den väterlichen Hof übernommen hatte, sah auch er sich vom Unglück verfolgt. Er wußte, daß übelwollende Nachbarinnen durch Zauber anhaltendes Unglück bewirken konnten und war auf die Idee fixiert, daß die Deppe ihm Schaden zufüge. Als seine Pferde eines Tages beim Pflügen stehen blieben, nicht mehr von der Stelle zu bringen waren und auf dem Acker zusammenbrachen, stand für ihn fest, daß hier Giftzauber im Spiel war. So äußerte er sich auch vor den Nachbarn, die diesen Vorfall beobachtet hatten. Jeder wußte, wen er damit bezichtigte. Nachdem die Pferde verendet waren, befiel die „merkwürdige Krankheit" auch seine Milchkühe. Vier Tiere starben in kürzester Zeit, die noch im Stall standen, waren in einem erbärmlichen Zustand. Das bedeutete Wulfkuhles Ruin, der Verlust des Viehs machte einen Bauern zum armen Mann. In seinem unbändigen Zorn griff Wulfkuhle zur Gewalt. Er verprügelte die Deppe und drohte ihr, wenn sie dem Viehsterben nicht augenblicklich Einhalt gebiete, werde er dafür sorgen, daß sie brennen müsse.

Damit schloß sich der Kreis. Gertrud Deppe hatte zwanzig Jahre zuvor mit einer magischen Prophezeihung ihrem Nachbarn den Tod angedroht, jetzt drohte ihr dessen Sohn, er werde sie vor Gericht bringen und dafür sorgen, daß sie als Zaubersche auf dem Scheiterhaufen ende. Sie hatte keinen Grund, an seinen Worten zu zweifeln. Seit 1550 wurden in der Grafschaft Lippe Prozesse gegen „Zaubersche" nach der Gerichtsordnung Kaiser Karls V., der Carolina, geführt. Im Artikel 109 wird angeordnet: „So jemand den Leuten durch Zauberei Schaden oder Nachteil zufügt, soll man strafen vom Leben zum Tod, und man soll solche Straf mit dem Feuer tun." Bisher hatte es zwar noch keine „Hexenprozesse" gegen Kohlstädter Frauen gegeben, doch im benachbarten Horn waren zwei Jahre zuvor sieben Frauen wegen Zauberei mit dem Feuer hingerichtet worden.

2. Schadenzauber

Was sich vor 400 Jahren in Kohlstädt zwischen den Nachbarn abspielte, war Ausdruck des magischen Weltverständnisses dieser Zeit. Die verfeindeten Nachbarn ließen sich in ihrem Handeln und in der Deutung der Ereignisse von vorgegebenen Mustern leiten, die in der Alltagskultur der frühen Neuzeit ihren festen Platz hatten. Magie wurde für wirksam gehalten, galt als Ursache für Glück und Unglück, Gesundheit und Krankheit, Reichtum und Armut und wurde in unterschiedlichen Formen praktiziert: zur Lösung von Problemen, zur Abwehr von Bedrohungen, zur Sicherung der Existenz, als Waffe in Konflikten.

Wortmagie, Rituale und magische „Materie" sollten nicht nur Ungeziefer aus den Gärten und Häusern vertreiben, das Haus vor bösem Zauber und Un-

Schadenzauber: Hier zaubern zwei Hexen ein Unwetter. Holzschnitt aus dem Jahre 1498.

glück schützen, verlorenes oder gestohlenes Gut und verschollene Personen zurückbringen, sondern auch Diebe und Zaubersche überführen, kranke Menschen und Tiere heilen, das Wachstum und Gedeihen von Kindern, Vieh und Feldfrüchten beeinflussen und Liebesbindungen zwischen Mann und Frau herstellen. Spezialisten in dieser „Kunst", die Wickerschen, Böterinnen und andere magiekundige Frauen und Männer boten magische „Dienstleistungen" gegen Bezahlung an und waren als Ratgeber gefragt. Darüber hinaus galten bestimmte Formen der Zauberei als weibliche „Kunst". Frauen erwarben in ihren häuslichen Arbeitsbereichen magisches Wissen, das sie von Generation zu Generation an ihre Töchter und Schwiegertöchter weitergaben. In der Nahrungszubereitung, der Krankenpflege, Geburtshilfe, der Versorgung des Viehs wurde mit Kräutern, Pulvern, Tränken, Berührungen (Handauflegen) und Sprüchen gearbeitet, die Gesundheit und Wachstum fördern und Schaden abwenden sollten. Ihr Wissen war aber auch eine Waffe, die sich im Konflikt zum Nachteil und Schaden der Gegner einsetzen ließ. Wer wußte, wie Schaden abzuwenden war, konnte ihn auch zufügen. Heil- und Schadenzauber waren zwei Seiten einer „Kunst". Es war eine Frage der Dosierung und der Absicht, ob ein Mittel heilende Arznei oder Gift war. In der Grafschaft Lippe wurde diese Form des schädigenden Zaubers „vergeben" genannt. Eine Gabe, in böser Absicht gegeben, wurde zum „Vergift". Wenn

Hermann Wulfkuhle seiner Nachbarin unterstellte, sie habe aus Rache seine Pferde und Kühe „vergeben", dann bezog er sich auf dieses Konzept. Und er war überzeugt, daß sie als die Verursacherin des Schadens auch die einzige sei, die ihn wieder „abtun" könne. Dazu versuchte er sie durch Schläge und Drohungen zu zwingen.
Auch der Wortzauber konnte heilen und „kränken". Daraus bezog Gertrud Deppe Macht über den alten Wulfkuhle. Es waren nicht nur die kleinen Leute auf dem Lande, die an die Wirksamkeit des Verfluchens, Verwünschens und Beschreiens glaubten. Auch die Gelehrten, Ärzte, Theologen und Juristen hielten es für möglich, anderen Menschen den Teufel bzw. Dämonen in den Leib zu fluchen, wo der böse Geist Krankheit und Besessenheit verursachen könne. Rituelle Austreibungen von Dämonen wurden - und werden noch heute - von kirchlichen autorisierten Exorzisten durchgeführt.

3. Rettungsversuche

Als man im Dorf öffentlich darüber zu reden begann, daß Hermann Wulfkuhle der Deppe Schadenzauber anlaste, griffen die Söhne der Witwe in den Konflikt ein. Ihre Versuche, den Streit mit den zur Verfügung stehenden vorgerichtlichen Schlichtungsmitteln beizulegen, schlugen jedoch fehl. Dafür war es bereits zu spät, die gegenseitigen Verletzungen waren zu groß. Heinrich Deppe bemühte sich, durch eine „Beschickung" zwischen seiner Mutter und

Der Teufel als Liebhaber der Hexe (Teufelsbuhlschaft). Holzschnitt aus der Zeit um 1490.

Hermann Wulfkuhle zu vermitteln. Er bat zwei Männer seines Vertrauens, die freien Bauern Johan Kulemeier und Hans Volmar, zu Wulfkuhle auf den Hof zu gehen und ihn zu fragen, ob er auf seinem Vorwurf bestehe. Solche Beschickungen waren ein üblicher Weg, Konflikte beizulegen. Sie boten die Möglichkeit, im Zorn geäußerte Verdächtigungen und Straftatvorwürfe zurückzunehmen und damit die Ehre der angegriffenen Person wieder herzustellen. Hermann Wulfkuhle nahm nichts zurück. Er beharrte darauf, daß ihm die Deppe in den 21 Jahren, die er mit ihr in Hader gelebt habe, viel Schaden angetan hätte. Sie habe nicht nur seine Pferde und vier Milchkühe getötet und ihn damit zu einem armen Mann gemacht, sondern auch den Tod seines Vaters auf dem Gewissen. Bei dieser Aussage werde er auch vor Gericht bleiben.

Nachdem die Beschicker Gertrud Deppe und ihren Söhnen diese Nachricht überbracht hatten, blieb der Familie noch die Möglichkeit, selbst gerichtlich gegen Wulfkuhle vorzugehen. Nur durch eine erfolgreiche Beleidigungsklage beim Gogericht hätte Gertrud Deppe sich jetzt noch von dem Verdacht der Zauberei „reinigen" können. Solche „Injurienprozesse" wurden im 16. und 17. Jahrhundert in der Grafschaft Lippe häufig geführt. Die Kläger und Klägerinnen hatten aber in der Regel nur dann eine Chance, wenn die Beklagten keinen Schaden geltend machen konnten und es sich um eine eindeutige Beschimpfung in ehrverletzender Absicht handelte. So reichten z. B. der Kohlstädter Heinrich Möller und seine Ehefrau 1593 beim Gogericht eine Klage gegen die eheliche Hausfrau des Tönnies Stucke ein, weil diese im Dorf vor Zeugen gesagt hatte, „der Teufel habe der Möllerschen noch keine Hufen aufgesetzt". Eine Frau mit dem Teufel in Verbindung zu bringen, kam einem Zaubereivorwurf gleich. Die Stucke mußte Abbitte tun und dem Gericht eine Buße zahlen.

Mit solch einem Ausgang konnte Gertrud Deppe nicht rechnen. Wulfkuhle hatte den Beschickern bereits zu verstehen gegeben, daß er vor Gericht nichts zurücknehmen werde. Er hatte die Deppe nicht einfach beschimpft, sondern machte Schadenzauber geltend. Er hatte im Sinne des geltenden Rechts hinreichende Beweise gegen Gertrud Deppe: der Fluch, der wirksam geworden war, die Bezichtigung durch seinen Vater auf dem Sterbebett, die Tatsache, daß die Zaubereivorwürfe „Molen und Straten Mär", das heißt allgemein bekannt waren, ohne daß sie dagegen vorgegangen war. Diese Punkte galten nach den Artikeln 25 und 44 der kaiserlichen Gerichtsordnung als hinreichende Indizien für einen begründeten Verdacht und Erhebung einer Anklage. Frauen, die unter solchen Bedingungen eine Injurienklage einbrachten, lösten damit ihren eigenen Zaubereiprozeß aus. Das wußte Gertrud Deppe.

Als sie von ihrer Schwiegertochter, der Frau ihres Sohnes Jürgen, erfuhr, daß Wulfkuhle bei den Bauerrichtern vorgesprochen hatte und die Gemeinde plante, Anzeige bei der gräflichen Justizkanzlei in Detmold zu erstatten, beschloß sie zu fliehen. Im Mai 1586 verließ sie heimlich das Dorf und kehrte nicht mehr zurück.

Ihr Verschwinden gab dem Gerede neue Nahrung. Die Worte, mit denen ihre Schwiegertochter sie gewarnt haben sollte, kursierten im Dorf: „Wenn sie etwas Böses könne, so solle sie weggehen. Sonst möchte ihr ein anderes begegnen." Etwas Böses, das war Zauberei, die teuflische Kunst und „ein anderes" hieß in diesem Zusammenhang Verhaftung, Folter und Feuertod. Über Zauberei wurde nicht direkt geredet, man vermied direkte Schuldzuschreibungen, die Tatsachen sprachen für sich. Mit ihrem „Weggehen" hatte Gertrud Deppe bewiesen, daß sie „etwas Böses" konnte.

4. Die Gemeinde als Klägerin

Am 20. Mai 1586 setzten die Vertreter des Kirchspiels Schlangen eine Klageschrift auf, in der sie nicht nur Gertrud Deppe, sondern auch ihre Tochter Mette und weitere „der Zauberei verdächtigen und berüchtigten Weiber" aus den Gemeinden Kohlstädt, Oesterholz und Schlangen namhaft machten und deren strafrechtliche Verfolgung forderten. Mette Deppe wurde die Vorstellung zum Verhängnis, daß Mütter ihr Wissen und Können den Töchtern vermittelten und sie die „Kunst der Zauberei" lehrten. Sie galt als Komplizin der Mutter. Wulfkuhle und weitere Nachbarn hatten mit angehört, daß Mette ihrer Mutter im Streit vorgeworfen hatte, „was sie könne, das habe sie von ihr gelernt". Was auch immer sie damit gemeint hatte, für die Zuhörer stand fest, daß sie von der „magischen Kunst" redete.

Die Vorwürfe gegen die anderen genannten Frauen, Ilse Rut und ihre Tochter Anneke aus Kohlstädt, Lueke (Luitgard) zu Oesterholz, Cathrine Bunsen und Grete Schepers aus Schlangen, zeigen das gleiche Bild nachbarlicher Konflikte und Konfliktstrategien, wie im Fall Deppe/Wulfkuhle. Im Streit ausgestoßene Flüche, Zaubereibezichtigungen auf dem Sterbebett und die Tatsache, daß sie aus Angst vor einer Verhaftung für einige Zeit ihr Dorf verließen, wurden als Indizien gegen die Frauen angeführt. Lueke zu Oesterholz hatte den Knecht vom Meierhof verflucht, als er ihre Kuh pfändete, die dem Meier ins Feld gelaufen war. Grete Schepers sollte ein schlachtreifes Schwein ihres Nachbarn vergiftet haben, nachdem er sein Versprechen, ihr für einen entliehenen Kessel eine Wurst zu schenken, nicht gehalten hatte. Cathrine Bunsen war 1571 als Witwe aus Lippspringe nach Schlangen gekommen und hatte dort Johan Bunsen geheiratet. Als „Ausländische" war sie in den Augen einiger Dorfbewohner eine verdächtige Person. Es ging das Gerücht, sie sei aus Lippspringe geflohen, weil sie ihren Ehemann durch Giftzauber umgebracht habe. Das habe er selbst auf dem Sterbebett geklagt.

Am 12. Juli 1586 wurden die Vertreter des Kirchspiels Schlangen zur Audienz in die Justizkanzlei nach Detmold bestellt. Der Landesherr Graf Simon VI. war nicht bereit, den Prozeß gegen die angezeigten Frauen „von Amts wegen" durch den lippischen Fiskal als Amtsankläger zu führen. Den Schlangenern wurde mitgeteilt, sie sollten „die Zauberschen rechtlich verfolgen", d.h. als Kläger im Prozeß auftreten. Wenn sie die Taten, derer sie die Frauen bezichtigten, nicht beweisen könnten und die Frauen kein Geständnis ablegten, müsse die Gemeinde 300 Taler Buße an den Landesherrn zahlen. Dieser Bescheid bezog sich auf den Rechtsgrundsatz, nach dem ein Kläger, der jemanden zu Unrecht beschuldigte, bestraft wurde. Die Gemeinde nahm die Bedingung an. Die „Inditia" für begründeten Zaubereiverdacht gegen die genannten Frauen, die bereits im Klageschreiben aufgeführt worden waren, sollten durch Zeugenaussagen bewiesen werden.

Am 18. Juli wurden 16 Männer und die Ehefrau des Bauerrichters Vleitmann aus dem Kirchspiel Schlangen sowie der Viller (Abdecker) Meister Hans aus Horn durch den lippischen Kanzler Heinrich Kirchmeier als Zeugen verhört. Alle bestätigten, daß in den Gemeinden seit Jahren Zaubereigerüchte über die Frauen kursierten, daß einzelne Nachbarn die Frauen bezichtigten, Schadenzauber an ihnen verübt zu haben. Der Landesherr ordnete die Verhaftung der beiden Hauptverdächtigen an und ließ Mette Deppe und Cathrine Bunsen aus dem Dorf holen und nach Detmold ins Gefängnis bringen. Er hatte nach Prüfung der Zeugenaussagen allerdings Zweifel, ob die „Inditia genugsam oder gebürlich bewiesen und dagetan", so daß es rechtens sei, beim Verhör der verhafteten Frauen die Folter anzuwenden, und ob er die anderen verdächtigen Frauen verhaften lassen sollte. Die Juristen der Universität Marburg, bei denen er Rechtsberatung suchte, ordneten an, vorerst keine weiteren Verhaftungen vorzunehmen. Die beiden gefangenen Frauen sollten zunächst gütlich verhört werden. Falls sie nicht geständig seien, sollte man die Zeugen erneut dazu befragen, ob sie bei ihren Aussagen blieben, und erst dann die Tortur anwenden.

Der Landesherr machte es den Schlangenern nicht leicht. Als Mette Deppe und Cathrine Bunsen ihre Unschuld beteuern, ordnet er eine Konfrontation mit den Zeugen an. Die Schlangener sollen nach Detmold ins Gefängnis kommen und den Frauen den Zaubereivorwurf ins Angesicht sagen. Nicht alle sind dazu bereit. Man bittet, der Graf möge einige wenige Bevollmächtigte akzeptieren. Als Begründung wird angeführt, daß die Eingesessenen des Kirchspiels Schlangen, auch wenn sie „denuntiatores", d. h. Bezichtiger, seien, nicht sämtlich nach Detmold laufen könnten, weil sie ihre Arbeit zu Haus nicht versäumen dürften. Im Sommer, zur Erntezeit, ein plausibles Argument. Offensichtlich blieben die Zeugen bei ihren Aussagen, die sie schon in der ersten Befragung unter Eid getan hatten, denn Mette Deppe und Trine Bunsen wurden peinlich verhört. Unter dem Druck der Folter gesteht Mette, gemeinsam mit ihrer Mutter Schadenzauber verübt, sich mit dem Teufel verbündet und mit ihren „Gesellinnen“ am Hexentanz teilgenommen zu haben. Sie wird im Herbst 1586 in Detmold als „Zaubersche“ durch das Feuer hingerichtet.

Cathrine Bunsen bestätigt unter der Folter das Gerücht, ihren Ehemann vergiftet zu haben, verwehrt sich aber heftigst gegen den Vorwurf der Zauberei. Sie habe das Gift nicht selbst zubereitet, sondern habe Rattenpulver in der Apotheke gekauft. Beim öffentlichen Gerichtstag widerruft sie ihr Mordgeständnis mit der Begründung, sie habe unter dem Druck der Folter falsch ausgesagt. Da sie zur Zeit der mutmaßlichen Tat in Lippspringe im Bistum Paderborn unter der Gerichtsbarkeit des Bischofs lebte, ist dieser für ihre Strafverfolgung zuständig. Die Justizkanzlei benachrichtigt den Magistrat in Lippspringe und rät, den Bischof von dem Fall in Kenntnis zu setzen. Cathrine Bunsen wird vorläufig nach Schlangen zu ihrem Ehemann Johan Bunsen zurückgeschickt.

Das löst helle Empörung im Kirchspiel aus, zumal die Gemeinde wegen unbegründeter Anklage mit Schadenersatzforderungen durch Johan Bunsen und seine Frau rechnen muß. Eine Petition an den Grafen wird aufgesetzt, unterzeichnet mit der Formel „die armen Untertanen des ganzen Kirchspiels Schlangen“. Darin äußern sich die Kirchspielleute zwar erleichtert darüber, daß Mette Deppe „ihrer teufelschen Verwirkung und Untaten nach ihren verdienten Lohn, Gott lob, bekommen und empfangen“ habe. Sie beklagen aber gleichzeitig, daß der gnädige Herr so ungnädig sei und ihnen Trine Bunsen, eine Frau, die „der zeuberischen Kunst lange Jahre verdächtig und berüchtigt“, wieder zurückschicke. Alles, was die Zeugen gegen sie ausgesagt hätten, sei wahr und diejenigen, denen sie Schaden zugefügt habe, würden ihr das ewig anlasten. Die Schlangener gehen so weit, daß sie die Verhörmethoden im Gefängnis kritisieren und behaupten, der Scharfrichter habe die Frauen bei der Befragung zu milde behandelt. Sie fordern die Wiederaufnahme des Verfahrens, pochen darauf, daß ihnen als Kläger Mette Deppes Geständnisprotokoll zugeschickt werde, weil diese noch „etliche Gesellinnen“ genannt habe, und sie führen neue Indizien sowohl gegen Trine Bunsen als auch gegen die anderen verdächtigen Frauen an. In Schlangen wolle man keine Mörderinnen und Zauberinnen dulden.

Das Schreiben endet mit einem Appell an „die hohe Landesobrigkeit, der als Dienerin Gottes das Schwert der Gerechtigkeit gegeben sei, Recht und Gerechtigkeit zu üben, damit das Böse gebürlich gestraft und weggeräumt und das Gute dadurch gehandhabt werde“. Der Landesherr solle zum Gefallen Gottes und zum Besten der armen Untertanen handeln und sie von den „Unholden und bösen Weibern, von denen sie ins Verderben gestürtzt“ seien, befreien. Die Heftigkeit, mit der die Eingesessenen des Kirchspiels Schlangen gegen die Frauen vorgingen, ist zum einen mit ihrer Furcht vor Schadenzauber, zum anderen mit dem finanziellen Druck zu erklären, unter dem sie standen. Ihnen drohten eine Buße von 300 Talern und Schadenersatzforderungen der zu Unrecht Angeklagten.

Wir erfahren nicht, wie der Landesherr auf diese Petition reagierte. Ein Marburger Rechtsgutachten ist die einzige Quelle, die Hinweise auf das weitere Geschehen im Kirchspiel Schlangen liefert. Die vermeintlichen „Zauberschen“ hatten in dem Klima von Haß und Feindschaft keine Überlebenschance. Drei Jahre später steht Trine Bunsen erneut vor Gericht, das sie, dem Rat der Marburger Juristen vom 1. April 1589 folgend, zum Tod durch das Feuer verurteilt. Grete Schepers und Anneke Rut werden in Haft genommen und „mit peinlicher Frage angegriffen“. Man kann davon ausgehen, daß die peinlich verhörten Frauen geständig waren und ebenfalls hingerichtet wurden. Was mit Lueke zu Oesterholz und Ilse Rut in der Zwischenzeit geschehen ist, erfahren wir nicht. Auch Gertrud Deppes Schicksal bleibt im dunkeln. Ob sie eine Chance hatte, nach ihrer Flucht aus Kohlstädt in der Fremde ein neues Leben anzufangen, ist fraglich. Die Erfahrungen, die Trine Bunsen in Schlangen machte, lassen eher das Gegenteil vermuten.

1954

Seit April 1911 verkehrt die PESAG-Straßenbahn zwischen Schlangen und Paderborn. Seit zwischen Schlangen und Horn die PESAG-Linienbusse fahren (18. März 1953), steigen die Fahrgäste an der Wagenhalle in Schlangen um.

Blick vom Haus Blanke (Alte-Rothe-Straße) aus in Richtung Lindenstraße. Das zweite Acht-Familien-Haus steht kurz vor seiner Fertigstellung. Der Neubau rechts im Bild, der gerade gerichtet wird, gehört der Familie Wille (Weststraße). Rudolf und Anneliese Wille sind 1938 mit ihren Töchtern Ingrid und Marlene aus Haustenbeck nach Schlangen gekommen. Ihr Dorf mußte der Erweiterung des Truppenübungsplatzes weichen.
In der Freien Presse kann man am 27. Juli lesen: „Trotz des Fehlens von Industrie hat sich die Gemeinde Schlangen nach dem Krieg stark entwickelt. Allein nach der Währungsreform sind bisher 74 neue Häuser errichtet worden. In diesem Jahr kommen weitere 17 Neubauten hinzu. Die Bautätigkeit vollzieht sich hauptsächlich in westlicher Richtung. Der alte bäuerliche Kern der Gemeinde liegt im östlichen Bereich. Der allzu weiten Streuung der Siedlung hat die Gemeinde in den letzten Jahren mit Erfolg durch die Erschließung von Baugelände an der Weststraße und Alten Rothe entgegengewirkt."

Im Mai 1953 hat Walter Göbel sein erstes Motorrad gekauft, eine 250-Kubikzentimeter-Tornax mit einem Zwei-Zylinder-Ilo-Motor.
Im Sommer 1954 ist das Bild während einer Motorradtour mit Freundin Herta Zegla nach Schwalenberg entstanden.

Gemeindeschwester Minna Deppe (hier während eines Ausfluges mit Senioren) ist seit Mai 1945 mit großem Engagement in Schlangen tätig.

Insbesondere Flüchtlinge und Vertriebene - das Melderegister weist beispielsweise am 1. Januar 1950 eine Anzahl von 470 aus - haben die Einwohnerzahl stark vergrößert und den Anteil katholischer Mitbürger sprunghaft erhöht. Von den rund 5900 Einwohnern der Gemeinden Schlangen, Kohlstädt und Oesterholz gehören 1953 insgesamt 593 dem katholischen Bekenntnis an.
Mit besonderer Tatkraft setzt sich Vikar August Busch für den Bau einer katholischen Kirche ein. 1953 konnte das Grundstück - einschließlich Wohnhaus und Scheune - der Erbengemeinschaft Levi an der Lippspringer Straße erworben werden. Der Grundsteinlegung für das katholische Gotteshaus am 25. Juni 1954 folgt bereits am 22. Juli das Richtfest. Am 3. Oktober wird die Marienkirche durch Dechant Augustinus Reineke aus Detmold eingeweiht.

In ihrer Ausgabe vom 12. August 1954 berichtet die Lippische Landes-Zeitung: „Nach dem Versagen der beiden Bremsen konnte gestern der um 10.50 Uhr aus Richtung Bad Lippspringe an der Wagenhalle Schlangen eintreffende, aus drei Wagen bestehende Straßenbahnzug nicht zum Halten gebracht werden. Der Motorwagen sprang in der Kurve aus den Schienen und stürzte um. Die Fahrgäste kamen bis auf acht, die leichtere Verletzungen erlitten, mit dem Schrecken davon. Ein älterer Insasse erlitt einen Nervenschock. Herr Dr. med. Stedefeder leistete Erste Hilfe."

Das Getreidefeld des Landwirts Fleege ist abgeerntet. Der letzte Wagen mit einem 22-PS-Lanz-Traktor davor, wird beladen. Die vom Pferd gezogene Harkemaschine sammelt ein, was liegen blieb: das Härksel.

Als am 18. August 1904 ein großer Teil des Dorfes in Flammen stand, war die Freiwillige Feuerwehr Schlangen mit einer 1871 gelieferten und 1895 mit einer Saugvorrichtung ausgestatteten Handdruckspritze im Einsatz. Am 29. August zeigen Feuerwehrmänner im Rahmen einer Veranstaltung zur Erinnerung an das Großfeuer vor 50 Jahren, wie die Löscharbeit mit einer Handdruckspritze vonstatten geht.

Das zweitälteste Fachwerkhaus Schlangens, Anno 1706 errichtet, steht vor dem Abbruch. Das Haus Deppe an der Bergstraße Nr. 24 im „Oberdorf“ soll einem Neubau Platz machen. Bis das neue Gebäude bezugsfertig ist (1955), wird ein Rest des Fachwerkhauses weiter bewohnt.

1954

Oberhalb des Sockels des am 1. Pfingsttag 1923 eingeweihten Ehrenmals sind Sandsteinplatten angebracht worden. In die Platten eingemeißelt wurden die Namen von Opfern des Zweiten Weltkrieges. Zu beklagen sind 163 Gefallene, 80 Vermißte und 15 Personen, die auf der Flucht umgekommen sind. Nach dem Ersten Weltkrieg wurden die Namen von 102 Gefallenen und 18 Vermißten im Gestein des Denkmals festgehalten.
Am 21. November, Totensonntag, weiht Pastor Werner Lohmeyer das ergänzte Ehrenmal ein und hält eine Ansprache. Vor dem Denkmal: Werner Schmidt.

Noch sind die Handwerker bei der Arbeit. Im Neubau an der Alte-Rothe-Straße schließt Günther Rekemeier am 2. November zum ersten Male die Tür seines Lebensmittelgeschäftes für die Kunden auf.
Ein Jahr zuvor hat Willi Dahlhaus an der Lindenstraße das Wohnzimmer seines Elternhauses in ein Lebensmittelgeschäft verwandelt.

Luise Roth aus dem Saarland (ausgebombt) und Heinz Roth aus Wattenscheid (ausgebombt) haben 1947 in Schlangen geheiratet (erste katholische Trauung in der 1878 gebauten evangelischen Kirche) und 1950 mit dem Brotverkauf vom Handwagen aus begonnen.
Bald schon war das Ehepaar mit Pferd und Wagen unterwegs zu den Kunden in Schlangen und Bad Lippspringe. Der 1954 eingesetzte Brotwagen (Tempo-Dreirad) bedeutet einen erheblichen Fortschritt.

Nicolas Rügge

Aus der Geschichte der Tütgenmühle

Wie die „Tütgenmühle" zu ihrem unverwechselbaren Namen kam, ist heute nicht mehr mit Sicherheit zu klären.[1] Wahrscheinlich geht die Bezeichnung auf ein altes Wort für Gießröhren und Trichter zurück, wie man sie ja nicht zuletzt in Mühlen findet;[2] vielleicht spielt auch ein längst vergessener Bachname eine Rolle.[3] Jedenfalls ist der „Tutkemoller", soweit bisher bekannt, im Jahr 1681 zum ersten Mal bezeugt.[4] Die Mühle ist aber zweifellos schon älter als ihr jetziger Name: Zuvor war sie allgemein bekannt als die Mühle zu Oesterholz.

Dies hängt nur zum Teil mit ihrer geograpischen Lage nordwestlich des Dorfes Schlangen, auf halbem Weg nach Oesterholz, zusammen. Vor allem verweist diese Bezeichnung auf die ursprünglich enge Verbindung der Mühle zur herrschaftlichen Meierei Oesterholz. Ende der 1590er Jahre hatte der lippische Graf Simon VI. hier ein Schloß errichten lassen - ein „Jagdhaus", wie es üblicherweise genannt wurde, denn es diente als Ausgangspunkt für seine Jagden in der Senne und als Dienstsitz des lippischen „Jägermeisters". Zur Ergänzung seiner Gutswirtschaft ließ er einige Nebengebäude errichten, darunter 1604 eine Sägemühle. Damit begann die Geschichte der Tütgenmühle.

Es ist kein Zufall, daß diese Geschichte in einem gräflichen Besitz ihren Anfang nahm. Das lippische Mühlenwesen der Frühen Neuzeit gehörte insgesamt zur herrschaftlichen Sphäre. Die meisten Mühlen waren im Besitz des Landesherren, der sie zur Pacht an Müller ausgab. Mit der Mühle pachteten die Müller nicht nur einen Wirtschaftsbetrieb, sondern erwarben zugleich ein Bündel von Rechten und Privilegien. Häufig zwang ein „Mühlenbann" die Bewohner bestimmter Höfe und Dörfer, ihr Korn in einer bestimmten Mühle mahlen zu lassen, selbst wenn es ihnen anderswo günstiger erschien. Zu ihrem Leidwesen konnten sich die Tütgenmüller allerdings auf ein solches „Bannrecht" nicht berufen: Zwar hatten sie die einzige landesherrliche Pachtmühle in der Vogtei Schlangen inne,[5] doch die nicht weniger alte Kohlstädter Mühle und ihre Ableger machten ihnen zunehmend Konkurrenz.

Die Tütgenmühle (Nordseite) mit dem Mühlenteich um 1960.

Aufschwung und Verfall der Mühle zu Oesterholz 1604 bis 1748

Im Herbst 1604 schütteten der friesische Deichbau-Experte Widze Peters und seine Arbeiter einen Wall für die neue Sägemühle auf.[6] Vermutlich aus dem folgenden Jahr stammt eine ausführliche Rechnung, die den Bau und die Installierung des Räderwerks in vielen Einzelheiten dokumentiert.[7] Demnach gingen einige Vorarbeiten erstaunlicherweise auf dem Gut Steinbeck in Wüsten vor sich, also im ziemlich weit entfernten äußersten Nordwesten Lippes. Daß hier Holz geschlagen und mehrere Räder gefertigt wurden, hängt möglicherweise damit zusammen, daß der verantwortliche Mühlenbaumeister Iggenhausen Walnolte verwandtschaftliche Beziehungen dorthin hatte.[8] Er war es jedenfalls, der den Aufbau der Säge- und anschließend der Mahlmühle leitete. Ende Januar kamen die Arbeiter mit den fertigen Kamm- und Wasserrädern von Wüsten nach Oesterholz, wobei sie unterwegs in Lage Rast machten. In der „Wochen nach dem Vastelabend" (Fastnacht) hat dann „Meister Iggenhusen mit drei Knechten die Sagemullen verfertigt". Anschließend zog ein Knecht für fünf Wochen dort ein, hat „dieselbe in den Gang gebrachtt" und Ordnung geschaffen. Dann errichtete der Baumeister mit zwei Zimmerknechten innerhalb von vierzehn Tagen auch die Mahlmühle, und schließlich half ihnen noch ein Meister Kersting, „das Muhlenbett [zu] machen unnd die Muhlen mit Dielen zu kleiden". Insgesamt waren dem Grafen Kosten von 36 Talern und 7 Groschen entstanden.

Die ersten Jahrzehnte prägte das Oesterholzer „Jagdhaus".[9] Inhaber der Mühle waren die zeitweise dort residierenden gräflichen Jägermeister Rabe de Wrede (1612-1620)[10] und Arndt Schmerriem (um 1621-1633);[11] auch ihre Nachfolger genossen später noch freies Mahlrecht und eine vergünstigte Nutzung der Sägemühle. Schon bald wurde der Betrieb um eine Ölmühle erweitert. Doch die Blütephase währte nur so lange, bis der Dreißigjährige Krieg ins Land zog. Das Jagdschloß wurde mehrfach geplündert und begann vorzeitig zu verfallen. Die Oesterholzer Bauernhöfe lagen jahrelang „wüst".[12] Für die räumlich und wirtschaftlich eng mit dem Gut verbundene Mühle hatte all dies schwerwiegende Folgen, der Betrieb kam sogar für einige Jahre zum Erliegen. 1642 war „im [all]gemeinen Gesprech, alß habe Gotschalck Leuning zu Schlangen den in der Mühlen zu Osterholtz gewehsenen neuen Molterkasten mitten durchgehauen und auß der" - offenbar verwaisten - „Mühlen wechgenommen".[13]

Erst acht Jahre später, 1650, wurde der inzwischen verfallene Mühlenbau von Amts wegen besichtigt; er müsse „wieder auffgerichtet werden", lautete das Resümee.[14] An Johann Kixmöller aus Holzhausen bei Pyrmont, der sich vertraglich zur Aufbauarbeit verpflichtete, wurde die Mühle nun verpachtet. 1652 waren ihre Schäden jedoch immer noch so groß, daß sie der gräfliche Landdrost für die hohe Summe von 400 Talern wiederherrichten lassen mußte. Trotzdem hielten es die Müller nicht lange darin aus, jeweils nur ein Jahr lang wirtschafteten die Zeitpächter Kixmöller und anschließend der aus Lage kommende Peter Nolte. Die jährliche Pacht betrug zu dieser Zeit nur noch 30 Taler (15 für die Mahl-, 12 für die Säge- und 3 für die Ölmühle), die an zwei Terminen in Geld zu bezahlen waren. Dabei konnten die ersten Pächter sogar einen Nachlaß auf 25 Taler aushandeln. Der durch den Dreißigjährigen Krieg herbeigeführte Niedergang wird deutlich, wenn man bedenkt, daß die Gutspächter im ersten Drittel des Jahrhunderts für die Mühle noch Getreide im Wert von über 102 (1612/1620) bzw. 54 Talern (1633) abliefern mußten!

Im Frühjahr 1654 übernahm der Müller Henrich Rügge die Oesterholzer Mühle. Der Abkömmling einer alten Müllerfamilie aus dem nordlippischen Langenholzhausen sorgte nach den unruhigen Jahren wieder für etwas Stetigkeit. Es gab nun sogar Anzeichen eines bescheidenen Aufschwungs: Die Gebäude wurden hergerichtet, und die Pacht stieg wieder auf die reguläre Summe von 30 Talern. Um seine Existenz besser abzusichern und nicht allein von der Mühle abhängig zu sein, kaufte Rügge 1657/1658 den früheren Hof Himmel-Johann in Schlangen.[15] Wie er es von seinen Vorfahren in Langenholzhausen kannte, war er nun durch den landwirtschaftlichen Erwerb nicht nur wirtschaftlich bessergestellt, sondern hatte als Mitglied der Bauerschaft auch sein

Ansehen im Dorf gefestigt. Seinen Hof behielt er, selbst als er 1663 die Pacht der Tütgenmühle auslaufen ließ und statt dessen in die Mühle der Paderborner Residenz Schloß Neuhaus zog.[16]
Der Nachfolger, Claus Bö(de)cker aus der „Endemühle“[17] wollte sich ebenfalls für längere Zeit in Oesterholz etablieren. In seinem Pachtvertrag von 1663 war vereinbart, daß er alle zehn Jahre zusätzlich 20 Taler „Weinkaufs-“Gebühr zu entrichten hatte und dafür die Mühle als erblichen Besitz erhielt. Zugleich wollte er sich um den Neubau der Haustenbecker Mühle bemühen - mit unbekanntem Erfolg. Seinem neuen Erbpachtbesitz in Oesterholz scheint er sich jedenfalls mit Tatkraft und Ausdauer gewidmet zu haben, obwohl zunächst kleinere Startschwierigkeiten zu überwinden waren: 1664 beschwerten sich Lübbertsmeier und Hartmann, sie hätten für das gelieferte Korn kein Mehl erhalten, woraufhin der Müllersknecht zugeben mußte, „das es mitt dem Korn nicht recht zugangen“.[18] Zwar scheint es für solche Klagen bald keinen Anlaß mehr gegeben zu haben, und nur gelegentlich mußte der Müller einen Bauern anzeigen, der sein Korn verbotenerweise im „ausländischen“ Lippspringe hatte mahlen lassen.[19] Doch blieb das Verhältnis zwischen dem Müller und seinen „Mahlgenossen“ schon deshalb schwierig, weil die Zeiten für die ländliche Bevölkerung alles andere als angenehm waren. Viele Höfe waren überschuldet und hatten sich von den Kriegsschäden noch nicht erholt.
Fünfzehn Jahre lang hatte Bödecker unter solchen ungünstigen Umständen die Mühle bereits betrieben, also länger als all seine Vorgänger, als sich die Lage noch weiter verschlechterte. Am 2. Mai 1678 vernichtete im Dorf Schlangen eine verheerende Feuersbrunst 44 Häuser.[20] Zwar wurde die abgelegene Mühle durch den Großbrand nicht direkt geschädigt, trotzdem hatte der Müller eine merkliche Verringerung der ohnehin nur mäßigen Zahlungskraft seiner „Kundschaft“ zu befürchten. Im folgenden Frühjahr sah Bödecker sich jedenfalls außerstande, die fällige Mühlenpacht vollständig aufzubringen. In seiner Bittschrift an den lippischen Grafen führte er zum einen den großen „Brandtschaden“ seiner „Mahlgenoßen zu Schlangen“ an. Zum anderen beklagte er sich nachdrücklich über das für den Betrieb seiner Wassermühle sehr ungünstige Wetter: Es sei fast ein ganzes Jahr lang „theils wegen verwichenen Sommers Truckenheit, theils auch wegen der langwirigen Kälte dieses Winters, daß Waßer außgetrocknet gewesen“. In seiner Not habe er für den eigenen Haushalt Korn ankaufen und anderswo mahlen lassen müssen.[21] Auch in der Folgezeit sollten die Müller immer wieder über Wassermangel zu klagen haben - ein Dauerproblem sicherlich nicht nur für die Tütgenmühle.[22] Für Bödecker jedenfalls wurde die Lage anscheinend so schwierig, daß er sich um das Jahr 1685 gezwungen sah, seinen erblichen Besitz heimlich zu verlassen und seinem Vorgänger ins „Paderbornische“ zu folgen.
Dieser traurige Abgang war ein schwerer Schlag für die nach dem Dreißigjährigen Krieg so mühsam wieder in Gang gebrachte Mühle. Der neue Erbpächter, der erst 1690 die inzwischen ziemlich verfallenen Gebäude übernahm, war der Müller Johann Henrich Gercke, der in Kohlstädt eine eigene Mühle bewirtschaftete. Den Oesterholzer Betrieb führte er als bloßen Nebenerwerb weiter und widmete ihm wohl nicht allzuviel Aufmerksamkeit. Unter den Besitzerfamilien Gercke und Honerla erfuhr die Kohlstädter Mühle in den nächsten Jahrzehnten einen Aufschwung; mit der Oesterholzer Mühle ging es dagegen immer weiter bergab. 1736 war der Verfall so weit fortgeschritten, daß der Einsturz drohte. Der Mühlenbetrieb war so kümmerlich geworden, daß der Horner Amtmann Ramus, der es eigentlich besser hätte wissen müssen, meinte, der letzte Müller sei von dort schon vor 20 Jahren entwichen. Er habe nur gehört, daß es „eine große alte Rummeley“ sei und „wol klener könte gemacht werden“.[23] Der Oesterholzer Konduktor Kruse bestätigte dagegen, daß die Mühle trotz ihrer Baufälligkeit noch in Betrieb war, doch müsse man auf sein Brotkorn lange warten, und die Sägemühle sei ganz verfallen. Der verantwortliche Müller Honerla begründete den Niedergang mit dem häufigen Wassermangel im Winter und im Sommer, wozu Kruse durch die Umleitung des Baches selbst beitrage.[24] Nach einigem Hin und Her wurde die Verbindung nach Kohlstädt gelöst, und für die Oesterholzer Mühle begann endlich eine neue Zeit.
Ab 1738 setzte zunächst der Müller Jo-

hann Cordt Gödecke die Gebäude wieder einigermaßen instand. Seit seinem Fortgang nach Hiddesen wurde die Geschichte der Mühle über hundert Jahre lang von der Müllerfamilie Busch und ihren Nachkommen geprägt.

Das Mühlenrad der Tütgenmühle, gezeichnet von Hermann Kloke (nach einer Skizze aus dem Jahre 1946).

II. Die Tütgenmühle und die Erbpächter Busch 1748 bis 1806

Im Jahr 1748 übernahm Johann Christoph Busch die Tütgenmühle auf zunächst sechs Jahre. 1696 in der Blomberger Niedernmühle geboren, hatte Busch schon in Veldrom und Heesten das väterliche Handwerk ausgeübt. Anders als seine Vorgänger kam er nicht mit 30 Talern jährlicher Pacht davon, sondern mußte mit 84 Talern fast das Dreifache zahlen. Wie es zu diesem plötzlichen und enormen Preisanstieg kam, ist nicht ersichtlich; in gutem baulichen Zustand war die Mühle jedenfalls nicht.[25] Zum einen scheint es aber, daß Busch trotzdem weitere Konkurrenten überbieten mußte; zum anderen dürften der junge Graf Simon August und seine Räte mit Rücksicht auf die zerrütteten Landesfinanzen auf einer Erhöhung des Satzes bestanden haben. Wie dem auch sei - beide Seiten sollten ihre Entscheidung nicht zu bereuen haben. Nach Ablauf der ersten, reibungslos verlaufenen Pachtperiode verlängerte Busch die Frist um nochmals zwölf Jahre. Während dieser Zeit übergab er den Betrieb wohl schon seinem Sohn Johann Cord und bezog mit einem weiteren Sohn die Her-

renmühle bei Horn, wo er 1761 starb.
Inzwischen hatte das Mühlengebäude wieder einmal dringend eine „Generalüberholung“ nötig. Die Baukosten dafür waren auf fast 230 Taler veranschlagt - eine beträchtliche Summe, welche die gräfliche Rentkammer, deren Kassen noch vom kürzlich erst beendeten Siebenjährigen Krieg belastet waren, gern sparen wollte. So kam man mit dem Müller überein, daß dieser die Reparatur auf eigene Kosten durchführen und als Gegenleistung das erbliche Pachtrecht und den Mühlenteich erhalten sollte. So wurde die Tütgenmühle wieder zur Erbpachtmühle. Am 20. August 1765 wurde aus diesem Anlaß ein ausführliches Inventar aufgenommen.

Aus dem Inventar der Tütgenmühle, 1765

an Gebäuden:

1. die Kornmühle mit angebautem Wohnhaus, darin ein eiserner Ofen
2. ein Stall für sechs Kühe
3. ein Backhaus, angeblich auf eige ne Kosten des Müllers erbaut
4. die Sägemühle, mit der Kornmühle „combiniret“

an Ländereien:

1. ein Gärtchen nahe an der Mühle, ¾ Morgen
2. ein Plätzchen zur Wiese, ¾ Morgen
3. ein weiteres Gärtchen, ½ Morgen
4. ein Mühlenteich, woraus der Müller Schlamm und Wasser nimmt, die Fischerei gehört aber dem Landesherrn

Im nächsten Jahr 1766 wurde dann auf den alten Steinfundamenten das Mühlengebäude neu errichtet.[26] Es folgten nun 15 insgesamt gute Jahre. Das schöne neue Haus und die Sicherheit des erblichen Besitzes stärkten das Selbstvertrauen und das Ansehen des Müllers Busch. 1772 heiratete er in zweiter Ehe eine Tochter vom großen Hof Kuhlemeyer in Kohlstädt Nr. 1. Zum Konduktor Hentze auf der Meierei Oesterholz pflegte die Familie gute Beziehungen; so stand „Monsieur Bernhard Hentzen“ im März 1773 Pate bei der Taufe des ersten Kindes aus dieser Ehe.
Mit dem plötzlichen Tod des Müllers 1781 endete die ruhige Fortentwicklung der Mühle. Da sie nun zum Erbpachtbesitz geworden war, stellten sich dieselben Probleme ein wie im entsprechenden Fall bei den „eigenbehörigen“ Bauernhöfen: War der „Anerbe“ noch nicht volljährig, heiratete in der Regel für die Übergangszeit ein „Interimswirt“ ein, der den Besitz auf Zeit verwaltete. Dabei kam es oft zu Mißhelligkeiten, und die Tütgenmühle stellte hierin keine Ausnahme dar. Die Witwe Busch ging sogar noch zwei weitere Ehen ein, da der erste Interimswirt schon nach wenigen Jahren verstarb, und beiden wollte die Bewirtschaftung der Mühle nicht so recht gelingen.
Der erste der beiden war Simon Dreves aus Haustenbeck, übrigens ein Neffe seines Vorgängers Busch, der zweite Conrad Trachte aus der Milser Mühle (Bechterdissen). Offenbar überrascht von dem häufigen Wassermangel, suchten sie nach anderen Wegen, ihre Einkünfte zu verbessern, agierten dabei aber recht unglücklich. Dreves und seine Frau wurden 1782 vom Schlänger Bauerrichter angezeigt, weil sie heimlich Branntwein herstellten. Sie kamen zwar ohne Strafe davon, mußten sich aber für die Zukunft eine amtliche Genehmigung erteilen lassen. Daß die Tütgenmühle nun zum Nebenerwerbs-Krug wurde, dürfte dem Müller bei seinen Konkurrenten in Oesterholz und Kohlstädt sowie beim Amt mehr Ärger eingebracht haben, als er Gewinn daraus zog.[27] Jedenfalls mußte er schon bald um Stundung eines Teils der Erbpacht bitten, da er schon 1 ½ Jahre lang kein Wasser zum Mahlen mehr gehabt habe, doch meinte die gräfliche Rentkammer, die guten Jahre müßten die schlechten eben ausgleichen. Die Mühle sei auch „annoch in gutem Stande“.[28]
Dreves' Nachfolger Tracht(e) führte sich ebenfalls nicht gut ein, da er darauf drängte, für sich selbst (und seine eventuellen Nachkommen) den Erbpachtkontrakt zu erhalten. Das Amt achtete aber darauf, daß den Kindern erster Ehe des verstorbenen Müllers Busch ihre Anerbenrechte gewahrt blieben. Trachte verwickelte sich auch in einen jahrelangen Streit mit dem Konduktor Hentze auf der Meierei Oesterholz, der für sein Korn zu wenig Mehl und Kleie zu erhalten meinte; allmählich entwickelte sich eine regelrechte Feindschaft gleichsam bis zum „Grabenkrieg“ um die von beiden heiß begehrten Wasserläufe. Zu allem Überfluß brachte der Tütgenmüller auch seine übrige „Kundschaft“ gegen

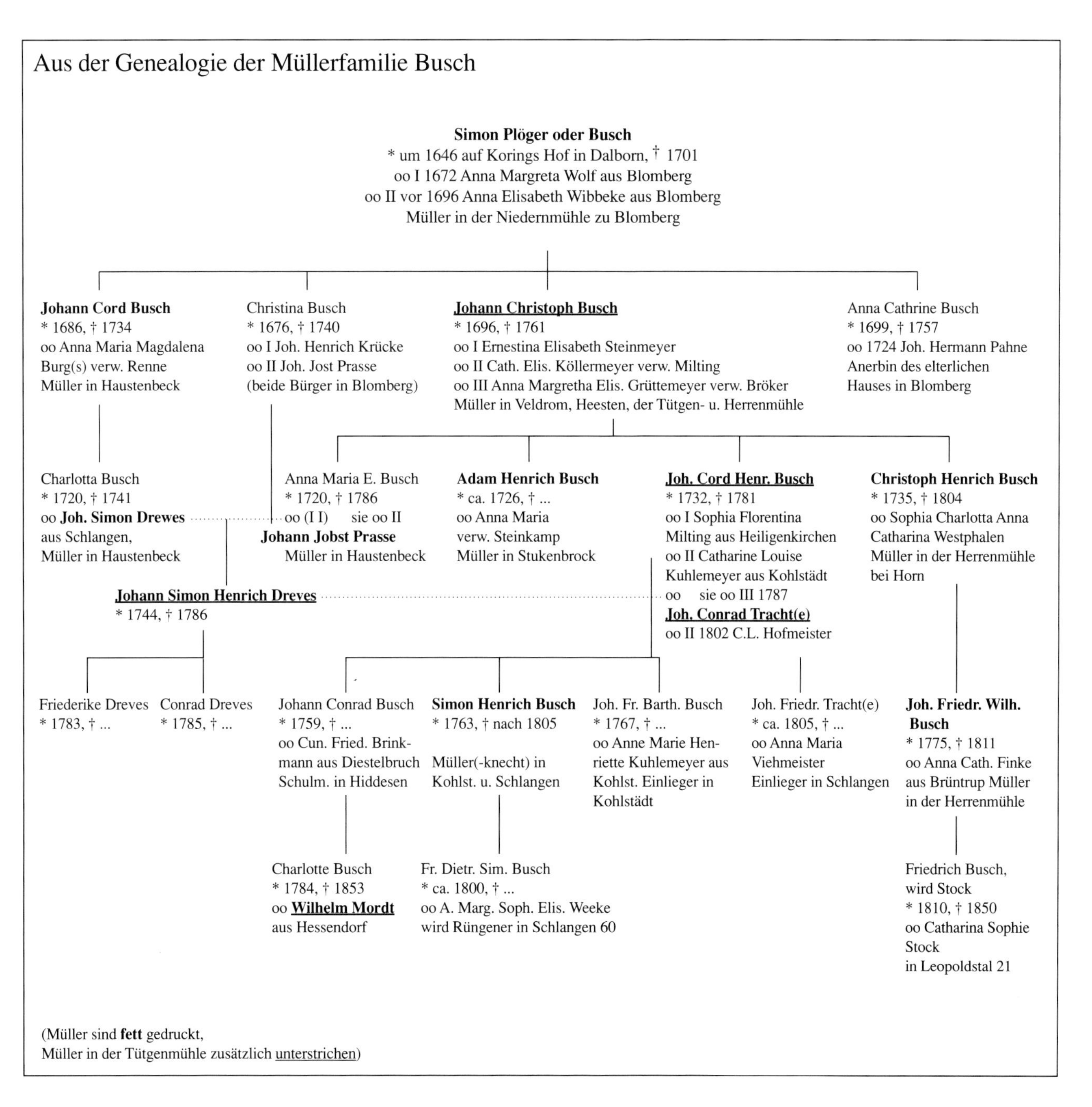

Aus der Genealogie der Müllerfamilie Busch
Simon Plöger oder Busch
* um 1646 auf Korings Hof in Dalborn, † 1701
oo I 1672 Anna Margreta Wolf aus Blomberg
oo II vor 1696 Anna Elisabeth Wibbeke aus Blomberg
Müller in der Niedernmühle zu Blomberg
Johann Cord Busch
* 1686, † 1734
oo Anna Maria Magdalena Burg(s) verw. Renne
Müller in Haustenbeck
Christina Busch
* 1676, † 1740
oo I Joh. Henrich Krücke
oo II Joh. Jost Prasse
(beide Bürger in Blomberg)
Johann Christoph Busch
* 1696, † 1761
oo I Ernestina Elisabeth Steinmeyer
oo II Cath. Elis. Köllermeyer verw. Milting
oo III Anna Margretha Elis. Grüttemeyer verw. Bröker
Müller in Veldrom, Heesten, der Tütgen- u. Herrenmühle
Anna Cathrine Busch
* 1699, † 1757
oo 1724 Joh. Hermann Pahne
Anerbin des elterlichen Hauses in Blomberg
Charlotta Busch
* 1720, † 1741
oo Joh. Simon Drewes
aus Schlangen,
Müller in Haustenbeck
Anna Maria E. Busch
* 1720, † 1786
oo (I I) sie oo II
Johann Jobst Prasse
Müller in Haustenbeck
Adam Henrich Busch
* ca. 1726, † ...
oo Anna Maria verw. Steinkamp
Müller in Stukenbrock
Joh. Cord Henr. Busch
* 1732, † 1781
oo I Sophia Florentina Milting aus Heiligenkirchen
oo II Catharine Louise Kuhlemeyer aus Kohlstädt
oo sie oo III 1787
Joh. Conrad Tracht(e)
oo II 1802 C.L. Hofmeister
Christoph Henrich Busch
* 1735, † 1804
oo Sophia Charlotta Anna Catharina Westphalen
Müller in der Herrenmühle bei Horn
Johann Simon Henrich Dreves
* 1744, † 1786
Friederike Dreves
* 1783, † ...
Conrad Dreves
* 1785, † ...
Johann Conrad Busch
* 1759, † ...
oo Cun. Fried. Brinkmann aus Diestelbruch
Schulm. in Hiddesen
Simon Henrich Busch
* 1763, † nach 1805
Müller(-knecht) in Kohlst. u. Schlangen
Joh. Fr. Barth. Busch
* 1767, † ...
oo Anne Marie Henriette Kuhlemeyer aus Kohlst. Einlieger in Kohlstädt
Joh. Friedr. Tracht(e)
* ca. 1805, † ...
oo Anna Maria Viehmeister
Einlieger in Schlangen
Joh. Friedr. Wilh. Busch
* 1775, † 1811
oo Anna Cath. Finke aus Brüntrup Müller in der Herrenmühle
Charlotte Busch
* 1784, † 1853
oo Wilhelm Mordt
aus Hessendorf
Fr. Dietr. Sim. Busch
* ca. 1800, † ...
oo A. Marg. Soph. Elis. Weeke
wird Rüngener in Schlangen 60
Friedrich Busch,
wird Stock
* 1810, † 1850
oo Catharina Sophie Stock
in Leopoldstal 21
(Müller sind fett gedruckt,
Müller in der Tütgenmühle zusätzlich unterstrichen)

sich auf, nämlich die Schlänger Bauern, denen er besonders anstrengende und langwierige Mühlenfuhren bis zum lippischen Weserhafen in Erder abforderte. Ausgerechnet von dort sollten sie 1788 die bekanntlich nicht gerade leichten Mühlsteine abholen, die der Müller dorthin bestellt hatte. (Im Wiederholungsfall 1801 zögerten die Bauern die Fuhre vier Jahre hinaus, bis der Müller sich gezwungen sah, den Mühlstein auf eigene Kosten herbringen zu lassen!)
In der Folge blieben der Konduktor Hentze und die übrigen „Mahlgenossen“ immer öfter der Tütgenmühle fern, wogegen dem Müller keine Handhabe zur Verfügung stand. Die Rentkammer teilte ihm mit, ein Mühlenbannrecht bestehe nicht, sondern im Lande könne jeder Untertan die Mühle frei wählen. 1788 wandte sich auch ein besonders guter Kunde, der Kaufmann und Gutsbesitzer Girke in Oesterholz, von der Tütgenmühle ab, weil er die langen Trockenzeiten des Betriebes, die geringe Menge und schlechte Qualität des Mahlguts leid war. Eine Roßmühle für den eigenen Gebrauch zu errichten, wurde ihm vom Amt allerdings untersagt, nachdem Trachte diesem Plan energisch widersprochen hatte. Um den Klagen zu begegnen, er liefere oft zu wenig Mehl und Schrot ab, sollte die Tütgenmühle eine Waage erhalten.[29]
Wie sein Vorgänger zeigte sich auch Trachte sehr unzufrieden mit der Wasserversorgung der Mühle. Er unternahm sogar mehrere Anläufe, in der näheren Umgebung eine Ersatzanlage zu erbauen, die bei ungünstigem Wetter in Betrieb genommen werden könnte: Eine kleine Mahlmühle am Strothebach war ebenso im Gespräch wie eine Windmühle in der Senne und eine Wasserleitung vom „Neuen Teiche auf der Heide“ über den Drosten-, Krummen- und Krusenteich bis zur Tütgenmühle. All diese Projekte erschienen jedoch zu schwierig und zu kostspielig. Der Wasserversorgung und der abwandernden Kundschaft wegen hatte Trachte tatsächlich allen Grund, über verstärkte Investitionen nachzudenken, konnte dafür aber die Unterstützung des Amtes nicht gewinnen.
Zwar kann man nicht sagen, daß die Obrigkeit dem Tütgenmüller grundsätzlich nicht getraut hätte: Immerhin nahm ihn der Amtmann Krücke gegen die Vorwürfe seiner Feinde in Schutz, die ihm nachsagten, er sei trunksüchtig und unzuverlässig, ja er versetze sogar das Mehl auf eine „der Gesundheit nachtheilige Art“ mit Sand und Lehm.[30] Durch sein Betragen habe er „die Mahlgenossen verscheuchet und die Mühle ... in Miscredit gebracht“.[31] Krücke räumte ein, daß der Müller „ein etwas lockeres Leben“ führe und sich gelegentlich „in geistigen Geträncken wohl übernommen habe“, auch hätten sich tatsächlich viele unzufriedene Mahlgenossen von ihm abgewandt. Er betonte aber gleichzeitig, einige kehrten schon wieder zurück, und Trachte habe keine schlechte Wirtschaft geführt, sondern die Gebäude gut instandgehalten und den Mühlenteich in eine flößbare Wiese verwandelt.[32] Wie auch immer man die Wirtschaftsführung Trachtes damals sah und heute beurteilen mag - seine Tage auf der Erbpachtmühle waren gezählt. Die Enkelin des letzten Müllers Busch setzte ihre Ansprüche nach langen Prozessen 1806 durch.

III. Herbst der alten Erbpachtmühle: die Ära Mordt 1806 bis 1870/1874

Nach langwierigen Erbstreitigkeiten konnte 1806 Charlotte Busch die großelterliche Pachtmühle antreten. Sie war Ende 1784 in Hiddesen geboren,[33] wo ihr schon bald darauf verstorbener Vater Schulmeister gewesen war. Dieser hatte sich als ältester Sohn des Erbpachtmüllers Busch trotz abweichender Berufswahl das Anerbenrecht ausdrücklich vorbehalten und an seine Tochter weitervererbt. Bei Antritt des Besitzes heiratete sie den Müller Wilhelm Mordt aus Hessendorf bei Möllenbeck (Schaumburg-Lippe).
Das junge Ehepaar hatte einen schweren Start. Mit großer Mühe versuchten sie, die Kunden zurückzugewinnen, die sich zu Trachtes Zeiten von der Tütgenmühle abgewandt hatten. Er habe den Leuten „im Anfange viel gute Worte gegeben“, schrieb Mordt 1808, „da sagten sie: In so einer verlapperten Mühle wolten sie nicht mahlen“; und selbst nach teuren Reparaturen im folgenden Sommer habe er immer noch zu hören bekommen, er „solte sie erst verklagen, sonst gingen sie nicht von Kohlstädt weg“. Mordt weiter: „Nun denke ich so: Wenn ich erst einen verklage, den mache ich nicht zu Freund, sondern ich mache ihm (!) zu Feinden ...“[34]

Für ein paar Jahre scheint das Mühlrad dennoch halbwegs gewinnbringend gelaufen zu sein, dann verschlechterte sich die Situation zusehends. Nach einer längeren Trockenperiode mußte Mordt im Herbst 1811 erstmals um einen Zahlungsaufschub bitten. Die finanziellen Probleme wurden nun chronisch, und obwohl sich der Horner Amtmann immer wieder verständnisvoll zeigte und jetzt ein Blaufärber als Einlieger Miete zahlte,[35] mußte das Müllerehepaar im Oktober 1814 verschiedenen Hausrat versteigern lassen, um die Pachtschulden bezahlen zu können. Daß es so weit kam, lag sicherlich auch daran, daß die Eheleute Mordt für ihre Erbschaftsprozesse viel Geld aufgewandt hatten und daß die unruhige Zeit der napoleonischen Kriege ohnehin für die Wirtschaftsentwicklung keinen günstigen Rahmen bot. Zu allem Unglück starb der Tütgenmüller Mordt im November 1815 im Alter von erst 35 Jahren an der „Brustkrankheit" und ließ eine betrübte Witwe mit mehreren kleinen Kindern zurück. Am Ende des folgenden Jahres ging sie eine zweite Ehe mit dem erst 24jährigen Müller Johann Friedrich Bunte aus Blomberg ein.

Wie sein Vorgänger Mordt hatte auch Bunte die Gesellenzeit bei dem Müller Bauer in Langenholzhausen verbracht - also dort, von wo nach dem Dreißigjährigen Krieg der Müller Rügge nach Oesterholz gekommen war. Nach dem Zeugnis Bauers hatte er sich dort „treu und gut betragen".[36] In der Tütgenmühle mühte er sich ebenfalls redlich, wobei es hier vor allem galt, gegen die Schuldenlast anzukämpfen. Doch auch Bunte mußte die Erfahrung machen, daß der Mühlenbach immer wieder für längere Zeit austrocknete und die Erträge der Mühle nicht ausreichten, diese Zeiten ohne finanzielle Engpässe zu überstehen. Seine Pläne, in der Nähe einen Ersatzbetrieb für die Trockenperioden einzurichten, gelangten ebensowenig zur Ausführung wie eine Generation zuvor. Da bei einem inzwischen bedenklichen Schuldenstand gleichwohl Investitionen erforderlich waren, um den Bau und die technische Einrichtung instandzuhalten, spitzte sich die Lage in den 1820er Jahren zu. 1823 konnte Bunte noch erreichen, daß die (seit 1748 unveränderte) Pachtsumme von 84 auf 75 Taler ermäßigt wurde, mußte im Gegenzug allerdings akzeptieren, daß der Konduktor Hentze in Oesterholz eine eigene neue Mühle in Betrieb nahm. Am Ende des Jahres häuften sich dann die Pachtrückstände derart, daß eine Entsetzung aus der Erbpacht erwogen wurde. Bunte erhielt schließlich eine letzte Frist, da die Vormünder des minderjährigen Anerben Bürgen für ein weiteres Darlehen besorgten. Dann aber ergriffen die Vormünder unter Führung des Colons Klöpping in Schlangen Nr. 14 selbst die Initiative: Bis zum Frühjahr 1825 trugen sie sämtliche Schulden ab und ließen anschließend die Mühlenpacht meistbietend versteigern.

Der Müller Bunte und seine Frau - die einst in langwierigen Prozessen um ihren Erbbesitz gekämpft hatte - mußten nun Platz machen für den Unterpächter Christian Busch aus der Höckeringsmühle bei Horn, der übrigens mit den Vorbesitzern gleichen Namens nicht verwandt war. Im Jahr 1834 trat dann der Anerbe Friedrich Mordt den elterlichen Besitz an und heiratete zur selben Zeit. Daß auch er schon nach anderthalb Jahren um einen Pachtnachlaß bitten mußte, ließ für die Zukunft nichts Gutes ahnen. Tatsächlich sollten auch seine Jahre in der Tütgenmühle geprägt sein von wirtschaftlichen Schwierigkeiten und von vielen unglücklichen Versuchen, die Situation zu verbessern. 1842 machte er tatsächlich den schon oft gehegten Plan wahr und errichtete einen zusätzlichen Bau am Weg nach Haustenbeck auf der Schlänger Gemeinheit, der bei trockenem Wetter als Ausweich-Windmühle und außerdem als Ölmühle dienen sollte. Mordt hatte sich mit diesem Plan aber übernommen: Nur die Ölmühle wurde fertiggestellt und nach kurzer Betriebszeit durch einen Sturm zerstört; die Mahlmühle blieb ein Wunschtraum. Finanziell am Ende, verließ Mordt die Tütgenmühle 1846, setzte seinen Schwager Bödeker aus Pivitsheide als Pächter ein und zog nach Vlotho, wo er sich aufs neue als Pachtmüller versuchte.

Zwischenzeitlich erwog der Tütgenmüller sogar, sein Erbpachtrecht zu verkaufen, doch als er auch in Vlotho keinen rechten Erfolg hatte, kehrte er im Herbst 1853 nach Schlangen zurück. Bald übernahm er den Betrieb wieder selbst und versuchte, den steckengebliebenen Windmühlenbau erneut in Gang zu bringen. Immer noch machte dem Müller das alte Problem des Wassermangels zu schaffen, ja es hatte sich sogar noch verschärft, seit immer mehr Kohlstädter und Schlänger Colone ihre Wiesen am Strothebach flößten und auf diese Weise dem Mühlenbach sein Wasser abzogen.[37] Mordt setzte nun nach all den schlechten Erfahrungen mit dem Wasser- und Windbetrieb auf neue Technologien: Er schaffte eine Turbine an, um damit eine Öl- und Furniermaschine und später auch eine Flachsbereitungsmaschine anzutreiben.

Doch vielleicht hatte der Amtmann recht, als er seufzend feststellte, Mordt gehe auch diesmal wieder übereilt vor und werde bittere Erfahrungen machen; um die Betriebsausfälle zu überbrücken, hätte er lieber die 34 Scheffelsaat Heideland aus der Gemeinheitsteilung unter den Pflug nehmen sollen. Tatsächlich blieb auch den Turbinenplänen der Erfolg versagt; das Gebäude am Weg nach Haustenbeck wurde später (1873) an den Colon Herzog aus Schlangen verkauft, der seine Hofstätte Nr. 40 dorthin verlegte. Das Wohnhaus des Hofes war im Oktober 1872 abgebrannt.[38] 1860 resignierte Mordt und versuchte fortan, einen Käufer oder Pächter für die Mühle zu finden - doch nicht einmal dies wollte ihm gelingen.

Unter den ungünstigsten Umständen übernahm sein Sohn August die Mühle im April 1869. Ihm blieb nur noch die traurige „Abwicklung“ des Familienbesitzes.[39] Im Herbst 1870 ersteigerte der Colon Lübbertsmeier Nr. 6 in Schlangen die Tütgenmühle für nur 3075 Taler - der geschätzte Wert betrug mit über 6800 Talern mehr als das Doppelte. Der Co-

tfälischen Zeitun

Bekanntmachung.

Horn. Der Müller Mordt beabsichtigt die ihm zugehörige in der Nähe von Schlangen an dem Strotebache belegene, Mahl- und Sägemühle, die s. g. Tütkenmühle, zu verkaufen und ist zu diesem Zwecke Termin auf

Sonnabend den 9. k. M. April,
Nachmittags 2 Uhr,

an Ort und Stelle anberaumt worden. Kauflustige werden dazu mit dem Bemerken eingeladen, daß im Falle eines annehmbaren Gebots der Zuschlag sofort wird ertheilt werden.

Zu der Mühle gehören außer den zu 1675 Thlr. versicherten Gebäuden nach dem Cataster

3 Gärten zu 1 Scheffls. — Mg. 5 □R.
Ackerland 6 " 4 " — "
1 Wiese zu 6 " — " — "
und 34 " 3 " 4 "
Hude und Heide.

Horn, den 22. März 1870.

Fürstlich Lippisches Amt daselbst.
Neubourg.

Bekanntmachung.

Bekanntmachung in der „Westfälischen Zeitung“ vom 30. März 1870.

Mathilde Poppe, Schwester des Müllers Wilhelm Poppe, am Schrotgang der Tütgenmühle. Besonders in der Zeit des 1. Weltkrieges hat Mathilde Poppe in der Mühle gearbeitet. Das Foto wurde 1917 aufgenommen.

lon Rebbe Nr. 4 hatte sich an der Summe anscheinend beteiligt, denn bald traten beide gemeinsam als Erbpächter auf. 1874 gelang durch die Zahlung von rund 2200 Reichstalern die „Ablösung des Erbpacht-Verhältnisses",[40] und die Tütgenmühle (Colonat Schlangen Nr. 136) wurde zum freien Eigentum.

IV. Die Tütgenmühle als privater Wirtschaftsbetrieb seit 1874

Die Jahre um 1870 bedeuteten nicht nur für die Tütgenmühle einen tiefen Einschnitt. Der Eintritt Lippes in den Norddeutschen Bund und bald in das neu gegründete Deutsche Reich brachte wichtige innerstaatliche Reformen mit sich. Unter anderem wurde nun die lippische Wirtschaftsordnung auf eine neue Grundlage gestellt, indem endlich auch hier die Gewerbefreiheit das althergebrachte Konzessions- und Privilegienwesen ablöste. Wie seit den Agrarreformen die „Colone" allmählich zu bäuerlichen Eigentümern wurden, konnten fortan entsprechend die landesherrlich privilegierten Erbpächter von Mühlen (auch Krügen usw.) ihre Erbpachtverhältnisse ablösen. So taten es, wie geschildert, auch die Erwerber der Tütgenmühle.

Der wohlhabende Landwirt Lübbertsmeier[41] scheint seinen Anteil bald auf seinen Schwager Friedrich Rebbe, verheiratet mit Luise Lübbertsmeier, übertragen zu haben.[42] Bei den in den 1880er Jahren ebenfalls bezeugten August Brockmann und (anschließend) Wilhelm Keiser handelte es sich wohl um die eigentlichen Müller, die für den Landwirt Rebbe den Mühlenbetrieb leiteten. Zur Jahrhundertwende war Hermann Rebbe Eigentümer der Mühle.[43] Um 1909 richtete er an der Hornschen Straße eine neue Sägemühle ein, welche die Hausnummer 278 erhielt, und verkaufte die Tütgenmühle. Diese wurde nun erworben von dem jungen Müller Wilhelm Poppe aus Haustenbeck-Taubenteich, der einer traditionsreichen Müllerfamilie entstammte.

Allmählich hielt nun die moderne Technik ihren Einzug. Poppe erwarb 1928 den ersten Trecker am Ort: einen der inzwischen legendären Lanz-Bulldogs mit 12 PS. Das Fahrzeug wurde nicht auf dem Feld eingesetzt, sondern brachte die Lösung für das alte Dauerproblem: Wenn wieder einmal Wassermangel herrschte, hatte man jetzt eine dauerhafte Alternative zum mühsamen Anstauen des Baches, denn fortan betrieb der Bulldog zuverlässig das Mahlwerk und die Sägen der Mühle. Als für diesen Zweck 1947 moderne Elektromotoren angeschafft wurden, installierte man den alten Trecker im Steinbruch Klöpping, wo er noch zehn Jahre lang im Einsatz war.[44]

In der frühen Nachkriegszeit wurden noch weitere Investitionen vorgenommen: Die Mühle erhielt unter anderem einen neuen Walzenstuhl, einen Plansichter (mit Seide bespanntes Sieb) und eine neue Mischmaschine. Um 1952 übergab Poppe die modernisierte Mühle an seine Tochter Magdalene. Ihr Ehemann Walter Rügge aus Schlangen kam übrigens von dem Hof, den fast 300 Jahre zuvor der Oesterholzer Müller Henrich Rügge gekauft hatte. Nach dem Aufschwung der Aufbaujahre machte sich dann langsam die Konkurrenz der aufkommenden Großmühlen bemerkbar. In der Tütgenmühle verlagerte sich die Produktion vom Mehl, das zuletzt für die Bäcker nur noch gemischt wurde, hin zum Schrot. Für die Berechtigung zur Schrotherstellung mußte ein spezielles Handelskontingent beantragt werden. Doch etwa in den 60er Jahren trat auch hier ein Wandel ein: Viele Dorfbewohner schafften ihr Vieh ab, die Schweinehaltung konzentrierte sich auf die größeren Bauernhöfe, und dort schrotete man nun selbst.

So änderten sich die Bedingungen für das wohl traditionsreichste ländliche Handwerk in kurzer Zeit grundlegend. Ob diese Entwicklung umkehrbar ist oder nicht, kann nur die Zukunft erweisen. Seit den letzten Jahren gibt es Anzeichen dafür, daß - gegen den Trend zum Weltmarkt - eine hochwertige bäuerliche Produktion für regionale Märkte wieder an Bedeutung gewinnt. Setzt sich diese Tendenz fort, erwacht vielleicht auch eines Tages das Mühlrad der Tütgenmühle wieder zu neuem Leben.

1955

Hinaus in die Ferne - nach Italien zum Gardasee - zieht es Peter Hanke und Reinhard Göbel. Camping kommt in Mode, und die Lieblingsländer der „Fern-Fahrer" sind Italien und Spanien. Den VW-Export hat Peter Hanke 1953 für 4800 DM gekauft.

Am 30. und 31. Juli findet das Gauturnfest des Lippischen Turngaus in Schlangen statt. Der Berichterstatter der Lippischen Landes-Zeitung schreibt überschwenglich: „Über 9000 begeisterte Teilnehmer erlebten am Sonnabend und Sonntag auf den vorbildlichen Turn- und Sportstätten Rennekamp und Alte Rothe wie auch im schmucken Freibad in Schlangen als aktive Teilnehmer oder als dankbare Zuschauer des vierte Nachkriegs-Gauturnfest des Lippischen Turngaus, das mit seiner bunten Vielfalt der deutschen Leibesübungen wie auch vor allem durch die kaum zu überbietende Anteilnahme der gesamten Bevölkerung im turnbegeisterten Schlangen zu einem im letzten Jahrzehnt beispiellosen Triumph der lippischen Turnerschaft wurde ..."
Am sonntäglichen Rundmarsch nehmen 1000 Turnerinnen und Turner teil.

7. August: Auf dem Weg zum Fußball-Pokalturnier in der Alten Rothe. Vorn bekannte Freunde und Förderer des Fußballsports in Schlangen: Walter Heuer, Hans Münstermann, Josef Stoffel und Willi Kröller. Dahinter die Spieler der 1. und der 2. Mannschaft. Die Spiele der Mannschaften aus Berlebeck, Oesterholz, Benhausen, Augustdorf, Paderborn und Schlangen lösen viel Begeisterung aus.

Anfang August tritt Musiklehrer Martin Schmidt aus Leopoldstal die Nachfolge des Teutonia-Chorleiters Fritz Breinker an.
Die Geschichte des Gesangvereins läßt sich bis in das Jahr 1860 zurückverfolgen.
Bereits nach zwei Chorproben stellt sich Martin Schmidt am 14. August auf dem Heidefest als Dirigent der Öffentlichkeit vor. Die Vorträge des Männer- und Frauenchores sowie des Gemischten Chores finden viel Beifall.

Bekannt in Schlangen und um Schlangen herum: Schäfer Heinrich Neese mit seiner Herde. Die Gebäude im Hintergrund gehören zur Besitzung Kehne (Lindenstraße). Heinrich Neese wurde 1882 in Schlangen geboren.

Zu dem traditionellen Heidefest des Gesangvereins Teutonia Schlangen gehören auch „Kinderbelustigungen". Hier (Heidefest am 14. August) ist Heinrich Wolf dafür zuständig, daß beim Sackhüpfen alles mit rechten Dingen zugeht.

1955

Die Berliner Ferienkinder Jutta Wettach und Heidi Hundertmark fühlen sich im ländlichen Schlangen recht wohl, zumal sie schnell Kontakt zu Gleichaltrigen gefunden haben. Besonders den Jungen gefallen die Mädchen aus der Großstadt.

Das Jugendfreizeitheim Norderney, 1950 vom Kreis Detmold geschaffen, ist auch für Abschlußklassen der Schlangener Volksschule ein beliebter Aufenthaltsort und Ausgangspunkt erlebnisreicher Unternehmungen.
Im Oktober tankt die von Lehrer Dietrich Hausmann geführte Abschlußklasse auf Norderney Seeluft und Lebensfreude. Auf dem Erinnerungsfoto sind zu sehen (von rechts): Lilli Herdehuneke (vh. Wetzig), Erika Heim (vh. Bornefeld), Erika Buchholz (vh. Biere), Erika Topic (vh. Hansmeyer), Henny Wiemann (vh. Keiser), Rosemarie Poppe (vh. Müller), Hildegard Bauerkämper (vh. Sibille).

Der Turm der evangelischen Kirche ist von einem Baugerüst umgeben. Rund 350 Quadratmeter Rauhputz werden vom 700 Jahre alten Turmgemäuer abgeschlagen und ersetzt. Außerdem sind an Schalläden, am Glockenstuhl, Turmdach und am Wetterhahn Reparaturmaßnahmen erforderlich. Das Kirchenschiff erhält einen neuen Außenanstrich.
An der Baustelle: Maurermeister Heinrich Haase. Er hat 1948 sein Baugeschäft gegründet und ist zunächst mit Pferd und Wagen nach Paderborn gefahren, um hier „seine" ersten Häuser zu errichten.

Rindvieh mitten im Ort vor dem modernisierten Geschäftshaus Keiser. Ein Beispiel für den Wandel des Dorfes. Um die Gesamtentwicklung zum Vorteil der Gemeinde besser steuern zu können, beschließt der Rat am 31. Oktober, „die Gemeinde Schlangen zum Aufbaugebiet zu erklären".
Am 20. Oktober hat die Lippische Landes-Zeitung zu dem Thema erläutert: „Aussiedlung von Gehöften, Zusammenlegung von Grundstücken zur besseren landwirtschaftlichen Nutzung und für Siedlungs- (Ergänzung: und Industrie-) zwecke sowie Vervollständigung des Straßennetzes, das sind die Aufgaben, denen sich die Gemeinde gegenübersieht. Es steht fest, daß diese Maßnahmen nur in einem Aufbaugebiet durchgeführt werden können."

1955

Im Oktober führt eine Wette zu einem ungewöhnlichen Wettbewerb. Wer schafft es am langsamsten von der Schmiede Mötz aus bis zum Bauerkamp? Reiter Josef Stallfort auf seinem Pferd, Treckerfahrer Wilhelm Sibille auf seinem 22-PS-Lanz oder Motorradfahrer Bruno Leimenkühler auf seiner Rennmaschine, Marke Eigenbau. Das Wechseln von einer Straßenseite zur anderen ist erlaubt. Wer stehen bleibt, scheidet aus. Eindeutiger Gewinner wird Wilhelm Sibille. Die Feier auf dem Bauerkamp zieht sich gewaltig in die Länge.

Wie eine Tageszeitung verkündet, habe der diesjährige Schlänger Markt die kühnsten Erwartungen übertroffen und Tausende von Besuchern angelockt. Der Markt, erstmals 1791 veranstaltet, findet zum ersten Male auf Lünings Kamp und vor dem Bauernhaus Lüning statt. Um eine ausreichende Wegverbindung zum Marktgelände zu schaffen, ist das baufällige Leibzuchtgebäude abgebrochen worden.
Die Freie Presse meldet am 10. November: „Die Gemeinde hat mit der Beschaffung eines neuen Marktplatzes für Schlangen wahrhaftig einen guten Griff getan. Lünings Kamp ist geradezu als ideal für diesen Zweck zu bezeichnen." (Das Foto ist nach 1955 entstanden.)

Nach der Vertreibung aus Gabersdorf in Schlesien am 21. Februar 1946 gelangte Heinrich Vogel mit seiner Ehefrau Hedwig, seinem Stiefvater, einer Schwester seiner Frau und seinen fünf Kindern nach Kohlstädt. Es wurde gespart, wo es sich eben ermöglichen ließ, und dann ein Grundstück (rund 2600 Quadratmeter) am Dedinghauser Weg in Schlangen gekauft - zwecks Errichtung des Neubaus eines landwirtschaftlichen Nebenerwerbsbetriebes.

Nach Vermessungsarbeiten auf dem Bauplatz im September: Paul Vogel, Clemens Zwiener (Stiefvater des Vaters), Heinrich Vogel, Hermann Schönian (Freund Paul Vogels aus Kalbe bei Magdeburg), Maurermeister Schönlau (Schlangen / hat 1948 das Baugeschäft seines Vaters übernommen), Manfred Joschko, Sohn des Architekten Joschko (rechts) aus Bad Lippspringe.

Die Ausschachtungsarbeiten übernimmt die Familie selbst. Im Dezember kann der Neubau gerichtet werden.

Hanns-Peter Fink

Jagdfrevel in der Senne im 18. Jahrhundert

Der Wildbestand in der Senne und auf den zu ihr absteigenden Hängen des Teutoburger Waldes erfreut noch heute den Naturfreund und den Jäger, und er hat das immer schon getan. Angezogen fühlten sich davon zur Jagd Berechtigte ebenso wie solche, die nicht das Recht dazu, wohl aber Lust darauf hatten. Und das waren nicht nur arme Bäuerlein, die den kargen Speisezettel für ihre Familie gern durch ein Stück Wild aufbessern wollten, sondern auch Hubertusjünger, denen es nicht auf den wirtschaftlichen Vorteil, sondern auf die Freuden der Jagd an sich ankam. Mit anderen Worten: Jagdfrevel war nicht immer eine Sache der Not, sondern oft auch eine der Passion, der Jagdleidenschaft, wobei der Täter als Kavaliersdelikt ansah, was der Jagdherr als durchaus ernstes Vergehen einstufte.

Von einem solchen Fall aus dem Jahre 1732 berichtet der lippische Amtmann Anton Henrich Küster (1696-1758) in seinem „Diarium Lippiacum", einer umfangreichen Sammlung von Notizen über Ereignisse der verschiedensten Art aus mehreren Jahrhunderten, vorwiegend, aber nicht ausschließlich aus Lippe. Küster, der aus Blomberg stammte, in Detmold die Schule besucht und in Halle studiert hatte, war seit 1719 als Amtsverwalter in Iggenhausen tätig und seit 1720 mit einem der Hauptbeteiligten bei dem hier zu berichtenden Fall von Wilderei in der Senne, dem Oberförster Johann Georg Pählig in Hiddesen, verschwägert; Pählig hatte (in dritter Ehe) Küsters Nichte Florentina Petronella Diestelhorst geheiratet. Möglicherweise hat der an besonderen und erzählenswerten Vorkommnissen stets interessierte Amtsverwalter von Iggenhausen durch den gräflich lippischen Oberförster unmittelbar Einzelheiten über die Vorgänge erfahren, die er in seinem „Diarium Lippiacum" unter dem Jahre 1732 so wiedergibt:

Januarii den 27. am Sonntage früh hat sich der Domherr von Metternich von Paderborn nebst dem Vogt und Förster Welschemeyer vom Stuckenbrocke erkühnt, über die Gräntzen zu gehen und im Lippischen dem Wilde nachzustellen und solches aufzusuchen, auch 2 Hirsche würklich erlegt, die aber von hiesigen Förstern darüber ertappet und gefänglich nachm Lipshorn geführt; da der Domherr gegen Caution von 10000 thlr gleich wieder dimittiret, der Vogt aber weiter nach Detmold gebracht und in Ambtsschreibers Hause in Arrest behalten; dan dieser hat sich zu retiriren gesucht und mit dem Pferde davonzurennen, daher 3 Schüße mit Kugeln nach ihm geschehen, aber unbeschädigt geblieben, biß er noch einigen Förstern in die Hände gekommen. Er hat über 3 Wochen geseßen, da er auch gegen Caution, welche das Domcapitul zu Paderborn gestelt, loßgekommen.

(Der Name des Domherrn, in Küsters Manuskript nicht mehr lesbar, ist nach den im folgenden ausgewerteten Akten ergänzt. Der paderbornische Vogt hieß korrekt Henrich Welschoff. Die Hofnamen Welschmeyer und Welschoff waren in Stukenbrock beide vertreten, einen Hof Welschof gibt es heute noch westlich vom oberen Furlbachtal.)

Dieser Fall von Wilderei war pikant oder auch brisant dadurch, daß der Hauptübeltäter einer der ersten Familien des Fürstbistums Paderborn angehörte. Die Freiherrn von Wolff-Metternich zur Gracht hatten erst jüngst zwei Fürstbischöfe gestellt: Hermann Werner war von 1683 bis 1704 Landesherr gewesen, von 1704 bis 1718 dann dessen Neffe Franz Arnold, und als diesem 1719 mit Clemens August von

Bayern ein Wittelsbacher nachfolgte, der bei seiner Thronbesteigung noch minderjährig war, hatte der 1720 den Domdechanten Wilhelm Hermann Wolff-Metternich zur Gracht zu seinem Administrator in spiritualibus ernannt. Wie peinlich, daß mit dem Domherrn Carl Adrian Wolff-Metternich ein naher Verwandter dieser hochmögenden Herren beim Wildern ertappt worden war!

Carl Adrian war 1710 geboren worden, war zur Zeit des von Küster berichteten Jagdfrevels also knapp 22 Jahre alt und wird demnach mit Recht in den Akten „der junge Metternich" genannt. Sein Vater Hieronymus Leopold war ein Bruder des Fürstbischofs Franz Arnold gewesen und von seinem Onkel Fürstbischof Hermann Werner als erster Herr des 1697 gestifteten Fideikommißbesitzes Wehrden (südlich von Höxter) eingesetzt worden. Des Hieronymus Leopold ältester Sohn Franz Wilhelm, der das Fideikommiß erbte und die Familie fortpflanzte, soll ein Tunichtgut gewesen sein und schon als Junge in Paderborn beiden Fürstbischöfen aus seiner Familie Sorgen und Ärger gemacht haben. Dessen Bruder August Wilhelm dagegen brachte es im geistlichen Stand zu hohen Ehren und Würden, er wurde des Kurfürsten und Erzbischofs von Köln, Fürstbischofs zu Paderborn, Münster, Hildesheim und Osnabrück, Clemens August Geheimer Staatsrat und war ein Mann von großem Einfluß.

Der jüngste Bruder nun, unser Carl Adrian, der das edle Weidwerk so sehr liebte und die Grenzen der Jagdreviere so wenig achtete, ist Domkämmerer zu Paderborn geworden. In der Chronik der Familie von Wolff-Metternich heißt es, er sei ein Sonderling gewesen und habe den Spitznamen „Kiskidi" (que c'est qu'il dit) getragen. Seine Jagdleidenschaft hat ihn wohl zum sicheren Schützen gemacht, denn er soll seinem Diener einen Taler zwischen den Fingern weggeschossen haben. Carl Adrian hat sich in einem Gartengelände im Nordwesten Paderborns, nahe der Straße nach Neuhaus, ein großes Gartenhaus gebaut, die sogenannte Dianenburg, und man sagt, er habe sich damit amüsiert, von seinem Fenster aus den Mädchen, die Milch zur Stadt brachten, die Milcheimer durchzuschießen. Weshalb der jagdbegeisterte Domherr sein Haus nicht nach dem Schutzpatron der Weidmänner St. Hubertus, sondern nach der römischen Göttin der Jagd benannt hat, ist nicht überliefert. 1755 ist Carl Adrian von Wolff-Metternich zu Wehrden gestorben.

Über das Geschehen im Januar 1732 geben uns ausführlicher als Küsters Diarium die gräflich lippischen Jagdakten unter der Rubrik „Wilddieberey" Auskunft. Demnach hat der Oberförster Pählig am 26. Januar „in höchster Eile" von Lopshorn aus an Graf Simon Henrich Adolf zur Lippe geschrieben, er habe soeben erfahren, „daß der junge Herr von Metternich in Stuken Bruche sich aufhält, um morgen eine Tour in die Senne zu thun", und er bitte um „ordre, was hierbey zu thun". Diese Ordre hat den Oberförster noch am gleichen Abend erreicht und veranlaßt, am folgenden Morgen, am Sonntag, dem 27. Januar, bereits 7 Uhr (wo es um diese Jahreszeit natürlich noch stockdunkel ist) „mit seinen Forstbedienten über die Dören zwischen den Stapelager Bergen biß an den neuen Weg sich zu begeben". Pählig und seine Leute lagen also etwa im nördlichen Teil des heutigen Orts Augustdorf (der ja erst 1775 angelegt worden ist) und in der Stapelager Senne auf der Lauer. Gegen 9 Uhr sahen sie tatsächlich vier Reiter aus Richtung Stukenbrock kommen, die sich „bei der Mergelkuhle bei den Heßeln" sammelten und „bis an den Hörster Strang avancierten". Die alte Sennekarte von 1715, gezeichnet von A. Riepe, zeigt, daß diese Punkte ungefähr auf halbem Wege zwischen dem paderbornischen Stukenbrock und dem lippischen Lopshorn lagen, einwandfrei auf lippischem Gebiet. Es fielen zwei Schüsse. Die Lipper suchten die vier fremden Reiter zu umzingeln und holten „im vollen Jagen" zwei von ihnen ein, die ihre Gewehre wegwarfen und sich festnehmen ließen. Das waren der Vogt von Stukenbrock, Henrich Welschoff, und der Domherr von Metternich. Die beiden anderen, des Domherrn Kammerdiener und Reitknecht, entkamen.

Als Pählig am 30. Januar in Detmold vor der Forst- und Jagdkanzlei zu Protokoll gab, was sich drei Tage vorher in der Senne ereignet hatte, war von Metternich bereits wieder auf freiem Fuß. Noch am 27. Januar hatte er von Lops-

Domherr Carl Adrian von Wolff-Metternich aus Paderborn hat sich im Januar 1732 „erkühnt, über die Gräntzen zu gehen und im Lippischen dem Wilde nachzustellen“. Dabei handelte es sich nicht um eine einmalige Verfehlung des Hubertusjüngers. Carl Adrian von Wolff-Metternich ist Domkämmerer zu Paderborn geworden und 1755 verstorben. 64 Jahre nach dem Neubau der Matthiaskapelle im Dom zu Paderborn wurde er als Mitglied der Stifterfamilie in ihr begraben. Das 1936 aufgenommene Foto vermittelt einen Eindruck von der Ausstattung der Matthiaskapelle.

horn aus an den lippischen Grafen geschrieben und um seine Freilassung gebeten, im Ton einerseits recht zerknirscht, andererseits aber doch auch wie von Edelmann zu Edelmann: Er könne auf Ehrenwort versichern, daß er „kein Wildbret verkauffet und zu dem nur 4 mahl in der Senne gewesen“ sei, versprach „auf alle meine Ehre und parole“ sofort in Detmold zu erscheinen, wenn Seine Exzellenz es befehle, und stellte „alles was ich auf der Welt habe zur caution.“ Auf keinen Fall habe er die „Intention gehabt Ihro Exzellenz unterhabendes Territorium zu violiren oder ihre hohe Person zu beleidigen“. Tatsächlich ist der junge Domherr noch am gleichen Tage entlassen worden auf das hohe und heilige Versprechen hin, „bey Verpfändung aller meiner Hab und Güther mich übermorgen Dienstag d. 29. hujus ohne Einrede in Detmold wieder zu sistiren“. Zu diesem Antreten in Detmold ist es aber mitnichten gekommen. Offenbar lag dem Grafen zur Lippe alles daran, den mächtigen fürstbischöflichen Nachbarn auf keinen Fall zu kränken. Und daß Kurfürst Clemens August viel Verständnis für die Jagdleidenschaft des Herrn von Metternich aufbringen würde, konnte man getrost annehmen. Er selbst war zum Beispiel im Oktober 1730 Jagdgast Graf Simon Henrich Adolfs auf Hartrören gewesen und hatte „sich an dem curieusen Vogelfange mit der Wilden-Schweinejagt belustiget“, wie der Amtmann Küster schreibt. Und im September 1729 hatten zwei Sennebauern in Detmold zu Protokoll gegeben, daß sie eine große

Jagdgesellschaft zu Pferde und zu Fuß in der Stapelager Senne gesehen hätten, der Kurfürst sei persönlich auf einem Schimmel dabei gewesen, „ein Stück hatten sie unterm Wistinghauser Berge geschoßen, auch gekrigt". Das war in Detmold registriert worden unter der Überschrift „des Churfürsten zu Cölln unternommenes Wildschießens im Lippischen". Angesichts dieses Sachverhalts war nicht zu erwarten, daß Clemens August seinem Domherrn ernsthaft zürnen würde. Deshalb wohl auch hatte man Metternich so schnell entlassen. Von der hohen Kautionssumme, die Küster im „Diarium Lippiacum" angibt, ist in den Akten übrigens nirgendwo die Rede.

Der Oberförster Pählig hatte seiner oben wiedergegebenen Darstellung der Vorgänge vom 27. Januar den Bericht über ein vier Wochen zurückliegendes Erlebnis vorausgeschickt, das er in Verbindung mit dem Metternichschen Jagdfrevel bringen zu müssen glaubte. Damals, am 28. Dezember 1731, hatte Pählig den General August Wolfhart zur Lippe, des regierenden Grafen jüngsten Onkel, zum Jakobskrug begleitet. Der lag, dem Bartholdskrug benachbart, dort, wo der Senner Hellweg den Menkhauser Bach kreuzt, der hier die Grenze zwischen lippischem und preußischem Gebiet bildete. Auf seinem Heimweg durch die Senne hatte Pählig bei dem schon erwähnten „Stapelager Gehölze, die Heßeln genannt", einen Reiter gesehen, der ihm verdächtig vorkam und sich in Richtung Stukenbrock entfernte bis zu der gleichfalls schon erwähnten Mergelkuhle. Aus dieser kamen nun vier mit Büchsen und Flinten bewaffnete Männer hervor, und als der Oberförster sie aufforderte, ihre Waffen abzulegen, hatten sie „mit heßlichen Worten gesagt, sie hätten daselbst soviel Gerechtigkeit als sein Graf, ihm anbey das Gewehr auf den Leib gehalten und gefragt, ob er reiten wollte, sonst sollte ihn das Wetter vom Pferde schlagen". Pählig, der nur mit Pistolen ausgerüstet war, mußte sich zurückziehen. Die gewalttätigen fremden Gestalten aber hatten sich „geradewegs nach der Papiermühle gewandt", also nach Westen, in Richtung Stukenbrock.

Am 31. Januar wurde dann der Vogt Welschoff auf der Forst- und Jagdkanzlei vom Fiscal vernommen. Ihn, der angab, der Herr von Metternich habe ihn „bey seiner größten Ungnade forciert", mit ihm am letzten Sonntag morgen in die herrschaftliche Wildbahn zu reiten, hatte man nicht so schnell wieder laufen lassen wie den Domherrn, sondern in Detmold arretiert. Jetzt sagte er aus, geschossen habe nur von Metternich, und von dem gefährlichen Erlebnis Pähligs am 28. Dezember wisse er gar nichts; er, Welschoff, sei an jenem Tag in Marienfeld gewesen.

Anfang Februar fanden weitere Verhöre statt. Der Holzknecht Johann Jost Wille sagte aus, er habe am 23. Januar im Krug zu Haustenbeck den Herrn von Metternich mit zwei Dienern, den Vogt von Stukenbrock und einen weiteren Mann angetroffen. Vier von diesen Männern hätten Büchsen bei sich gehabt. Als sie aufbrachen, sei er ihnen gefolgt, weil sie ihm verdächtig vorkamen. Sie hätten den Weg nach Lopshorn (also nach Norden) eingeschlagen, in die Senne bis auf die Höhe beim Kreyenloh (Krähenlau). Wille sah dann den Domherrn mit zwei anderen „oben dem Meckeloh hinter einem troup Wild herjagen" und hörte fünf Schüsse, deren Wirkung er aber nicht beobachten konnte. Diese Aussage wurde im wesentlichen durch Jürgen Röhrmann aus Haustenbeck bestätigt. Er hatte gesehen, wie die Männer im Haustenbecker Krug von ihren vier Büchsen zwei „visitiret und Pulver auf die Pfanne gethan" hatten. Die fünf Fremden seien vom Krug aus auf dem Weg nach Lopshorn bis an das Krähenloh geritten. Röhrmann hatte zwei bis drei Schüsse gehört.

Welschoff, der früher behauptet hatte, vor dem für ihn verhängnisvollen 27. Januar nie in der Senne gewesen zu sein, mußte nun den Besuch im Haustenbecker Krug zugeben. Aber alles andere stritt er ab: Büchsen hätten nur die zwei Diener gehabt, Schüsse seien nicht gefallen, sie seien nicht in Richtung Lopshorn und zum Kreyenloh geritten, sondern nach Stukenbrock. Bei diesem Leugnen blieb der Vogt, auch als die beiden Haustenbecker ihm ihre Version des Geschehenen „in faciem", also ins Gesicht, sagten und sich bereit erklärten, auf ihre Aussage einen Eid abzulegen.

Unterdessen war man in Paderborn nicht untätig. Gewiß war mit der schnellen Freilassung des Domherrn

Der Wildbestand in der Senne und auf den zur ihr absteigenden Hängen des Teutoburger Waldes erfreut noch heute den Naturfreund und Jäger, und er hat das immer schon getan. Angezogen davon fühlten sich davon zur Jagd Berechtigte ebenso wie solche, die nicht das Recht dazu, wohl aber die Lust darauf hatten.

das Wichtigste bereits erreicht, aber den Vogt wollte man doch auch nicht gern in seinem Arrest sitzen lassen. Zwar jagte der vermutlich ebensogern wie der Herr von Metternich in Revieren, in denen er nichts zu suchen hatte, aber er hatte ja den Zug in die Senne immerhin auf Drängen des vornehmen Herrn vom Domkapitel unternommen. Also schrieb der Herr von Schorlemmer aus Paderborn am 3. Februar in liebenswürdigem Ton an den lippischen Präsidenten, äußerte sich höchst erfreut darüber, daß der Graf seinen „Vetter Metternich" hatte laufen lassen, entschuldigte dessen Vergehen als einen „coup de jeunesse", einen Jugendstreich, und meinte, der Vogt sei doch

nur ein armer Teufel, der sich habe verführen lassen.
Die paderbornische Regierung wurde am 12. Februar tätig und schrieb nach Lippe, man billige, was der Vogt Welschoff getan habe, zwar keinesfalls, bitte aber dennoch um seine Entlassung. Er sei im Dienst in Stukenbrock unentbehrlich, im Augenblick vor allem, um die gewaltsame Anwerbung fürstbischöflicher Untertanen durch preußische Soldaten abzuwehren und zu verhindern. Bekräftigt wurde dieses Ersuchen durch ein als Anlage beigefügtes Schreiben der „Vogtin Welschoff zu Stukenbrock“ an den paderbornischen Kammerpräsidenten, in dem diese Frau die Behörden anflehte, sich in Detmold für ihren Mann einzusetzen, der „im Interesse des Kurfürsten“ hier täglich dringend gebraucht werde. Nur auf beständiges Ansuchen des Herrn von Metternich hin habe er sich unterstanden, in die lippische Wildbahn mitzugehen, und insofern sei er schuldlos von den Lippern ertappt und verhaftet worden.
Am 15. Februar meldete sich auch noch der hohe fürstbischöfliche Beamte und Würdenträger Hermann Werner Franz von der Asseburg zu Hinnenburg und Wallhausen zu Wort, beteuerte, wie deutlich er sich von den vorgefallenen Übergriffen distanziere und wie viel ihm an der „Beybehaltung freundnachbarlicher Verständnuß“ liege und übersandte ein von der Hochfürstlich paderbornischen Geheimen Kanzlei aufgenommenes Protokoll, wonach die Vogtin Welschoff all ihr Hab und Gut zur Kaution biete, daß ihr Mann im Falle seiner Freilassung sich jederzeit auf Verlangen dem gräflich lippischen Gericht wieder stellen würde.
Bereits die Antwort der lippischen Regierung vom 14. Februar auf das Schreiben der Paderborner ließ erkennen, daß Graf Simon Henrich Adolf nicht abgeneigt sei, „in Respect Seiner Churfürstlichen Durchlaucht den Arrestanten gegen offerirte Caution de sistendo des Arrests zu entlaßen“. Und tatsächlich: Nach nochmaligem Verhör am 18. Februar durfte Welschoff am 19. nach Hause zurückkehren, nachdem er auf der Kanzlei gelobt hatte, „daß er sich jedesmal auf Erfordern alhier stellen wolte, und zwar bei Verpfändung seines Haab und Gutes“.
Dem Grafen zur Lippe lag viel zu viel an einem guten Verhältnis zu Paderborn, als daß er sich darauf versteift hätte, den Vogt zu Stukenbrock noch einmal vorzuladen und in irgendeiner Form zur Rechenschaft zu ziehen. Aber er schrieb am 20. Februar einen ausführlichen, zusammenfassenden Bericht über die unliebsamen Vorfälle der letzten zwei Monate an des Herrn Grafen von Plettenberg Exzellenz, Seiner Kurfürstlichen Durchlaucht Premierminister und Oberhofmeister: Wie seit einiger Zeit „sich öfters frembde Wild Schützen in meiner Wildbahn in der Senne und an dem Lippischen Walde eingefunden und viele excessus verübet“, wie gefährlich der Dienst für die lippischen Förster geworden sei, wie sein Oberförster Pählig in der Christwoche in der Senne von bewaffneten Kerlen bedroht worden sei, sie würden ihn niederschießen; der Jagdfrevel des Domherrn von Metternich und des Vogts zu Stukenbrock am letzten Januarsonntag „des morgens unter dem Gottesdienste“ am Hörster Strang wurde geschildert; wie man den Domherrn „aus besonderer consideration auf seine Parole wieder nach Paderborn zurückgehen“ lassen, den Vogt aber in Detmold arretiert habe, „weilen derselbe mit den Seinigen dem Vernehmen nach der Anführer von den bisherigen in meiner Wildbahn ausgeübten excessen und Wild-Diebereyen gewesen“. „Es hat aber der arrestatus sich dabey sehr opiniatre (halsstarrig) bezeiget“ und im Verhör keine Namen genannt, obwohl, zuverlässigem Bericht nach, die Männer, die den Oberförster attackiert haben, ihm wohlbekannt seien, auch ein sehr naher Verwandter von ihm dazu gehöre. Dennoch habe man den Vogt „in respect Seiner Churfürstlichen Durchlaucht“ freigelassen.
Graf Plettenbergs Erwiderung vom 5. März aus Nordkirchen war diplomatisch zurückhaltend, brachte aber zum Ausdruck, daß der Kurfürst die vom Grafen zur Lippe „bezeigte Gelindigkeit als eine besondere moderation ansehen“ und sich gewiß so vernehmen lassen werde, „daß es zu Eurer Excellenz und Liebden gänzlicher Zufriedenheit gereichen möge“. Simon Henrich Adolf zeigte sich in seiner Antwort mit dieser Stellungnahme sehr zufrieden und bereit, seinerseits die Sache ruhen zu lassen.
Man durfte annehmen, daß nach all die-

sem Ärger und hochoffiziellen Schriftverkehr der Herr von Metternich seine Lust auf das Jagen in den lippischen Wäldern gezügelt hätte. Aber weit gefehlt. Am 24. August 1733 sah der Graf zur Lippe sich genötigt, seinem Landrat und Drosten Dietrich von Grote den Auftrag zu geben, auf einer für den folgenden Tag wegen Grenzfragen in der Senne zu Stukenbrock angesetzten Konferenz mit den paderbornischen Räten, zu der auch der Domprobst von der Asseburg erwartet wurde, folgendes vorzubringen: Es sei ihm „glaubwürdig berichtet worden, daß so woll am gestrigen als vorigen Sonntag der Tuhmherr von Metternich daselbst im Lopshorn sich eingefunden und ein Stück Wild geschoßen" habe. Dergleichen Ausschreitungen könne er nicht ungestraft lassen; das Hochwürdige Domkapitel möge gefälligst Herrn von Metternich anweisen, „daß er sich seiner letzthin gethanen Verpflichtung gemäß alhier sistire" und verantworte. Im übrigen werden Wir, schrieb der Graf, „um endlich denen vielfältigen Wilddiebereyen zu steuren und dem gäntzlichen ruin Unserer Wildbahn vorzubeugen, Uns nicht entbrechen können, die ordre zu stellen, auf diejenige, so in Unser Wildbahn mit Gewehr betreten werden und daßelbe darinn lösen mögten, als Wild Diebe zu tractiren und auf dieselbe Feuer geben zu laßen".
Und am 1. September 1733 wandte sich Graf Simon Henrich Adolf direkt an das Domkapitel zu Paderborn, erinnerte an von Metternichs Jagdfrevel

Sah sich genötigt, gegen den Jagdfrevel in der Senne vorzugehen: Graf Simon Henrich Adolf zur Lippe (1718 - 1734).

vom Vorjahr und seine Entlassung auf Ehrenwort und fuhr fort: „Obwohl Ich nun verhoffet, es würde derselbe sich dergleichen Eingriffe in meine Wildbahn ferner weit nicht unternommen haben, inmaßen er solches festiglich versprochen und Ich dadurch bewogen worden, die Sache bis hiehin ruhen zu laßen: So hat es sich dennoch begeben, daß er am 16ten hujus und zwaren am Tage des Herrn sich abereins daselbst im Lobshorn eingefunden, ein Stück Wild geschoßen, auf seinen Wagen gelegt und mitgenommen, da kurtz vorhero an besagten Tage 7 Schüße im Eckeloh und Rosenthalsgrund gefallen und gehöret worden." (Der Domherr hatte sich auf seinem wiederum sonntäglichen Jagdausflug also diesmal weiter südlich, auf Haustenbecker Gebiet, aufgehalten.) Der Graf forderte das Domkapitel auf, von Metternich anzuweisen, daß er zu einem auf der gräflichen Regierungskanzlei in Detmold für den 7. September angesetzten Termin zu erscheinen habe, um sich zu verantworten.
Nichts deutet darauf hin, daß der Domherr dieser Aufforderung nachgekommen ist. Das Sprichwort sagt: Die Nürnberger hängen keinen, sie hätten ihn denn. Das gilt auch für die Lipper. Carl Adrian von Metternich wird wohl seiner Jagdlust fortan vorsichtshalber in anderen Revieren gefrönt haben.

1956

Am 20. März 1954 fiel im Gemeinderat der Beschluß zur Einführung einer Müllabfuhr für rund 1000 Schlangener Haushaltungen. Die entsprechende Satzung wurde am 30. August 1954 durch das Wirtschaftsministerium in Düsseldorf genehmigt. Wilhelm Haase (Nr. 21) erhielt den Auftrag, den Hausmüll in 14tägigem Turnus abzuholen. Das geschah mit zwei Pferden und einem gummibereiften Wagen. Was als störend empfunden wurde, war die Staubentwicklung, denn der Müll bestand zum größten Teil aus Asche. Der als Schlosser arbeitende Adolf Herdehuneke konzipierte und baute ein von Pferden zu ziehendes Müllfahrzeug mit vier gefederten Abdeckhauben.
Der Wagen kann im Januar besichtigt werden und wird nach der Begutachtung durch die Gemeinderäte „in Dienst gestellt". So beginnt die Geschichte der staubfreien Müllabfuhr in Schlangen Anno 1956.

1956

Ein Krippenspiel, von Schülerinnen und Schülern der 8. Volksschulklasse 1949 in der Vorweihnachtszeit im Saal Sibille aufgeführt, bedeutet den Anfang eines Brauches, der viel Anklang findet: In jedem Jahr wird in der jeweiligen Abschlußklasse ein Theaterstück einstudiert und der Öffentlichkeit präsentiert.
Im Februar spielen sich im überfüllten Saal des Gasthofes Sibille „Eulenspiegeleien“ ab. Die Aufführung wird, des großen Andrangs wegen, zwei Tage später wiederholt. In Presseberichten ist von Lachsalven und Beifallsstürmen die Rede.
Die Mitwirkenden an der Theateraufführung „Eulenspiegeleien“ (in ihren selbstgefertigten Kostümen):
Hintere Reihe (von links): Adelgunde Kurz (vh. Buchholz), Willi Biele, Reinhard Rasche, Willi Klöpping, Gerd Wünsch, Gisela Neese (vh. Wulfkuhle).
Davor: Marlis Haarmann (vh. Jostwerner), Magdalene Weeke (vh. Klöpping), Kurt Pfau, Monika Klehr (vh. Zinn), Henny Wiemann (vh. Keiser), Erika Topic (vh. Hansmeyer), Rosemarie Poppe (vh. Müller), Erika Buchholz (vh. Biere), Renate Mühlbauer (vh. Windgasse), Monika Lucht (vh. Rosky), Ingrid Winkler (vh. Appelt), Lilli Herdehuneke (vh. Wetzig), Erika Heim (vh. Bornefeld), Günther Kricke.
Sitzend: Ursula Neese (vh. Thiel), Albert Köster, Klaus Breker, Günter Ostmann, Margret Lahme (vh. Neese), Berthold Schmidt, Ilona Notthoff (vh. Krywalsky), Ingrid Wiemann (vh. Bierwirth).
Vordere Reihe: Rolf Hörstmeier, Karl-Heinz Räker, Manfred Hielscher, Friedhelm Möller, Karl-Heinz Wolter.

Am Neujahrsmorgen des Jahres 1921 wurde der Spielverein Fortuna gegründet. 35 Jahre später: Im Verlauf der Fußballsaison 1955/56 stellt sich die 1. Mannschaft des VfL-Fortuna Schlangen dem Fotografen.
Von links: Reinhard Wolf, Herbert Stüker, Karl Mansfeld, Wilhelm Keiser, Anton Thiele, Konrad Kesselmeier, Werner Kehne, Reinhard Richts, Reinhard Göbel, Werner Poppe und Helmut Wehmeier.
Der Fußballsport ist in Schlangen sehr beliebt. Der Verein hat sechs Mannschaften auf die Beine gestellt. Das „Wir-Gefühl" spielt in starkem Maße mit.

In das alte Friseurgeschäft an der Hauptstraße/Ecke Rosenstraße ist nach Umbaumaßnahmen die Spar- und Darlehnskasse eingezogen. Friseurmeister Fritz Lüning hat 1954 seinen Salon in einem neuen Anbau des elterlichen Hauses an der Lippspringer Straße eingerichtet.
Um Pfingsten 1956 (von links): Anni Schonlau, Margot Ernsthuneke, Elli Lüning, Tochter Heidelore Lüning, Fritz Lüning, Dieter Moser.

1956

Nach bedrückenden Sorgen der Nachkriegsjahre hat sich mehr und mehr eine positive, lebensbejahende Grundhaltung durchgesetzt. Man kann sich wieder etwas leisten, ein Motorrad zum Beispiel, einen Motorroller oder ein Auto. In der Freizeit werden Fahrten unternommen - in die nähere Umgebung oder sogar bis nach Capri, Venedig, Madrid und Paris.
Die Reiselust hat sich mit dem Streben nach Erlebnissen in größeren und kleineren Gruppen verbunden. Busfahrten erfreuen sich großer Beliebtheit. Um 1952 hat Heinz Habermann, von Beruf Friseur, seinen ersten Omnibus gekauft, einen Kleinbus, der den Namen Bubi erhielt. Ihm folgen weitere Fahrzeuge, „ausgewachsene“ Busse der Marken Setra-Kässbohrer und Mercedes. Städtefahrten sind sehr gefragt und auch Touren zu den Winzerfesten.
Der Schlangener Unternehmer Heinz Habermann (am Steuer des Busses) verfügt zur Zeit über vier große Busse, einen Kleinbus und drei Taxi-Fahrzeuge.

Dr. med Karl Altrogge (auf dem Foto mit Ehefrau Ilse), 1907 in Lage geboren, ist seit 1945 als Arzt in Schlangen tätig. Er ist „unser Doktor“ und außerdem ein Freund der Reiterei und des Weidwerks. Seit 1952 engagiert er sich in besonders starkem Maße im Gemeinderat für Gemeindeangelegenheiten. Dr. Altrogge verläßt Schlangen, um in Düsseldorf beim Aufbau des Bundeswehr-Sanitätsdienstes mitzuwirken. Sein Weggang wird allgemein bedauert.

Hausfrauen sollten entlastet werden - durch die Möglichkeit, in einer Gemeinschaftswaschanlage moderne Waschmaschinen zu nutzen. Die Landwirtschaftskammer Münster stellte beträchtliche finanzielle Mittel bereit, der Rat beschloß im Januar 1953 den Bau einer Gemeinschaftswaschanstalt, und am 23. Januar 1954 wurde sie eingeweiht. Eine saubere Sache. Im laufenden Jahr 1956 mußte sogar angebaut werden. In Westfalen sind rund 40 Dorfwaschanlagen in Betrieb. Weitere kommen hinzu.

1956

Der Musikzug der Freiwilligen Feuerwehr Schlangen, dessen Geschichte 1926 begann, soll wiederbelebt werden. Geld zum Ankauf von Instrumenten ist erforderlich und wird gespendet. Hans Schwob nimmt den Dirigentenstab in die Hand. Nach emsiger Probenarbeit tritt die neue Feuerwehrkapelle auf - am 12. Dezember in Lieme auf dem Polterabend des Feuerwehrkameraden Heinrich Haase und seiner Frau Elisabeth. Hans Schwob hat gut lachen. Es wird gekonnt aufgespielt - nach Takt und ohne Noten.

Die Post will umziehen in Richtung Süden. Etwa 400 Meter von ihrem eng gewordenen Domizil an der Detmolder Straße entfernt ist ein an das ehemalige Haus Tofall (jetzt Solle) angefügter Gebäudeteil im Rohbau fertig. Allgemein wird begrüßt, daß das neue Postamt zentraler liegen wird. Die Eröffnung findet am 1. April 1957 statt.

Heinz Wiemann

Zur Geschichte eines „besonderen Grenzsteines“

Der Grenzstein aus dem Jahre 1845 an der alten Paderborn-Detmolder Straße vor der 1994 durchgeführten Restaurierung.

Karl Friedrich Schinkel (geb. 1771, gest. 1841) betätigte sich in Berlin zunächst als Maler. 1810 trat er in den preußischen Staatsdienst ein. Zwanzig Jahre später erfolgten die Beförderung zum Geheimen Oberbaudirektor und die Übernahme der Leitung der Oberbaudeputation. Als Architekt bestimmte er das Bild von Berlin durch „klassizistische Bauten von schlichter Würde und strenger Monumentalität“. Karl Friedrich Schinkel war der bevorzugte Architekt des Königshauses. „Seine Bauten in Berlin und in preußischen Provinzen, vor allem aber die wahrhaft modernen, nicht ausgeführten Entwürfe, kennzeichnen ihn als den kühnsten Architekten seiner Zeit.“

Man hält es kaum für möglich: Die Gemeinde Schlangen hat ein kleines „Bauwerk“ aufzuweisen, das unverkennbar die Handschrift des großen Berliner Baumeisters trägt. Genaugenommen steht Bad Lippspringe die Hälfte der Besitzanteile zu. Es handelt sich nämlich um den Grenzstein an der alten Bundesstraße 1, an der Grenze zwischen Schlangen und Bad Lippspringe, zwischen dem ehemaligen Fürstentum Lippe und der ehemaligen preußischen Provinz Westfalen. Das

„Landes-Grenzmonument“ ist (vom Sockel ab gemessen) 2,07 Meter hoch. Der Sockel hat in der Länge und in der Breite jeweils 0,90 Meter aufzuweisen.
Mit dem äußeren Erscheinungsbild des alten Grenzsteines an der noch älteren Chaussee, die von Schlangen nach Bad Lippspringe führt, stand es Jahrzehnte hindurch nicht zum besten. Wind und Wetter sowie die nicht gerade behutsam durchgeführte Versetzung im Jahr 1962 von einer Straßenseite zur anderen hatten Schäden verursacht. Dann hatte zehn Jahre später die Erfüllung des Wunsches, das „Grenzmonument“ wieder mit der lippischen Rose und dem preußischen Adler zu wappnen, zu Grenzüberschreitungen in den Bereich des Unsachgemäßen geführt. Das preußische Wappen war auf der lippischen Seite und das lippische Emblem auf der preußischen Seite angebracht und die lippische Rose zudem noch falsch dargestellt worden. An den Stellen der ursprünglich gußeisernen Wappen prangten jetzt Sandstein-Nachbildungen.
Anno 1994 feierte die Volksbank Schlangen ihren 100. „Geburtstag“, und der Grenzstein stand ein Jahr vor seiner 150jährigen Existenz. Aus Anlaß seines Jubiläums spendierte das Kreditinstitut das Geld für eine gründliche Restaurierung des Denkmals.
Hinweise auf den damals beklagenswerten Zustand des Grenzsteines finden sich in der Auflistung der 1994 von der Firma Ochsenfarth (Paderborn) durchgeführten Konservierungs- und Restaurierungsarbeiten: Partielle Festigung an morbiden und stark sandenden Bereichen - Reinigung des gesamten Grenzsteines sowie Abnahme des Algenbewuchses - Injizieren von Acrylharz in die Risse im Bekrönungsbe-

Veröffentlicht im Jahre 1834: Entwürfe des obersten preußischen Baumeisters Karl Friedrich Schinkel für Meilensteine an Staatschausseen - mit zwei 1844 als Vor-Bilder für das „Landgrenzzeichen vor Schlangen“ ausgewählten Darstellungen.

reich - Anböschungen der lose sitzenden Schollen - Schließen der Rißbildungen hauptsächlich an der Rückseite - Ergänzungen an den Bekrönungsgiebeln und Profilierungen - Ausarbeiten und späteres Schließen der Fugen - Retuschieren der Ergänzungen - Erstellen eines Bildhauermodells für die lippische Rose und den preußischen Adler - Formbau und Ausformung sowie nachfolgende Vergoldung beider Symbole - Montage der Wappen, Aufzeichnung und Vergoldung der Schriftzüge „Fürstenthum Lippe" und „Königreich Preussen".

Und so beginnt die Geschichte der steinernen „Bezeichnung der Gränze des Königreichs Preussen und Fürstenthums Lippe neben der Paderborn-Detmolder Straße":

Am 27. Juli 1844 richtete die Königlich Preußische Regierung in Minden ein Schreiben an die „Fürstlich Lippische Hochlöbliche Regierung zu Detmold". Der Wortlaut des Briefes: „Nachdem nunmehr die Chaussee von Paderborn über Lippspringe nach Schlangen dem Verkehr eröffnet ist, erscheint uns die Setzung eines Landgrenzzeichens vor Schlangen wünschenswert. Im Falle, Fürstlich Lippische Hochlöbliche Regierung hiermit einverstanden sein sollte, ersuchen wir ergebenst um Ernennung und Namhaftmachung eines dortseitigen Kommissars zu diesem Geschäfte, welchemnächst ein Gleiches von uns geschehen wird."

Die Antwort aus Detmold kam sehr schnell. Unter dem Datum des 6. August 1844 waren die Lipper „gern damit einverstanden, daß ... bei Schlangen ein besonderer Grenzstein gesetzt wird". Der Amtsrat Hausmann in Horn wurde mit „diesem Geschäfte" beauftragt. Hausmann, seit 1817 Amtmann des Amtes Horn, hatte 1833 den Titel Amtsrat erhalten. Amtsrat Hausmann ist 1850 gestorben. Zum Kommissar auf preußischer Seite wurde der Königlich Preußische Landrat Franz Ludwig Grasso aus Paderborn ernannt. Grasso war von 1842 bis 1870 im Amt.

Am 2. Dezember 1844 trafen sich der Abgesandte der lippischen Regierung und der Kommissar der preußischen Regierung in Schlangen. Landrat Grasso war in Begleitung des Amtmannes Meyer und des Wegebaumeisters Baldamus gekommen.

Nach einer Ortsbesichtigung einigte man sich, „das Grenzzeichen solle an der nordwestlichen Seite der Chaussee vor Schlangen, und zwar dergestalt errichtet werden, daß dasselbe innerhalb der Linie zwischen den Grenzsteinen Nr. 36 und Nr. 37 zu stehen komme".

Wie sich „die von beiderseits ernannten Kommissarien" den Grenzstein in etwa vorstellten, ist ebenfalls in dem Protokoll der Zusammenkunft überliefert: „Das Grenzzeichen solle von Sandstein in einer Höhe von 8 Fuß mit einer Grundfläche von 3 Fuß Quadrat angefertigt, und es solle auf der einen, dem lippischen Gebiet zugekehrten Fläche die Lippische Rose und auf der anderen Seite der Preußische Adler in erhabener Arbeit ausgehauen werden. Sodann solle auf der einen Seite die Inschrift Fürstentum Lippe und auf der anderen Seite die Inschrift Königreich Preußen, und zwar mit vergoldeten Buchstaben angebracht sowie auf der der Chaussee zugewandten Fläche die Entfernung nach Detmold und nach Paderborn bemerkt werden."

Wegebaumeister Baldamus erklärte

Der vom königlich-preußischen Wegebaumeister Ferdinand Baldamus vorgelegte Entwurf des Grenzsteines.

sich bereit, nach diesen Angaben eine Zeichnung und einen Kostenanschlag anzufertigen. Die Kosten der Anfertigung des Grenzsteines sowie dessen Aufstellung sollten nach der Meinung der Kommissare von den beiden Regierungen je zur Hälfte getragen werden. Zum Schluß der Schlangener Konferenz machte Baldamus den Vorschlag, „daß das Grenzzeichen am besten in dem Steinbruche bei Externstein beschafft werden würde".

Der Wegebaumeister Baldamus begab sich dann unverzüglich an die Arbeit. Zu seiner Person ist zu sagen, daß er wohl nur für eine relativ kurze Zeit in Paderborn tätig gewesen ist. Für das 19. Jahrhundert liegen dem Paderborner Stadtarchiv Bevölkerungslisten in unregelmäßigen Abständen vor. Baldamus erscheint lediglich in den Bänden von 1846 und 1849. Im vorangehenden und im nachfolgenden Band, 1843 und 1852, ist er nicht aufgeführt. 1843 finden sich an anderer Stelle folgende Angaben: Ferdinand Baldamus, Bauinspektor, 45 Jahre alt. Einem kurzen Schriftwechsel von 1844 ist zu entnehmen, daß Baldamus zu dieser Zeit königlicher Wegebaumeister war.

Die Anfertigung des Grenzstein-Entwurfes hat den Königlich-Preußischen Wegebaumeister Ferdinand Baldamus nicht allzuviel Mühe gekostet. Ihm waren die Entwürfe für Meilensteine an Staatschausseen des obersten preußischen Baumeisters Karl Friedrich Schinkel bekannt. Die Zeichnungen sind in der 1834 erschienenen „Anweisung zum Bau und zur Unterhaltung der Kunststraßen" veröffentlicht worden. So ist im Dezember 1844 in enger Anlehnung an zwei von Schinkel entworfene Meilensteine der „Entwurf zur Bezeichnung der Gränze des Königreichs Preussen und Fürstenthums Lippe neben der Paderborn-Detmolder Strasse" entstanden - verbunden mit dem Namen Ferdinand Baldamus.

Ein Blick auf beide Zeichnungen verrät die Handschrift Schinkels recht deutlich.

Die Zeichnung des Wegebaumeisters wurde von seiner Regierung in Minden akzeptiert - wie auch seine Anregung, die beiden Wappen doch nicht in „erhabener Arbeit" aushauen zu lassen, sondern gußeiserne Wappen anzubringen. Rose und Adler aus Stein seien „kostbar, dem Frevel ausgesetzt und bei Beschädigungen nicht wieder herzustellen". Mit dem von der Kommission ausgewählten Standort war man übrigens auch einverstanden.

Den von Baldamus vorgelegten Kostenanschlag bedachten die Herren in Minden allerdings mit einem Fragezeichen. Der Wegebaumeister hatte für den Grenzstein, einschließlich der Transport- und Aufstellungskosten, 108 Taler errechnet. 10 Taler zusätzlich hatte er für das Anfertigen und Vergolden der beiden Wappen eingesetzt.

Am 6. Januar 1845 schrieben die Preußen in Minden den Lippern einen Brief, in dem es heißt: „Ew. Fürstlich Lippische Hochlöbliche Regierung ersuchen wir ergebenst um gefällige Rückäußerung, ob Wohldieselbe mit Form und Lokalität des Grenzzeichens in gedachter Art und damit einverstanden ist, daß wir die Ausführung auf gemeinschaftliche Kosten ... bewirken lassen. In diesem Falle ersuchen wir, die Anschlagspreise für den Sandstein sowie für die planmäßige Bearbeitung und den Transport desselben prüfen und eventualiter berichtigen zu lassen, da der Bruch, woraus die Steine entnommen werden sollen, im Lippischen liegt, jene Preise daher dort bekannter als diesseits sein können."

Die lippische Regierung bat den lippischen Wegebaumeister Heinrich Overbeck in Lemgo um ein Gutachten. Overbeck, 1786 geboren, war 1839 vom Wegebau-Kontrolleur zum Wegebaumeister befördert worden. Er schrieb am 17. Februar 1845 u. a.: „In dem ... Baldamus'schen Anschlage sind die Preise für die Steinhauerarbeiten etwas zu hoch berechnet, was mir daher Veranlassung gab, hierüber mit dem Steinmetzmeister Wittkamp vorläufig zu unterhandeln. Derselbe wird nun sowohl seine als auch die Maurerarbeiten mit Einschluß aller Materialien, der Transport- und Aufstellungskosten usw. mindestens 20 Reichstaler billiger, also für 88 Reichstaler, zu übernehmen imstande sein, worin jedoch die Beschaffung der gußeisernen Wappen, die zu 10 Reichstalern veranschlagt sind, nicht mit begriffen ist. Da man nun fast überall, wo man auf Chausseen in ein anderes Land tritt, dergleichen Grenzsteine aufgestellt findet, so dürfte ein solcher auch für den gegenwärtigen Fall nicht unpassend sein ...

Was das lippische Wappen betrifft, so dürfte es, meines gehorsamsten Dafürhaltens nach, wohl angemessen sein, dasselbe, statt der bloßen Rose, so gießen zu lassen, wie es sich auf den 2-Talerstücken ausgeprägt findet..."

Am 9. Juni 1845 wurde mit dem Maurer- und Steinmetzmeister A. von Wittkamp aus Detmold ein Vertrag „über die Lieferung eines auf die Landesgrenze und neben der Chaussee von Detmold nach Paderborn aufzustellenden Grenzzeichens" abgeschlossen. Die Aufstellung des Grenzsteines geschah am 14. November 1845 - nicht ohne Komplikationen.

Der Kontrakt umfaßte neun Paragraphen. Wir zitieren einige Sätze:

„§1) Der Steinmetzmeister Herr v. Wittkamp zu Detmold übernimmt auf Rechnung Hochfürstlicher Regierung in Detmold und der Königlich Preußischen Hochlöblichen Regierung zu Minden die Lieferung und Aufstellung obenbemerkten Grenzsteines nach der ihm darüber mitgeteilten Zeichnung.

§2) Es verspricht derselbe, dazu rein- und feinkörnige, fehlerfreie Sandsteine zu verwenden ...

§3) Bleibt es dem Wittkamp überlassen, die Steine entweder im Steinbruche selbst oder auch in einer in der Nähe ihres Bestimmungsortes zu erbauenden Bretterbude zu bearbeiten.

§5) Auch übernimmt derselbe, die ihm frei geliefert werdenden Wappen (das Fürstlich Lippische und Königlich Preußische) nach zu erteilender Anweisung gehörig zu befestigen, ohne dafür sowie auch für das Vergolden der Buchstaben und Zahlen besondere Vergütung zu verlangen.

§8) Die Einsetzung des Steins geschieht unter Leitung der für dies Geschäft ernannt werdenden Kommissarien ...

§9) Wenn der Wittkamp diesen Kontraktsverbindlichkeiten in allen Punkten genau nachgekommen ist, so werden ihm dafür übereingekommenermaßen 85 Reichstaler in Preußischen Courant ausbezahlt ..."

Steinmetzmeister von Wittkamp aus Detmold hielt es für zweckmäßig, das steinerne Grenzzeichen nicht in einer Bretterbude an der Landesgrenze, sondern im Steinbruch in der Nähe der Externsteine zu fertigen. Um die beiden gußeisernen Wappenschilder „zu dem bei Schlangen zu stehenden Grenzstein" sollte sich Wegebaumeister Ferdinand Baldamus in Paderborn kümmern. Baldamus beauftragte das Altenbekener Eisenwerk Langen mit der Herstellung der lippischen Rose und des preußischen Adlers aus Gußeisen. Anno 1823 hatte Regierungsrat Langen das Eisenwerk mit Bergwerk und Hammer übernommen und es 1845 bedeutend vergrößert. Nach seinem Tode wurden die Erben Adolf Langen, Witwe Wilhelmine Hillebrand und Heinrich Moors als Besitzer des Werkes eingetragen. Im Februar 1846 wurde den Langen-Erben in Altenbeken 7 Reichstaler und 15 Silbergroschen für die Lieferung der Wappenschilder zur Zahlung angewiesen. Einen Reichstaler und 5 Silbergroschen erhielt der Betrieb Brinkmann in Paderborn für das Vergolden. Die Kosten teilten sich die Lipper und die Preußen. So kann man sagen, daß die Lipper für ihre Rose und die Preußen für ihren Adler aufgekommen sind. Geteilt wurden auch die im Vertrag vereinbarten Kosten in Höhe von 85 Reichstalern für die Fertigung, den Transport und das Aufstellen des Grenzsteines. Der von dem lippischen Wegebaumeister Heinrich Overbeck ausgehandelte Preis lag um 23 Reichstaler unter der von dem preußischen Wegebaumeister Ferdinand Baldamus veranschlagten Summe. Wie Steinmetzmeister von Wittkamp später verlauten ließ, reichten die 85 Taler als Entgelt für die Ausführung des Auftrages nicht aus. Daß es zu einer Nachforderung kam, hatte allerdings andere Gründe.

Drei Monate nach der Unterzeichnung des Kontraktes meldete A. von Wittkamp der Hochfürstlichen Regierung in Detmold unter dem Datum des 14. September 1845, daß das Landes-Grenzmonument fertig sei und „Ende dieser Woche aufgestellt werden kann, wenn ich die gußeisernen Wappen frühzeitig bekomme". Nachdem Wegebaumeister Overbeck das Werk im Steinbruch inspiziert und für gut befunden hatte, erhielt der Steinmetzmeister im Oktober 1845 einen Vorschuß in Höhe von 50 Talern. Er hatte darum gebeten, weil bei ihm „augenblicklich Geldmangel" herrschte. Die beiden Kommissare, Landrat Grasso (Paderborn) und Amtsrat Hausmann (Horn), waren ausersehen worden, zusammen mit den Wegebaumeistern Baldamus und Overbeck, dem „besonderen Grenzstein“ am Tage der „Einsetzung“ an der Landesgrenze bei Schlangen seinen Standort zuzuweisen. Das Monument wurde am 14. November 1845 allerdings in ihrer Abwesenheit errichtet, den Standort legte der Steinmetzmeister aus Detmold fest. Wie es dazu kam, schilderte der Steinhauer und Maurer A. von Wittkamp am 6. Dezember 1845 ausführlich in einem an die Hochfürstlich Lippische Regierung gerichteten Gesuch:

„Meine untertänigste Bitte an Hochfürstliche Regierung ist die: Ich lieferte für Hochfürstliche Lippische Regierung und für Königlich Preußische Regierung ein Landes-Grenzmonument, welches zwischen Schlangen und Lippspringe von mir aufgestellt ist. Da nun die Zeit und Tag zum Aufstellen fest bestimmt waren und ich meine ganze Einrichtung dazu getroffen hatte und dort bei der Grenze die dazu bestimmten Herren erwartete, welche aber ausblieben und stattdessen nur der Herr Wegebaumeister Baldamus aus Paderborn erschien, und zwar mit der Anrede, daß er nur käme, um mich nicht ganz vergeblich warten zu lassen. Auch müsse er mir sagen, daß die übrigen Herren, welche auch dabei sein müßten, es abgeschrieben hätten und dieses Geschäft um acht Tage zurückgeschoben. Ich war nun hinbestellt, mußte es mir jedoch gefallen lassen und reisen unverrichteter Sache wieder zurück. Dieses war nun das Schlimmste noch nicht. Nämlich den folgenden Tag,

Das Landes-Grenzmonument (Südseite) zwischen Schlangen und Bad Lippspringe im Jahre 1917. Der preußische Adler und die Inschrift „Koenigreich Preussen“ sind gut zu erkennen.

Mittwoch nachmittag, machte ich nun nach dem Steinbruch von Detmold aus, glaubte nun, meinen Leuten sagen zu können, daß das Monument erst über acht Tage gesetzt werden sollte, so waren dieselben nach meiner ersten Bestimmung mir schon zuvorgekommen hatten den Dienstag, wie ich zur Grenze war, um das Fundament mauern zu lassen, die Monumentsteine geladen und den Mittwoch dort hingefahren. Auch waren sieben Mann meiner Arbeiter, welche das Setzen tun sollten, dabei gewesen, fanden mich nicht mehr da und hatten nun auch den Tag vergeblich hingebracht. Und ich mußte diesen Schaden tragen. Nun waren auch die Steine auf die unrechte Stelle abgeladen, was wieder mehr Mühe machte. Durch diese Umänderung ist mir lauter Unordnung und Unkosten entstanden. Nun mußte ich mich kurz entschließen, den Donnerstagmorgen gleich wieder mit meine Arbeiter hinzumachen, um das Monument noch vor dem neuerdings abgeredeten Dienstag zu setzen, da es unmöglich die ganze Woche ohne aufgestellt liegen bleiben durfte, da schon in der einen Nacht oder des folgenden Morgens Frevel daran ausgeübt war. Nämlich die vier Gesimsecken des Wappensteins waren abgeschlagen und lagen dabei, welche aber nicht mehr zum Ankitten gebraucht werden konnten, da es sonst zu sichtbar geworden wäre. Ich ließ dafür ordentliche viereckte Spunde einhauen und festkitten, so daß es schön wieder repariert ist.

Da die Herren Kommissarien mir nun noch keine Grenzlinie ermittelt hatten, so schickte ich nochmals zum Herrn Wegebaumeister Baldamus nach Paderborn, welcher nun zufällig auch verreist und abwesend war. Ich war nun gezwungen, dieses Geschäft zu übernehmen und die Grenzlinie selbst aufzusuchen, welches mir und meinen Arbeitern den ganzen Tag zu tun machte, habe es nach Pflicht und Gewissen getan und, wie ich höre, gut und richtig getroffen.

Dieses verschiedene Mißgeschick hat mir wenigsten 12 Reichstaler unnötige Unkosten gemacht, welche doch alle ohne mein Verschulden entstanden sind. Ich bitte daher Hochfürstliche Regierung ganz ergebenst, mir meinen Schaden gewogentlichst zu vergüten. Auch muß ich dabei bemerken, daß ich schon an den Monumente selbst bedeutenden Schaden gemacht habe. Ich bin überzeugt, daß ein ähnliches Monument nicht unter 120 Reichstaler wieder geliefert wird, von wem es auch sein mag, weil zu große Steinblöcke dazu erforderlich sind. Es hat mir an Arbeitslohn und Auslagen für Transport und Setzen mehr gekostet wie die 85 Reichstaler. Ich würde schon hierum wegen Vergütung bitten, wenn ich nicht auf meinen Kontrakt zurückgewiesen würde ..."

Die Fürstlich Lippische Hochlöbliche Regierung in Detmold war nicht abgeneigt, dem von Wittkamp eine Entschädigung in Höhe von 10 Talern zukommen zulassen - unter der Voraussetzung, daß die Königlich Preußische Hochlöbliche Regierung in Minden 5 Taler beisteuerte. Am 20. Februar 1846 wurde die Hauptkasse in Minden angewiesen, „dem Steinbaumeister von Wittkamp zu Detmold für den Landesgrenzstein bei Schlangen eine außerordentliche Entschädigung von 5 Reichstalern zu zahlen". Am 3. Mai 1846 folgten die Lipper mit dem gleichen Betrag aus der Wegebaukasse.

Die Bedeutung des „Landesgrenzsteines bei Schlangen" hat sich gewandelt. Am 15. August 1990 wurde er in die Denkmalliste der Gemeinde eingetragen. Die Begründung für den Denkmalschutz lautet: „Der Hoheitsstein zeugt von der Territorialgeschichte. Für den Erhalt liegen wissenschaftliche Gründe vor."

Im Rahmen einer Feier am 18. Juni 1994 zum Abschluß der Restaurierungsarbeiten überreichte Schlangens stellvertretende Bürgermeisterin Maria Gründgens dem Bürgermeister der Nachbarstadt Bad Lippspringe Martin Schulte eine rote Rose und führte u. a. aus: „Dieser Stein mit den Wappen Lippes und Preußens soll ein Symbol grenzüberschreitender Freundschaft und Zusammenarbeit sein."

18. Juni 1994: Die Restaurierungsarbeiten am Grenzstein sind beendet. Auf der lippischen Seite überreicht Schlangens stellvertretende Bürgermeisterin Maria Gründgens dem Bürgermeister Martin Schulte (Bad Lippspringe) eine rote lippische Rose. Weiter sind auf dem Bild zu sehen: Die Volksbankdirektoren Werner Kenning, Anton Thiele (Direktor a.D.), Ewald Meier, Stadtdirektor Hans Tofall (Bad Lippspringe) und der Schlangener Gemeindedirektor Bernhard Tholen.

1957

Ein Bild aus vergangenen Tagen, 1953 aufgenommen.
1955 wurde nach erheblichen Umbauarbeiten das Lebensmittelgeschäft Keiser aus dem Hauptgebäude in den Anbau verlegt. Der Textilbereich konnte auf diese Weise erweitert werden. Verbunden mit den Maßnahmen war eine beachtliche Modernisierung.
Das Fachwerkhaus, 1939 vom Metzgermeister Grünewald in den Besitz der Gebrüder Keiser übergegangen, ist im Januar 1957 abgebrochen worden.

1957

Konfirmandinnen und Konfirmanden der Pfarrbezirke Ost (Konfirmation am 24. März) und West (Konfirmation am 31. März) nach der Prüfung.
Vordere Reihe: Ingrid Sieg, Edith Hoblik, Regina Fleege, Marlies Wolfhart, Helga Elgert, Erika Holweg, Pfarrvikar Johannes Ottemeyer, Margrit Lippke, Margot Meinert, Helga André, Gerhild Joly, Elke Schmidt.
Zweite Reihe: Karin Schmidt, Sigrid Wedemeyer, Roswitha Danzenbächer, Ingrid Hattebuhr, Gertraude Bollhöfer, Sigrid Geise, Doris Worbs, Anneliese Büttner, Gerda Hensel, Erika Wolf, Helga Kleinhans, Bärbel Scheiwe, Christel Muhle.
Dritte Reihe: Günter Wiemann, Fritz Schäferjohann, Manfred Schönlau, Rainer Schmidt, Arnold Rose, Helmut Schmidt, Manfred Richts, Hermann Pösken, Friedhelm Ellerbrock, Günter Heuwinkel, Willi Jelowik, Dieter Kelle, Dieter Tegeler, Heiko Schmidt, Hans-Georg Büker, Manfred Wulfkuhle.
Dahinter: Karl-Heinz Schmidt, Werner Lorenz, Helmut Schwede, Rainer Abendt, Hermann Köster, Günter Wiesbrock, Heinz Kehne, Norbert Schulte, Dieter Kirian, Bernhard Bollhöfer, Lutz Rehlaender, Walter Schlüter, Walter Stürmer, Klaus Emmighausen, Wolfhard Joly, Heinz Rolf.

14. April: Konzert des Gesangvereins Teutonia Schlangen. Auch der Singkreis des Volksbildungswerkes ist dabei.
Aus dem Bericht der Lippischen Landes-Zeitung: „Frische Stimmen sind beisammen, Gesangsfreudigkeit und Musizierbegeisterung. Der Chor ließ dynamische Schattierungen erkennen, ohne die das chorische Lied nicht zu voller Entfaltung kommen kann. Prachtvoll der Gemischte Chor. Ein Bravo dem Männerchor für ‚Pferde zu vieren traben'. Ausgezeichnet gefielen die Frauenchöre, sie zeugten von dem Fleiß in den Proben ..."
Chorleiter Martin Schmidt kann zufrieden sein.

Wanderung am 1. Mai.
Von links: Margret Kehne, Franz Kirschfink, Erna Hanselle, Paul Schürmann, Willi Meier, Berni Frank und Hannelore Meier.

1957

Eine Himmelfahrts-Wanderung zum Bauerkamp kann viel Freude bringen - eine Fahrt mit dem Trecker ebenfalls. Und da nicht alle einen Platz auf dem tuckernden Fahrzeug finden, wird ein Wagen angehängt, mit dem normalerweise Milchkannen transportiert werden.
Von links: Reinhard Göbel, Bruno Göbel, Walter Albert, Werner Klöpping, Karlheinz Budde, Helmut Bögerbax, Heiner Sibille, Helmut Nagel, Karl Bollhöfer, Hermann Petring, Günter Leimkühler und Reinhold Tegeler.

Sportfest am 23. Juni in der Alten Rothe: Rektor Wilhelm Nebel überreicht die Siegerurkunden. Wilhelm Nebel, 1901 in Pottenhausen geboren, leitet die Schlangener Volksschule seit 1955.

Als leistungsstarker Schwimmer hat sich Karl-Wilhelm Poppe, Mitglied der Schwimmabteilung des VfL Schlangen, einen Namen gemacht. Auf der vom Deutschen Schwimmverband geführten Bestenliste der Vereine ohne Winterbad rangiert Karl-Wilhelm Poppe im 1500-Meter-Kraulschwimmen an vierter Stelle. Von links: Werner Fleege, Karl-Wilhelm Poppe, Harald Altrogge, Herbert Lüning (Mitglieder der Schwimmabteilung des VfL Schlangen).

1957

Karl-Wilhem Poppe (auf dem Wagen), Auguste Poppe und ein Feriengast bei der Heuernte. Der Trecker (HANOMAG, 19 PS) wurde 1954 angeschafft.
Zusätzlich zu dem Land- und Gastwirt Poppe und den 1951 genannten Höfen verfügen in diesem Jahr u. a. folgende landwirtschaftliche Betriebe über Traktoren: Bollhöfer (HANOMAG, 12 PS), Deppe (LANZ, 24 PS), Haase (ALLGAIER, 22 PS), Kloke (FAHR, 24 PS), Lüning (HANOMAG, 24 PS), Neese (ALLGAIER, 22 PS), Rebbe (FAHR, 24 PS), Rügge (ALLGAIER, 22 PS), Sibille/Pächter Wolfhart (DEUTZ, 15 PS), W. Sibille (LANZ, 22 PS).

Start der Elektrischen von der Wagenhalle aus nach Paderborn. Das höchste Verkehrsaufkommen in der Geschichte der PESAG mit 15,7 Millionen Fahrgästen wurde 1944 erreicht. U. a. infolge der mit Beginn der fünfziger Jahre verstärkt einsetzenden „Motorisierung der Stammgäste" ist das Fahrgastaufkommen erheblich zurückgegangen.
Auf der Hauptversammlung der PESAG im August teilt Direktor Lange mit, daß auch die Straßenbahn zwischen Paderborn und Schlangen durch Busse ersetzt werden soll. Grundsätzlich werden Gespräche darüber geführt, zur Steigerung der Rentabilität Verkehrslinien, die von der PESAG betrieben werden, an andere Verkehrsträger abzugeben.

1957

Aus dem Protokoll der Ratssitzung vom 22. Dezember 1956: „Gemeindedirektor Winter erklärt, daß er mit Rücksicht auf den Schulneubau und die damit verbundenen Lasten der Gemeinde auf einen Teil seines Gehaltes verzichten wolle und beantragt seine Rückstufung in die Besoldungsgruppe A 8 bei Zahlung der Aufwandsentschädigung, entsprechend der Verordnung vom 5. 7. 1956. Der Gemeinderat nimmt diese Erklärung dankbar entgegen. Gemeindedirektor Winter erhält damit ein Gehalt nach der Besoldungsgruppe A 8 und nicht nach A 11 wie früher beschlossen ...
Der Gesamtkostenanschlag für den Schulneubau sieht Aufwendungen in Höhe von 860000 DM vor."
Am 8. November 1957 wird der Grundstein im Rennekamp gelegt. Die günstige Witterung sorgt für rasche Baufortschritte. Bereits am 16. Dezember berichtet die Lippische Landes-Zeitung: „Kurz vor dem Wochenende war es soweit, daß ein riesiger Baukran die große aus Tannengrün gewundene Richtkrone, von der gelbrote Bänder lustig herabflatterten, auf das gerichtete Gebälk des Haupttraktes der neuen Volksschule heben konnte. Weithin war das zünftige Hillebille-Klopfen der Zimmerleute zu hören ..."
Auf unserem Foto haben Wind und Wetter der Richtkrone bereits arg zugesetzt.

Blick vom Dach des Schulneubaus auf einen Teil des weihnachtlich verschneiten Dorfes. Das Fachwerkhaus im Vordergrund stammt aus dem Jahre 1860, und das Fachwerkgebäude im Hintergrund wurde 1849 errichtet.

Vera Scheef

Die Senne in der bildenden Kunst des 19. Jahrhunderts

Die Senne, Anno 1843 als „sandige, mit Heidekraut bewachsene Ebene"[1] bezeichnet, ist die Heimat der Sennerpferde. Die Geschichte der Senner läßt sich bis in das 12. Jahrhundert zurückverfolgen.

Der 1816 in Bremen geborene und 1896 in Detmold verstorbene Maler Gustav Quentell, der seit 1840 in Detmold lebte und arbeitete, schenkte auch dem Sennergestüt sein künstlerisches Augenmerk. Quentell malte den fürstlichen Marstall, die Gestüte im Detmolder Tiergarten und im Bereich des Schlosses Lopshorn.

1844 vollendete er eine in Öl auf Leinwand ausgeführte Darstellung, die sich im Besitz des Lippischen Fürstenhauses befindet. Die Sennerstuten Veil, Freia und Morella mit ihren Füllen vor dem Jagdschloß Lopshorn stellt Quentell, der in Berlin Schüler des Malers Franz Krüger war, eindrucksvoll und elegant dar.

Detailrealismus und Prägnanz in der Erfassung von Pferd und Hund charakterisieren das künstlerische Schaffen Quentells, der dieses und zahlreiche andere Werke als Stimmungslandschaften im Sinne romantischer Malerei wirken läßt.

Die Sennerpferde sind auch im malerischen Oeuvre des 1833 in Lemgo geborenen Carl Röttekens nachweisbar, der als Absolvent der Düsseldorfer Kunstakademie einen überregionalen Ruf als Landschafter genoß. Das 1858 entstandene Bild „Eichenallee bei Lopshorn", im Besitz des Lippischen Landesmuseums, zeigt den Aufbruch zur Parforcejagd, die dem Schwarz- und Rotwild galt. Die großformatige Ölmalerei ist eine Gemeinschaftsarbeit der lippischen Künstler Rötteken und Quentell. Die malerische Darstellung von Pferd und Hundemeute im Bildvordergrund bezeugt die künstlerische Handschrift Quentells, während die aus Eichen bestehende Allee Carl Rötteken zugeschrieben wird.

Auch die im Lippischen Landesmuseum Detmold befindliche „Sennelandschaft mit Sennerpferden" ist das Werk beider Künstler.

Die sandige ausgedehnte Heidelandschaft der Senne in harmonisch aufeinander abgestimmten Farbwerten akzentuiert durchaus die Schönheit und Wärme dieser Landschaft, die bis um 1800 als nackte, verarmte und menschenfeindliche Region auf Ablehnung stieß. Die Bezeichnung der Senne als „desertum sinedi" bekräftigt diese Negativhaltung, die im Laufe des 19. Jahrhunderts abgelegt worden ist. „Neben der Trostlosigkeit und der Düsternis entdeckte man plötzlich auch die Schönheit der Senne, neben der Kargheit und Härte der Landschaft auch die stille Weiträumigkeit und fast südliche Heiterkeit."[2] Die geistige und gefühlsmäßige Einstellung zur Natur und Landschaft wandelte sich in der zweiten Hälfte des 19. Jahrhunderts. In Romanen, Liedern und Dichtungen fand die Sennelandschaft eine positive Aufwertung als reine urwüchsige und schöne Naturlandschaft.

„Die Senne ist schön! Sie liegt vor uns wie ein buntgewürfelter, farbenprächtiger Teppich, ohne grelle Gegensätze und ohne scharfe Umrisse. Überall herrscht Ruhe und Harmonie, die weite Ebene schwimmt in einem Meer von Licht und Luft."[3]

Die auf das Jahr 1865 datierte Landschaftsdarstellung der Senne von Ludwig Menke, ein 134 x 172 cm messendes Ölgemälde, appelliert an das Empfindungsbewußtsein der Betrachter, die einen subtil wirkenden Naturausschnitt erleben. Einsamkeit und Ruhe verbindet man mit der sich ausdehnenden

Heidelandschaft, die einen Schäfer mit seiner Herde als Staffage in der Landschaft wiedergibt. In dieser Naturdarstellung sind Licht und Farbe Stimmungsträger und intensivieren gleichzeitig die romantische Bildwirkung. Das von einem starken Stimmungsgehalt geprägte Bild „Die Senne“ stellt einen Höhepunkt im künstlerischen Schaffen Ludwig Menkes dar. Der Pinselduktus, schnell und skizzenhaft aufgetragen, erinnert an die Malweise der Impressionisten. Einsamkeit und Stille strahlt die bis zum Himmelsrand sich ausdehnende Heidelandschaft aus, die der Künstler Ludwig Menke auch in ihren Details meisterlich erfaßt.

Ludwig Menke, 1822 in Detmold geboren, studierte am Polytechnikum in Hannover, bevor er sich 1845 als Zeichenlehrer am Gymnasium und Lehrerseminar in Detmold niederließ.

1864 schuf Menke das in Öl auf Leinwand ausgeführte Gemälde „Alter Postweg am Rand der Senne“. Das Werk gehört zum Besitz des lippischen Fürstenhauses. Tier und Natur in enger Verbindung zueinander bestimmen das Bildgeschehen der romantisch anmutenden Landschaftsdarstellung.

Der lippische Maler starb 1882 in Detmold und zählt auch heute noch zu den bedeutendsten lippischen Landschaftsmalern des 19. Jahrhunderts.

Der 1882 in Detmold geborene und 1945 dort gestorbene Maler und Graphiker Ernst Rötteken, Absolvent der Düsseldorfer Kunstakademie, widmete sich in seiner künstlerischen Arbeit vornehmlich der bildlichen Darstellung der Landschaft.

Auch die Senne begegnet uns in zahlreichen malerischen und graphischen Arbeiten Ernst Röttekens, der sich mit der Natur eng verbunden fühlte. Die um 1900 datierte Darstellung „Gehöft in der Senne“ zeigt die Einsamkeit, Stille und Abgeschiedenheit dieser Landschaft, die Rötteken in hellen, warmen Farben erfaßt.

In dem von Horst Wasgindt publizierten Werk „Romantisches Ostwestfalen-Lippe“ heißt es „Hier schien die Zeit, mehr als anderswo, stehengeblieben zu sein: Einsam liegt der Hof, von hohen Bäumen beschattet, am Waldrand. Licht und Schatten spielen auf dem kargen Sandboden, in den das schwere Gespann tiefe Spuren gegraben hat. Kein Tor und keine Tür laden den Betrachter ein. Verschlossenheit unter blauem Himmel. Die Bäuerin, die links auf unserem um 1900 von Ernst Rötteken gemalten Bild hinter der schweren Schubkarre zu erkennen ist, stand sicher in mehr als einer Hinsicht im Schatten.“[4]

Im Atelier entstanden oftmals die bildlichen Darstellungen der Senne, die künstlerisch arangiert und keineswegs der Realität nachempfunden wurden. In den genannten malerischen Arbeiten ist der romantische Einfluß spürbar, der sich auch in der Musik und Literatur des 19. Jahrhunderts niederschlägt.

Auch im 20. Jahrhundert verlor die Senne als Bildmotiv nicht an Attraktivität. In zahlreichen Werken begegnen uns malerische Arbeiten, die der Heidelandschaft ihr künstlerisches Augenmerk schenken. Die Künstler Otto Förster, Eduard Herterich, u.v.a. stellen die Senne in ihrer Schönheit, in ihrer Einsamkeit und Stille dar.

Der als Sohn eines Forstbeamten in Pakszyn (Ostpreußen) geborene Künstler Viktor Pucinski (1882-1952) malte zahlreiche Tierbilder.

Zunächst im Forstdienst tätig, besuchte er die Düsseldorfer Kunstakademie. Naturliebe und die Gabe der Naturbeobachtung zeichneten seinen Weg als Künstler, der die vollkommene Harmonie zwischen Tier und Landschaft herstellen konnte.

Das Lippische Landesmuseum ist stolz, ein Bild dieses Künstlers zu besitzen. Das in Öl auf Leinwand gemalte Bild „Trappen in der Senne“ datiert in das Jahr 1943 und soll abschließend die Senne in der bildenden Kunst des 20. Jahrhunderts exemplarisch vertreten.

C. Rötteken / G. Quentell: Sennelandschaft mit Sennerpferden, 1860. Öl auf Leinwand, Lippisches Landesmuseum Detmold.

L. Menke: Die Senne, 1865. Öl auf Leinwand, Lippisches Landesmuseum Detmold.

Walter Göbel

Elektrizitätsversorgung in Haustenbeck

Das kleine Kraftwerk am Haustenbach

„Es war schon eine kleine Sensation in meinem Heimatdorf Haustenbeck, als mein Vater an einem späten Herbsttag des Jahres 1922 in unserer Wohnstube einen Schalter betätigte und die über dem Tisch baumelnde Glühlampe aufleuchtete. Nach heutigen Maßstäben war es nur eine trübe Funzel, aber wir hatten neben einigen anderen Haushalten in unserer Nachbarschaft als erste in Haustenbeck elektrisches Licht."

Das berichtete Frau Auguste Wulfkuhle in Kohlstädt, Bergstraße Nr. 6, im Jahr 1989.

Frau Auguste Wulfkuhle, geborene Oesterhaus, war geboren am 26.9.1905 in Haustenbeck in der Stätte Nr. 99 als Tochter des späteren Polizeimeisters Heinrich Oesterhaus und der Wilhelmine, geborene Haase. Am 13.12.1929 hatte Auguste Oesterhaus in der Kirche zu Haustenbeck den Friedrich Wulfkuhle aus Kohlstädt geheiratet und dann in Kohlstädt einen Hausstand gegründet. Frau Auguste Wulfkuhle, geborene Oesterhaus, ist am 19.10.1993 in Kohlstädt verstorben.

Auf Initiative des damaligen Polizeiwachtmeisters Heinrich Oesterhaus hatten sich zu Beginn des Jahres 1922 einige Interessenten aus Haustenbeck zusammengeschlossen, um sich die segensreiche Erfindung des elektrischen Lichtes zugute kommen zu lassen. Die Interessenten waren Leimenkühler Nr. 20, Biere Nr. 13, Wille Nr. 109, Pörtner Nr. 9 und Oesterhaus Nr. 99. Im Haustenbachtal, etwa 800 Meter unterhalb der Mühle Poppe, in der Wiese von Leimenkühler Nr. 20, nahe der damaligen lippisch-preußischen Landesgrenze, an einem bestehenden Stauwerk wollte man sich die Wasserkraft des Haustenbaches zunutze machen und dort eine kleine Stromerzeugungsanlage betreiben.

In dem erforderlichen Antrag, der am 9.4.1922 in der Sitzung der Gemeindevertretung von Haustenbeck behandelt wurde, hieß es: „Wir beabsichtigen, am Haustenbach eine Anlage zur Erzeugung von elektrischem Strom zu errichten. Ein Dynamo soll durch Wasserkraft mittels eines Wasserrades angetrieben werden. Zur Erzielung eines stärkeren Gefälles und damit der nötigen Kraft soll der Haustenbach abgeleitet werden. Es befindet sich dort ein im Jahr 1862 errichtetes Stauwerk, das zur Benutzung beim Flößen der Wiese dient. Dieses Stauwerk soll für die Ableitung des Wassers mitbenutzt werden."

Die Gemeindevertreter waren dem Vorhaben gegenüber nicht abgeneigt, legten aber fest, daß Einsprüche und Beschwerden hiergegen innerhalb von 14 Tagen anzumelden seien. Und es gab Einsprüche.

Da war vor allem die Eigentümerin von Poppen Mühle, Witwe Marie Poppe, geborene Rothenroth, die mit Beistand des Rechtsanwaltes Wahrburg aus Lemgo heftig gegen den Bau einer solchen Anlage protestierte. Sie befürchtete Regreßansprüche der Interessenten, da der Mühlenteich inmitten des Dorfes immer wieder versandete, daher von Zeit zu Zeit auf Kosten der Mühlenbetreiberin abgelassen und entsandet werden mußte und die Wasserkraft des Haustenbaches dadurch wesentlich abnahm. Außerdem befürchtete Frau Poppe, es könne später an der Stelle der geplanten Anlage ein neuer Mühlenbetrieb entstehen. Auch die Forstverwaltung des Landes Lippe, für den Haustenbach und Mühlenteich verantwortlich, schloß sich der Beschwerde der Frau Poppe an und lehnte das

Lageplanausschnitt von Haustenbeck mit Standortangabe der Stromerzeugungsanlage im Haustenbachtal.

Vorhaben ab. Erst als zwischen den Parteien ein rechtsgültiger Vertrag geschlossen worden war, in dem sich die Interessenten verpflichteten, auf jegliche Regreßansprüche gegen die Mühlenbesitzerin Frau Poppe und die Forstverwaltung zu verzichten, konnte das kleine Kraftwerk gebaut werden.

Ein unterschlächtiges Wasserrad von etwa 2,50 Metern Durchmesser wurde an dem bestehenden Stauwerk angebracht. In einem kleinen Holzhäuschen daneben kam die Dynamo-Maschine von den Siemens-Schuckert-Werken zur Aufstellung, die durch die Mittelwelle des Wasserrades angetrieben wurde und je nach Wasserkraft ca. 60 Volt Gleichspannung erzeugte. Über eine oberirdisch geführte Leitung wurden die Häuser der Interessenten mit der Anlage verbunden.

Der kleinen Kraftwerkanlage waren allerdings nur wenige Jahre Betriebsdauer beschieden. Nach dem Bau der Überlandleitung und der Installierung des Ortsnetzes in Haustenbeck im Jahr 1928 hatte die kleine Stromerzeugungsanlage am Haustenbach ausgedient. Die Dynamo-Maschine wurde verkauft, das Holzhäuschen abgebrochen, nur das Wasserrad blieb noch einige Jahre bestehen, ohne sich zu drehen.

Versorgung des Dorfes Haustenbeck mit elektrischer Energie durch Wesertal

Bereits zu Anfang des Jahres 1925 legte das Energieunternehmen Pesag zu Paderborn der Gemeinde Haustenbeck ein Angebot vor, den gesamten Ort mit elektrischem Strom zu beliefern. Die Gemeindevertretung beschloß darauf, auch von Wesertal zu Hameln ein Angebot einzuholen. Ein Abschluß wurde aber nicht getätigt.

In einem am 20.11.1926 zwischen den beiden Versorgungsunternehmen Pesag und Wesertal abgeschlossenen Demarkationsvertrag wurden die Grenzen der jeweiligen Stromabsatzgebiete festgelegt. Die Gemeinden Haustenbeck und Oesterholz gehörten danach zum Versorgungsbereich von Wesertal.

Zu Beginn des Jahres 1928 begann Wesertal mit dem Bau einer Überlandleitung von Augustdorf, das bereits 1925 an das Stromnetz angeschlossen war, nach Haustenbeck und weiter nach

Das Wasserrad der ehemaligen Stromerzeugungsanlage am Haustenbach im Jahre 1935.Die abgebildete Person ist ein Angehöriger der Reichsbahnschutzschule, die seinerzeit auf dem Truppenübungsplatz Übungen abhielt.

Oesterholz. Die oberirdisch geführte Leitung (nur im Ortskern von Haustenbeck verkabelt), als Mittelspannungsleitung mit 6.000 Volt betrieben, führte an der westlichen Straßenseite von Augustdorf nach Haustenbeck entlang, um dann beim Kriegerdenkmal in Haustenbeck auf die östliche Seite der Straße nach Sennelager bis in Höhe des Roten Baches zu wechseln. Anfangs im Tal des Roten Baches gebaut, schwenkte die Leitung auf den Aschenweg zu und erreichte dann den Ort Oesterholz. Von zahlreichen Trafostationen, als Masttrafos erbaut, konnten die Niederspannungsleitungen (380/220 Volt) „abgezweigt" werden. Nur an der Straße Augustdorf-Haustenbeck, in Höhe des Heimathofes, wurde ein hohes massives Transformatorenhäuschen errichtet. Gleichzeitig mit dem Bau der Überlandleitung begannen Freileitungsmonteure von Wesertal mit dem Aufbau des innerörtlichen Niederspannungsnetzes. An allen Zufahrtswegen prägten von nun an Masten und Leitungen das Bild des Dorfes. Die Gemeinde Haustenbeck übernahm als rückzahlbares zinsloses Darlehen den Baukostenzuschuß an Wesertal in Höhe von 70 Reichsmark pro Hausanschluß. Im Herbst des Jahres 1928 wurden die Leitungen eingeschaltet. Haustenbeck hatte elektrisches Licht.

Nur gut 10 Jahre lang konnten sich die Bewohner des Dorfes Haustenbeck über ihre neue Errungenschaft freuen. Als im Jahr 1938 in Berlin die Räumung des Dorfes zur Erweiterung des Truppenübungsplatzes beschlossen worden war, begann die Reichsumsiedlungsgesellschaft unverzüglich mit dem Ankauf der Häuser. Die Bewohner mußten sich in naher und weiterer Umgebung nach einer neuen Bleibe umsehen. Die nicht als Truppenunterkünfte des neuen Militärlagers Haustenbeck genutzten Häuser, vornehmlich im Außenbereich des Dorfes, wurden von der Stromversorgung abgeklemmt, Masten und Leitungen entfernt. Die Überlandleitung aber blieb in Betrieb, wurden über diese doch der Ort Oesterholz und die Randsiedlung Haustenbeck versorgt - außerdem die militärischen Einrichtungen in Haustenbeck: Truppenunterkünfte, Panzerversuchsstation, Haustenbecker Turm und einige Häuser, in denen Zivilangestellte der Kommandantur wohnten. Ein Teil dieser Anschlüsse blieb auch nach dem endgültigen Untergang des Dorfes im Jahr 1945, als fast alle Häuser unbrauchbar wurden, erhalten.

Die Masttrafostation Mitte in Haustenbeck verlegte Wesertal im Jahr 1948 in ein betoniertes Trafohäuschen bei dem ehemaligen Gehöft Eikermann Nr. 1, am Eingang des Tötken. Hieran war auch die Beleuchtung des Haustenbecker Turmes angeschlossen.

Durch Schießübungen besonders gefährdet, wurde im Jahr 1950 die oberirdisch geführte Mittelspannungsleitung von Augustdorf nach Haustenbeck und weiter bis zum Roten Bach durch ein 6.000-Volt-Erdkabel ersetzt. Metall-

schilder mit der Aufschrift „6.000 Volt“ und versehen mit dem Blitz-Zeichen kennzeichneten in Abständen den Trassenverlauf des Kabels als Vorsichtsmaßnahme für übende Truppen.
Trotzdem kam es in den Folgejahren immer wieder zu Beschädigungen und dadurch bedingtem Stromausfall, wenn Panzer im Erdreich wühlten oder unkontrollierte Geschosse das Erdkabel trafen. Oft dauerten die Reparaturmaßnahmen mehrere Tage, an denen der Ort Oesterholz und die Randsiedlung Haustenbeck von der Stromzuführung ausgeschlossen waren.
Dieser unhaltbare Zustand fand sein Ende, als in den zwei Jahren 1966 bis 1967 von Wesertal ein neues Mittelspannungskabel von 10.000 Volt von Berlebeck über die Gauseköte nach Oesterholz verlegt und in Betrieb genommen wurde. Die Transformatorenanlagen an der alten Strecke Augustdorf-Haustenbeck wurden abgebaut, das 6000-Volt-Kabel wurde aufgegeben.
Zur Versorgung des Haustenbecker Turmes, der durch die Abschaltung der alten Zuführung nicht mehr an das elektrische Netz angebunden war, ließ die englische Kommandantur des Truppenübungsplatzes ein militäreigenes Erdkabel, ausgehend von Oesterholz, verlegen. Dieses Kabel wird mit einer Spannung von 800 Volt betrieben und vesorgt die Beleuchtung des Turmes und die auf dem Turm befindlichen Sirenen mit elektrischer Energie.

Ehemalige Trafostation in Haustenbeck, im Jahr 1948 erbaut, heute nicht mehr vorhanden. Im Hintergrund die Ruine der Kirche. Aufnahme: Mai 1987.

Mastfundament eines ehemaligen Gittermastes von Wesertal in Haustenbeck. Aufnahme: Mai 1987.

1958

Nur wenige Wochen nach dem Abbruch eines Fachwerkgebäudes an der Detmolder Straße, in dem einst der Hochzeitsbitter Strohdeicher lebte, wird im Januar/Februar in der Nachbarschaft ein weiteres Fachwerkhaus beseitigt. Friedrich Engelbracht und Amalia Gröne haben es 1829 bauen lassen. Lange, bis zum Anfang der 50er Jahre, ist es von der Familie Richtermeier bewohnt worden.

Litfaßsäulen gehören seit dem Jahre 1952 zum Ortsbild. Am 6. September 1952 beschloß der Gemeinderat einstimmig die Aufstellung an der Lippspringer Straße (vor dem Hause Wulfmeier), an der Schützenstraße/Ecke Lippspringer Straße, an der Straßenbahnweiche mitten im Ort, am Schlänger Bach (zwischen Sibille und Krieger), an der Hornschen Straße (Nähe Schomann), an der Detmolder Straße (Nähe Blanke) und an der Parkstraße beim Kindergarten.
In einer dunklen Nacht haben „böse Buben“ einen Anschlag auf den Fahrradständer der Gutberlet-Filiale verübt und ihn auf die Anschlagsäule am Schlänger Bach bugsiert. Kommentar des Ortspolizisten: „Das ist doch die Höhe!“

Aus dem Protokoll der Gemeinderatssitzung vom 25. März:
„Punkt 1: Beratung des Entwurfs für den Durchführungsplan Nr. 3 (Ortsmitte). ... Man kommt überein, daß die neue Straße (gemeint ist ein Stück der Bundesstraße 1) südlich des Gehöftes Huneke von der Hornschen Straße abbiegt, über die Turnhalle hinweg geführt wird und dann weiter die Grundstücke Müller und die ehemalige Judenkirche berührt. Über das Gehöft Lüning soll sie dann in die Lippspringer Straße einmünden.
Die Bündelung der Lindenstraße, Parkstraße und Rosenstraße mit dem Ziel, nur eine Einfahrt auf die Lippspringer Straße zu schaffen, erfordert eine Beseitigung des jetzigen Hauses Mense an der Lindenstraße, des Schuppens des Herrn Richtermeier an der Parkstraße. Weiterhin muß das Haus der Erbengemeinschaft Lüning an der Lippspringer Straße beseitigt werden ...
Die Bebauung des Lüningschen Geländes soll einer späteren Regelung überlassen bleiben...“
Wird der Entwurf realisiert, bedeutet dies auch das Ende des Bauernhauses Lüning mitten im Dorf. Das Foto ist kurz vor der Erneuerung des Giebels entstanden.

Der Schulneubau in Schlangen: Stand der Bauarbeiten im August 1958. Gemeindedirektor Winter: „Man hat den Schulneubau als Palast bezeichnet und wollte damit wohl der Meinung Ausdruck geben, daß man zu aufwendig baue. Wir wären aber richtige Schildbürger, wenn wir einen Neubau nicht so ausführen würden, daß er neuzeitlichen Ansprüchen vollauf genügt."
Rektor Nebel: „Diese Schule wird gebaut für die Gegenwart und ist geplant für die Zukunft."

Die Toten werden nach alter Tradition im häuslichen Bereich aufgebahrt und in Begleitung der Trauernden mit einem Leichenwagen zum Friedhof gefahren.
Im Kirchenvorstand und im Gemeinderat wird über den Bau einer Friedhofskapelle debattiert.

Lina Penke, geb. Huneke, beim Melken. Zahlreiche Landwirte setzen bereits Melkmaschinen ein. Zum ersten Male kamen Schlangener Kühe 1951 mit einer Melkmaschine in Berührung. Es waren die Kühe des Landwirts Fritz Schomann.

Auf den Feldern des Landwirts Paul Ebert ist der erste hofeigene Mähdrescher Schlangens im Ernteeinsatz. Die Maschine, hergestellt von der Firma Claas in Harsewinkel, wird von einem Traktor gezogen. Über den ersten Mähdrescher Schlangens verfügt seit 1957 der Lohndreschunternehmer Mense.
Erstmals in der Geschichte des Dorfes wurde Anno 1955 ein Mähdrescher (aus dem Paderborner Land) in größerem Umfang bei der Ernte eingesetzt.

1958

Als am 18. August 1904 ein großer Teil Schlangens niederbrannte, waren es in der Hauptsache Fachwerkhäuser, die den Flammen zum Opfer fielen. Durch Brände in den nachfolgenden Jahren sind weitere Fachwerkbauten aus dem Ortsbild verschwunden. In der Rosenstraße ist noch ein Stück Alt-Schlangen erhalten geblieben (an anderen Straßen ebenfalls). Die Hausbesitzer heißen Schmidt, Neese und Rebbe.

Am 21. Mai 1955 berichtete die Freie Presse: „Im Zuge der Bautätigkeit ist wiederum eine neue Straße entstanden. Da sie in der Nähe des Sportplatzes liegt, wurde sie auf den Namen des Turnvaters Jahn getauft. Die neue Straße hat bereits eine feste Packlage erhalten. Auch das erste Einfamilienhaus konnte gerichtet werden. Die Arbeiten an vier weiteren Bauten sind an der Jahnstraße im Gange ...“
Im August 1958 kann man an der Jahnstraße 18 neue Häuser zählen. Aus einem Rohbau an der Alten-Rothe-Straße hat der Fotograf die Westseite der Jahnstraße aufgenommen.

Gemeindedirektor Winter betonte in einer Ratssitzung am 6. August 1955: „Das A und O bleibt die Ansiedlung von Industrie. Dieses Ziel darf nie aus den Augen gelassen werden."
Über eine Besprechung des Leitplanes wußte die Lippische Landes-Zeitung am 11. Februar 1957 mitzuteilen: „Mit Rücksicht darauf, daß 706 Erwerbspersonen außerhalb der Gemeinde Schlangen ihrer Arbeit nachgehen müssen, wurde der Frage der Industrieansiedlung besonders große Beachtung geschenkt."
Das intensive Bemühen, Industriebetriebe nach Schlangen zu holen, läßt sich in zahlreichen Dokumenten verfolgen.
Am 25. Mai 1958 wird der erste Spatenstich für den Bau einer Industrieanlage an der Schützenstraße ausgeführt. Die Wuppertaler Bandweberei Friedrich Graf Söhne errichtet ein Zweigwerk in Schlangen. Für die Erd-, Maurer- und Stahlbetonarbeiten sind die Schlangener Firmen Haase und Göbel zuständig. In der Turnhalle des VfL werden bereits Maschinen aufgestellt und Bandweber ausgebildet. Am 1. Oktober können die neuen Räumlichkeiten bezogen werden. Zunächst finden 30 Mitarbeiter Beschäftigung.

1958

Walter Völler, geboren 1934 in Köln, lebt seit November 1945 in Schlangen, turnt seit 1949 im VfL und hat in zahlreichen Wettkämpfen hervorragende Leistungen gezeigt. 1958 wird er zum dritten Male Lippischer Kunstturnmeister. Bei den Westfalenmeisterschaften belegt er den dritten Platz. Mit dem Wechsel zur Turngemeinde Detmold hält die Serie seiner Erfolge an.

An der Lindenstraße ist das vierte durch die Lippische Wohnungs- und Siedlungsgenossenschaft errichtete Acht-Familienhaus Schlangens entstanden. Bei der großen Nachfrage nach preisgünstigem Wohnraum fällt die schlichte Bauweise wenig ins Gewicht.
Die Genossenschaft hat auch die Finkenkrug-Siedlung gebaut. Hier wurde das erste Haus im Juli 1950 gerichtet.

Auf dem Weg von Baum zu Baum. Wie in jedem Jahr werden die Äpfel der Straßenbäume versteigert. Als Auktionator fungiert der Gemeindeangestellte Adolf Rügge.

Nach dem Protokoll wies Gemeindedirektor Hans Winter in der Ratssitzung am 23. September 1953 bereits darauf hin, daß das Problem der Abwasserbeseitigung ebenso dringend sei wie das Schulbauprojekt. Weiter heißt es wörtlich: „Die Anlieger der Lippspringer-, Detmolder-, Rosen-, Park-, Bad-, Linden- und Bruchstraße sollen schon jetzt darauf hingewiesen werden, daß innerhalb einer Frist von zwei bis drei Jahren mit dem Kanalisationsprojekt begonnen werden müsse und daß dann entsprechende Anliegerkosten entstehen.“
Aus der Niederschrift über die Sitzung am 24. April 1958: „Der Gemeinderat nimmt den Kostenanschlag für die Kanalisation zur Kenntnis. Die Kosten werden insgesamt 975000 DM betragen. Von den über 500 vorhandenen Häusern werden etwa 300 an die Kanalisation angeschlossen.“
Am 23. August beschließt der Gemeinderat über die Vergabe der Aufträge für den Bau der Kanalisation und der Kläranlage.
Wenige Tage später beginnt die Firma Schellin-Kaiser aus Knetterheide mit den Kanalisationsarbeiten.

Am 23. August kommen die Mitglieder des Gemeinderates überein, den Auftrag für den Bau der Kläranlage dem Unternehmer Heinrich Brinkmann, Oesterholz-Haustenbeck, zum Angebotspreis von 140642,95 DM zu erteilen. Die Anlage an der unteren Schützenstraße ist für eine Einwohnerzahl von 4000 konzipiert worden.
November: Die Arbeiter sind mit der Erledigung ihres nicht alltäglichen Auftrages gut vorangekommen. Zehn Meter tief stößt der Beton-Hohlkegel der Kläranlage in den Boden. In ihm werden Schlammfaulkammern ihren Platz finden. Acht Pumpen saugen bei Tag und Nacht das Grundwasser ab.

Erika Varchmin

1945: Die Amerikaner kommen ins Dorf

Es war in den ersten Tagen des April 1945. Ich war mit dem Fahrrad ein paar Tage nach Barntrup gefahren zu Hauptmeiers, zu meinen guten Freunden. Auf dem Rückweg nach Schlangen - Heinrich Hauptmeier begleitete mich - kamen uns zwischen Bärental und Kohlstädt viele Menschen entgegen, in Autos, mit Handwagen, mit dem Fahrrad ... Wir fragten: „Was ist los?“ „Die Front ist bei Paderborn“, war die Antwort. So nahe hatten wir die Front nicht erwartet. Wir beeilten uns, erreichten unangefochten unser Haus in Schlangen, Heinrich blieb die Nacht über bei uns. Er erzählte nachher, er hätte mit meiner Mutter nachts in unserem Garten allerlei Wertsachen vergraben. Früh am Morgen verließ er uns und kehrte nach Barntrup zurück. Wir alle im Hause Vollmer: Mutter, Tante Marie, Erna, Klein-Rainer, Klein-Elke und ich. Wir warteten auf das, was nun wohl auf uns einstürmen würde.

Am Abend kam Emil Deck zu uns, er war Panzersoldat - der letzte in Schlangen. Er hatte unser Radio repariert, daher kannten wir ihn.

Draußen war es sehr ruhig geworden, und er meinte, die Amerikaner würden wohl am nächsten Morgen ins Dorf kommen. Ob er bei uns bleiben dürfe. Es könnte auch sein, daß sie ihn in der Schule im Schlaf überraschen könnten. Er möchte nicht in Gefangenschaft kommen. Einen Zivilanzug besorgte er sich bei anderen Schlängern, denen er auch mal geholfen hatte. Der andere Morgen kam. Wir saßen alle um den Kaffeetisch, da sprang er plötzlich auf und rief: „Das ist kein deutsches Motorengeräusch! Das sind die Amis!“ Als wir aus dem Fenster sahen, fuhr gerade ein Jeep vorbei. Ein Panzer nahm neben unserem Haus, in Brenkers Einfahrt, Aufstellung, das Rohr auf die Parkstraße gerichtet. Wir hingen als erstes ein weißes Bettlaken aus unserem Bodenfenster.

Emil Decks Uniform verbargen wir unter dem Holzstoß hinter dem Haus.

Ich machte mich auf den Weg zur Werkstatt Solle, um sie zu fragen, ob Deck in der Reparaturwerkstatt arbeiten könne. Er wurde mit Freuden aufgenommen. Kurz blieb noch alles ruhig, dann mußten Brenkers als erste ihr Haus verlassen, die Soldaten besetzten es. Dann kamen auch andere Häuser dran und schließlich auch wir. In einer halben Stunde mußten wir alles im Stich lassen. Als mir beim endgültigen Verlassen unseres Hauses ein paar Tränen kamen, fuhr Mutter mich an: „Laß das, die freuen sich ja nur darüber.“ Sie nahm unsere alte Schiebkarre, setzte ihre beiden kleinen Enkelkinder, Elke und Rainer, darauf und fuhr über die Straße auf Fleege-Althoffs Haus zu. Die beiden Kinder strahlten, daß Oma sie auf diese Weise fuhr. Bei Fleege-Althoffs schafften wir alle Sachen ins Haus und hofften, dort für die Nacht unterzukommen.

Schon kamen neue Amerikaner und warfen uns auch hier raus. Wir versuchten, unsere Betten und weitere Sachen aus dem Haus zu bringen. Als alles draußen war, sagte der Kommandant zu seinen Soldaten: „Einräumen!“ Und alles mühsam Geschleppte wurde wieder hineingebracht. Eine Tante lag auf der Straße und bekam einen Schreikrampf. Ich wollte mich um sie kümmern, da herrschte Mutter mich an: „Laß sie schreien, hilf uns lieber!“ Auf einmal entdeckten wir, daß ein Kind fehlte. Erna stellte fest, daß Klein-Rainer nicht da war. Aber die amerikanischen Soldaten gaben uns das schlafende Kind gleich heraus. Wir blieben über Nacht mit etwa 30 Personen im alten Trachtschen Haus. Wir lagen eng beieinander in unsere Mäntel gehüllt auf dem Fußboden.

Blick aus der (ehemaligen) Einmündung der Lindenstraße in die Hauptstraße auf das Haus Vollmer. Links daneben ist der Erker des Gebäudes Brenker und im Hintergrund das Haus Becker zu sehen. Ein Foto aus den fünfziger Jahren.

Am anderen Morgen bekam ich Order vom Gemeindebüro, sofort dort zu arbeiten. Tante Martha sagte gleich: „Geh bloß. Du bist wohl die einzige, die für uns alle Geld verdienen kann!“

Tante Marie hatte andere Sorgen. Sie kochte für alle 30 Personen in der kleinen Küche Erbsensuppe. Alle Lebensmittel, die sie brauchte, darunter auch ein Stück Speck, hatte sie im uralten hohen Kinderwagen versteckt. Im Laufe des Tages gingen wir beide in die Nähe von Vollmers Haus. Mal sehen, was sich dort tat. Alles ruhig. Die Haustür offen, kein Mensch im Haus, „Los“, sagte Tante Marie, „ich bleibe hier, hol die Kinderwagen!“ Wir stellten sie - drei waren es - hintereinander im Flur auf. Nach einiger Zeit kamen neue Soldaten, wollten ins Haus. Ich habe mich versteckt, aber Tante ging an die Tür und zeigte auf die Kinderwagen und flehte um Rücksicht. Sie fand wohl die richtigen Worte und machte die richtige Miene dazu - die Soldaten zogen ab, und wir hatten unser Haus wieder. Wenn wir auch immer in Sorge waren, daß wir es mal wieder verlassen mußten. Die Kinderwagen blieben jedenfalls alle unten im Flur stehen.

Heinz Wiemann

Erinnerungen an die Konfirmation im Jahre 1948

1948 - Nachkriegszeit: Am 21. März fand die Einsegnung der in der Mehrzahl 1933/1934 geborenen Konfirmandinnen und Konfirmanden aus Schlangen, Kohlstädt und Oesterholz statt.
Am 20. September 1998 feierten die Konfirmandinnen und Konfirmanden des Jahres 1948 ihre Goldene Konfirmation. Aus diesem Anlaß wurden im Juli 1998 Erinnerungen an die Konfirmation vor 50 Jahren protokolliert.

Erich Heuwinkel (geboren in Haustenbeck):
Wir wohnten damals in der Randsiedlung Haustenbeck Nr. 71 auf dem ehemaligen Hof Kalkreuter. Der Schulbetrieb in der für uns zuständigen Schule Oesterholz war im November 1944 eingestellt worden. Anfang 1946 begann der Unterricht wieder. Zum Vorkatechumenen-Unterricht mußten wir Haustenbecker und Oesterholzer 1945 den 5 Kilometer langen Weg nach Schlangen zurücklegen - zu Fuß oder mit dem Fahrrad. Eines Tages, als Willi Bierwirth und ich unterwegs zur Kirche in Schlangen waren, haben uns entlassene Zwangsarbeiter die Fahrräder einfach weggenommen.
Während des Unterrichts saßen wir vorn in den Kirchenbänken. Den Vorkatechumenen-Unterricht erteilte Schwester Emmi. Sie war eine Diakonisse und trug den Hausnamen Habel. Als Katechumenen versammelten wir uns dann zu über 80 Schülerinnen und Schülern im Konfirmandensaal in Schlangen. Hier hatte Pastor Hammel das Sagen. Es wurde streng auf Disziplin geachtet. Zum Konfirmandenunterricht 1947/48 kam Pastor Reichardt nach Oesterholz. Die Unterweisung fand zunächst in der Wohnung unserer Mitschülerin Ursula Schierenberg und dann im Schulgebäude - jeweils nach dem Unterricht - statt. Zur Prüfung am Sonntag vor der Konfirmation war die Kirche voll; viele Besucher mußten stehen. Meinen Konfirmationsanzug hat Schneider Bornefeld in Oesterholz genäht. Den Stoff hatten meine Eltern im Tauschverfahren gegen Naturalien bekommen. In der Nachkriegszeit stellten sich ja entfernte Verwandte aus entferntesten Orten ein, um an Lebensmittel zu gelangen. Der Tauschhandel blühte. So war ich auch zu nagelneuen hohen Schuhen aus Duisburg gekommen. Zur Konfirmation mußte ich gebrauchte Schuhe anziehen. Meine Eltern meinten: „Was sollen die Leute denken, wenn du plötzlich in so schönen neuen Schuhen daherkommst!“ Eine rot-weiß gestreifte Krawatte lieh mir mein Onkel aus.
Was ich zur Konfirmation geschenkt bekommen habe, war nicht toll. Ich habe es vergessen - bis auf ein kleines Buch aus der Nachbarschaft.
Übrigens: Das Konfirmandenfoto haben wir erst im Juni erhalten. Wenige Tage nach der Währungsreform wurde es uns zum Kauf angeboten.

Luise Gingert, geb. Mense (geboren in Schlangen):
Ich hatte zur Prüfung ein besonderes Kleid und außerdem ein Konfirmationskleid. Das „Prüfungskleid“ gehörte ursprünglich meiner älteren Schwester Else. Es war verändert worden, so daß es mir paßte. Seine Farbe war kornblumenblau. Das schwarze Konfirmationskleid war zunächst ein ganz normales Kleid, das uns Verwandte aus Amerika geschickt hatten. Es wurde zu meiner Konfirmation umgenäht. Die Seidenstrümpfe, die ich anziehen durfte, gehörten meiner Mutter.
Was die Frisuren der Mädchen angeht: Die meisten Mädchen trugen Zöpfe, und viele durften sie erst abschneiden, nachdem sie ein Jahr aus der Schule

Konfirmandinnen und Konfirmanden des Jahres 1948 aus Schlangen, Kohlstädt und Oesterholz. Das Foto ist nach der Prüfung am 14. März 1948 entstanden.
Obere Reihe (von links): Heinz Reese (Oe. = Oesterholz), Karl Krüger (S. = Schlangen), Gerhard Prante (S.), Egon Hamm (Oe.), Helmut Nagel (S.), Reinhard Göbel (S.), Walter Göbel (S.), Herbert Richts (S.), Reinhard Albert (S.), Reinhard Sonnenberg (S.), Werner Märtens (S.), Volker Knoerich (S.), Reinhard Ostmann (S.), Werner Czunczeleit (K. = Kohlstädt), Peter Hanke (S.), Rudi Bembenneck (S.), Edgar Schäfer (S.), Willi Bierwirth (Oe.), Helmut Polaceck (S.), Jürgen Pempeit (S.).
Zweite Reihe: Rudolf Schulze (S.), Ernst Stenzel (S.), Theodor Schupp (K.), Berthold Sonnenberg (K.), Wilhelm Temme (K.), Heinrich Wulfkuhle (K.), Albert Leimkühler (S.), Karl Bollhöfer (S.), Horst Büker (Oe.), Kurt Rose (Oe.), Klaus Rupp (S.), Erwin Ostmann (S.), Friedrich Ostmann (S.), Wolfgang Biere (Oe.), Fritz Dreier (K.), Erich Heuwinkel (Oe.), Heinz Steinmetz (S.), Hermann Geise (K.), Heinz Geise (K.), Herbert Born (S.), Sieglinde Grimmeck (S.), Anneliese Lorenz (S.).
Dritte Reihe: Heinrich Richtermeier (S.), Marlies Sibille (S.), Gisela Kraft (S.), Ruth Pippig (S.), Lisel Bödeker (K.), Erika Dreier (S.), Margret Benkelberg (S.), Magdalene Kuhlmeier (K.), Elisabeth Büttner (K.), Ursula Schierenberg (Oe.), Lisa Bollhöfer (K.), Elfriede Koch (K.), Pastor Friedrich Reichardt (S.), Luise Grote (K.), Hilde Walter (K.), Elisabeth Tölle (K.), Renate Walter (K.), Anneliese Hattebuhr (S.), Gerda Nolting (S.), Hannelore Both (S.), Luise Blanke (S.), Helga Schmidt (S.), Else Schlüter (S.), Adelheid Columbus (S.), Erika Krämer (S.), Karola Müller (S.).
Vordere Reihe: Rosemarie Klöpping (S.), Hilde Runte (S.), Hanna Huneke (S.), Edeltraud Richts (K.), Renate Kachlock (K.), Henny Schröder (K.), Gertrud Baisch (Oe.), Brunhilde Röhe (Oe.), Ingeborg Nitschke (S.), Anni Müller (S.), Ilse Hanselle (S.), Helga Kahlert (S.), Johanna Sommer (K.), Luise Reckemeier (Oe.), Hilde Walter (Oe.), Helga Gellert (S.), Änne Pfau (S.), Luise Mense (S.).

heraus waren.
Am Prüfungstage gab es nachmittags im Gasthof Sibille für uns Schlänger Mädchen Kaffee und Kuchen. Nach dem Kaffeetrinken sind wir gemeinsam in das Lange Tal gewandert.
Die Konfirmation wurde zu Hause gefeiert. Was ich geschenkt bekommen habe, weiß ich nicht mehr. Es werden in der Hauptsache Taschentücher gewesen sein.

Marlies Schröder, geb. Sibille (geboren in Schlangen):
Im Rahmen des Katechumenen-Unterrichts hat Pastor Hammel mit uns Mädchen auf dem Bauerkamp eine Freizeit durchgeführt. Sie dauerte eine Woche lang. Morgens und abends mußten wir uns mit Mitgebrachtem selbst versorgen. Das Mittagessen wurde uns von Frau Hammel und Frau Gottschlich gekocht. Geschlafen haben wir auf Stroh, ich erinnere mich gern daran. Die meisten von uns erinnern sich gern an ihre Kindheit und Jugendzeit - trotz aller Widrigkeiten durch Krieg und Nachkriegszeit. Es waren erlebnisreiche Zeiten, und der Zusammenhalt unter uns war prima.
Für die Prüfung und die Konfirmation habe ich das gleiche dunkelblaue Kleid getragen. Für ein größeres Stück Speck war der Stoff auf einem besonderen Wege aus Bochum beschafft worden. Auf dem Bezugsschein meines Großvaters habe ich braune Sportschuhe bekommen. Die habe ich zur Prüfung angezogen, konnte sie aber schlecht zur Konfirmation tragen. Meine Cousine Gustel hat mir zur Konfirmation ihre schwarzen Schuhe ausgeliehen. Durch Beziehungen habe ich sogar Nylonstrümpfe bekommen.
Alle Schlänger Mädchen, die an der Prüfung teilgenommen hatten, kamen am Nachmittag des Prüfungstages zu uns in die Gastwirtschaft. Im Gesellschaftszimmer gab es Kaffee und Kuchen. Für die meisten war es der erste Bohnenkaffee. Damit Kuchen in der großen Menge gebacken werden konnte, hatten viele vorher Zucker und Butter beigesteuert.
Zur Konfirmation habe ich u. a. eine Sammeltasse, die nicht neu war, ein neues Tischtuch und ein Schmuckdöschen geschenkt bekommen. Das Schmuckdöschen habe ich besonders gut aufbewahrt.

Friedrich Ostmann (geboren in Schlangen):
Für die Prüfung mußten wir eine Menge aus dem Katechismus und aus dem Gesangbuch lernen. Pflicht war es auch für alle, die am Konfirmandenunterricht teilnahmen, jeden Sonntag zum Gottesdienst zu gehen. Der Pastor achtete sehr darauf. Aber auch die Eltern sorgten sehr dafür. Vom Altar aus gesehen saßen die Jungen rechts und die Mädchen links.
Für den Nachmittag des Prüfungstages hatten wir alle Schlangener Jungen, die geprüft worden waren, zu Kaffee und Kuchen zu uns eingeladen. Nachdem wir uns gestärkt hatten, sind wir „mit alle Mann“ zum Langen Tal gewandert und haben viel Spaß dabei gehabt.
Den Stoff für die Konfirmationsanzüge für meinen Bruder Erwin und mich hatten meine Eltern im Tausch gegen Lebensmittel irgendwoher bekommen. Geschneidert hat die Anzüge Schneidermeister Haase.
An ein Konfirmationsgeschenk kann ich mich besonders erinnern: an eine grünliche Brieftasche, die aus einem Stück Zeltplane hergestellt worden war. Geld haben mein Bruder und ich auch bekommen. Aber man konnte - so kurz vor der Währungsreform - nur wenig dafür kaufen.
Es ist außerdem eine große Zahl von Konfirmationskarten bei uns eingetroffen. Eine große Auswahl an diesen Glückwunschkarten hatten die Gratulanten damals nicht. Gedruckt waren sie auf einem etwas gräulich „angehauchten“ Karton, der nicht so fest war wie der Karton der heutigen Karten. Woran ich mich auch noch gut erinnere: Es war sehr schwer, Lehrstellen zu bekommen.

Lisa Wolf, geb. Bollhöfer (geboren in Kohlstädt):
Zum Katechumenen- und Konfirmandenunterricht sind wir von Kohlstädt aus zu Fuß über den Weinberg nach Schlangen gewandert - auch zum Gottesdienst. Oft sind wir zwischen den Straßenbahnschienen von Schwelle zu Schwelle gegangen; dann kam man schneller voran. Den Weg nach Schlangen und zurück machten wir bei jedem Wetter, im Sommer wie im Winter.
Auf der Brauerei wohnte eine Frau, bei der konnte man damals gegen Naturali-

en die verschiedensten Dinge bekommen. Die Frau ließ sich die bestellten Sachen von ihrer Tochter aus Amerika schicken. So habe ich für Butter und Speck auch cremefarbige Schuhe erhalten. Zur Prüfung konnte ich sie anziehen, aber nicht zur Konfirmation. Meine Großmutter fand noch ein Stück grünes Leder. Daraus hat mir der Schuster Paul Hofbüker an der Bergstraße Schuhe gemacht und schwarz eingefärbt.
Zu meinem Konfirmationskleid hat Mutter irgendwoher Stoff besorgt - schwarz mit weißen Tupfen. Dazu kam ein Stück schwarzer Stoff, den meine Großmutter beisteuerte. Und meine Tante Luise brachte schwarze Spitze von ihrem Brautkleid. So hat die Schneiderin Luise Geise mein Kleid aus drei Teilen zusammengenäht.
Nach der Prüfung sind wir Kohlstädter Konfirmandinnen und Konfirmanden durch das Dorf gewandert. Wilhelm Temme war mit seiner Ziehharmonika dabei, und so haben wir viel Spaß gehabt.
Meinen Konfirmationsspruch weiß ich natürlich noch auswendig. Es wurde auch unser Trauspruch.
Die Konfirmationsfeier fand in kleinem Kreis zu Hause statt. Die Patentanten gehörten selbstverständlich dazu.

Erika Ruth, geb. Dreier (geboren in Schlangen):
Während unserer Katechumenen-Freizeit auf dem Bauerkamp wurde natürlich in der Gaststube auch fleißig gesungen. Pastor Hammel dirigierte so temperamentvoll, daß er gegen eine Figur auf dem Zapfhahn stieß und diese zu Boden ging.
Die Prüfung wurde am 14. März 1948 durchgeführt, und die Konfirmation fand am Sonntag darauf, am 21. März 1948, statt.
Frau Nowack hatte mein Prüfungskleid besorgt. Es paßte aber nicht. So wurde mein Kleid auseinandergetrennt, und die Schneiderin, Frau Küper, setzte es aus 14 Teilen wieder zusammen.
Das Konfirmationskleid stammte von meiner Cousine Anni Hanselle. Später hat es eine weitere Konfirmandin zur Feier des Tages getragen.
In der Woche vor dem Konfirmationsgottesdienst haben wir Konfirmandinnen und Konfirmanden das Innere der Kirche geputzt und geschmückt. Die Kanzel erhielt eine Girlande aus Ilex-Blättern, die aus der Nähe der Externsteine geholt worden waren.
Zum Gottesdienst wurden wir von Pastor Reichardt aus dem Konfirmandensaal in die Kirche geführt. Nach der feierlichen Einsegnung sang die Gemeinde einen Choral. Während das Lied erklang, sind wir zu unseren Eltern gegangen, die natürlich am Gottesdienst teilnahmen. Gemeinsam mit unseren Eltern sind wir Konfirmandinnen und Konfirmanden dann zum Altar gegangen, wo das Abendmahl gereicht wurde.

Werner Czunczeleit (geboren in Ostpreußen):
Während des 2. Weltkrieges mußten meine Großmutter, meine Mutter, meine Schwester und ich aus Ostpreußen vor den Russen fliehen. Mein Vater war Soldat. Auf der Flucht mußten wir meine Großmutter und meine Mutter begraben. Im November 1947 sind wir nach Kohlstädt gekommen und haben im Haus Wulfkuhle (Bergstraße) eine Bleibe gefunden. Im Haus wohnte auch der Lehrer Busch. Ich war damals 15 Jahre alt, bin aber trotz meines Alters noch in Kohlstädt zur Schule gegangen. Am Konfirmandenunterricht brauchte ich nicht mehr teilzunehmen.
Am Nachmittag des Prüfungstages sind wir durch Kohlstädt gewandert. Wilhelm Temme war ein lustiger Kerl und hat außerdem mit seiner Ziehharmonika für Stimmung gesorgt.
Mein Vater hatte Beziehungen zu dem Inhaber eines Textilgeschäftes in Schlangen. So habe ich einen Konfirmationsanzug bekommen. Als ich mit dem Anzug einmal in den Regen geriet, ist der Stoff sehr stark eingelaufen.
Am Konfirmationstag gab es mittags bei uns Graupensuppe. Lehrer Busch hat mir einen Füllhalter geschenkt.

1959

Zur Eröffnung der Straßenbahnlinie Paderborn-Schlangen am 8. April 1911 meldete die Lippische Landes-Zeitung einen Tag später auf der Titelseite: „Das südliche Lippe, die alte Bischofsstadt Paderborn und das Paderborner Hinterland bis zur lippischen Grenze hatten den großen bedeutsamen Tag der Eröffnung der Straßenbahn Paderborn-Schlangen. Die Teilnahme der Bevölkerung an diesem Ereignis gab sich auf mannigfache Weise zu erkennen. In Schlangen empfand man, daß die Bewohner ein bemerkenswertes Ereignis zu feiern sich anschickten. Die Dorfstraßen waren aufs schönste durch Girlanden und Blumen und die Häuser durch reichen Flaggen- und Fahnenschmuck geziert ...“
Über die letzte Straßenbahnfahrt am 14. März berichtet das Westfälische Volksblatt am 16. März 1959 u. a.: „Auf dieser letzten Verbindung in den Minuten vor Mitternacht gab es keinen genauen Fahrplan mehr. Überall wurde der PESAG-Triebwagen mit seinem Anhänger angehalten, überall gab es Händeschütteln und ‚Schlücke' für Personal und Fahrgäste ... In der Straßenbahnergemeinde Schlangen gab es unbestritten einen Rekord. Hier drängten sich die Schaulustigen, und als die Bahn näherkam, wurden wehmütige Abschiedslieder angestimmt, die man auch unterwegs schon gehört hatte. Und dann sah man im Scheinwerferlicht der Schlangener Wagenhalle, welche Menschentrauben in und an den Straßenbahnwagen hingen. Es war ein Volksfest am Rande der Straßenbahnschienen, ein Volksfest allerdings ohne Rahmen. Denn keine der offiziellen Stellen, die bei der Eröffnung der Bahn durch ihre Vertreter große Reden hatten halten lassen, war vertreten ...“
Unser Foto entstand zu mitternächtlicher Abschiedsstunde vor der Wagenhalle in Schlangen.

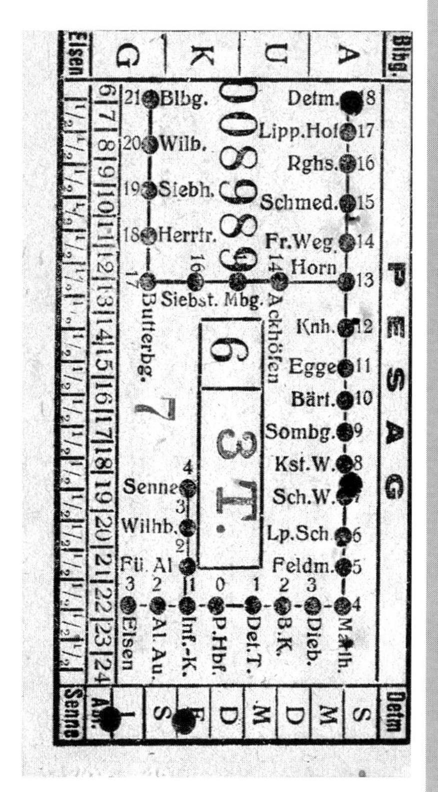

PESAG-Fahrschein

1959

Nur einen Tag ist die Straßenbahn aus dem Verkehr verschwunden, da wird auch schon damit begonnen, den Schienenstrang zwischen Schlangen und Paderborn zu entfernen. Auf der Hauptstraße fährt einer der Bundesbahn-Busse vorbei, die am 15. März die Elektrische sowie die PESAG-Busse auf der Strecke Paderborn- Schlangen-Detmold abgelöst haben.

„Eine begrüßenswerte Maßnahme des Volksbildungswerkes auf musischem Gebiet ist der ‚Singkreis für junge Mädchen', der in Zusammenarbeit mit dem Gesangverein Teutonia unter der Leitung des Chorleiters Martin Schmidt singen und musizieren wird." Mit dieser Ankündigung vor allem, veröffentlicht am 5. Oktober 1956 in der Tagespresse, beginnt die Geschichte der Akkordeongruppe des Volksbildungswerks.
Für die instrumentale Begleitung des Gesangs sorgten Schüler aus dem Privatunterricht des Musiklehrers - darunter auch Akkordeonspieler. Der Singkreis hat am 14. April 1957 - gemeinsam mit dem Gesangverein Teutonia - an einem Frühlingskonzert teilgenommen.
Die Zahl der Akkordeon-„Begleitmusiker" wuchs. Es entstand eine Akkordeongruppe, die vom Volksbildungswerk gefördert wird.
In einem Schülerkonzert am 18. April 1959 tritt die Akkordeongruppe zum ersten Mal öffentlich in Erscheinung (Foto). Der Singkreis und Akkordeonspieler aus Horn-Bad Meinberg wirken mit. Die Schlänger Akkordeongruppe wird von den Schlängern stürmisch gefeiert.

1948 war die Kettenfabrik Siepmann und Beckenbauer („Sibeck“) an der Waldstraße in Bad Lippspringe gegründet worden. Die Produktion von Fahrradketten stieß in den Jahren nach dem Weltkrieg auf eine steigende Nachfrage. Die Zeiten sind „fahrradfreundlich“ geblieben.
Die Firmeninhaber Hans Siepmann (links) und Friedrich Beckenbauer planten rechtzeitig für die Zukunft - und das recht erfolgreich mit den Verantwortlichen der Gemeinde Schlangen zusammen.

Zehn Jahre nach der Aufnahme der Produktion wurde an der Lippspringer Straße in Schlangen an einem neuen, größeren Fabrikations- und Verwaltungsgebäude gearbeitet. Für eine Weile waren die mächtigen Eisenbetonbögen der Dachkonstruktion zu sehen.
Als 1959 die ersten Fahrradketten in Schlangen hergestellt werden, sind rund 40 Mitarbeiter beschäftigt.

1959

Im Juni führt das Volksbildungswerk erneut eine pflanzenkundliche Wanderung mit dem Botaniker Dr. Paul Graebner durch. Zu den Teilnehmern gehört Konrektor Adolf Dröge (mit Sonnenbrille), der das Volksbildungswerk seit 1950 leitet.
Im Bereich der Erwachsenenbildung wird in Schlangen hervorragende Arbeit geleistet - und das seit 1946. In dem vom Rat der Gemeinde am 9. September 1948 verabschiedetete Statut heißt es: „Das Volksbildungswerk Schlangen dient der Förderung der Erwachsenenbildung in der Gemeinde auf breitester Grundlage. Es will ferner zur demokratischen Erziehung und Erneuerung des Deutschen Volkes beitragen."
Der Hunger auch nach „geistiger Nahrung" hat dazu geführt, daß das Volksbildungswerk mit seinem breit gefächerten und immer wieder aktualisierten Angebot in Schlangen Fuß fassen konnte.

Sonntagnachmittag an der Rosenstraße vor dem Haus Neese. Von links: Wilhelm Neese, Lina Neese (geb. Schlömerkämper), Friedrich Rebbe, Heinrich Schmaske, Inge Summer, Else Summer (geb. Neese), Marion Becker, Minna Schmaske (geb. Schulze) und Dieter-Willi Femmer.

Am Ende der fünfziger Jahre kann der größte Teil der Schlangener Landwirte eigene Trecker einsetzen, wenn auch nicht alles „treckergerecht" läuft. Ein Pferdewagen (hier ein Leiterwagen) hinter einem Bulldog ist kein seltenes Bild. Die Aufnahme ist vor dem Hof Krome im „Oberdorf" entstanden. Übrigens: Trecker sind gekommen - und Pferde sind auf den meisten Höfen geblieben (hier und dort allerdings in reduzierter Anzahl). Zu den Gründen gehören eine natürliche Skepsis (Wird der Traktor halten, was die Prospekte versprechen?), das Fehlen von auf Trecker „zugeschnittenen" Arbeitsgeräten, Befürchtungen, den Acker plattzufahren und die auf den kleinen Flächen der „kleinen Leute" mit Pferden besser zu bewerkstelligenden Auftragsarbeiten.

Anno 1852 wurden in Schlangen 237 Ziegen gehalten. 1900 waren es 670 und 1959 meckern immerhin noch über 200 Ziegen in rund 150 Ställen. Hermann und Luise Nolte an der Rosenstraße haben ihre besondere Freude an zwei prächtig gediehenen Ziegen - trotz oder wegen ihrer ungewöhnlichen Schwäche.
Die beiden Tiere sind ganz aus dem Häuschen, wenn ihr Besitzer mit einer rauchenden Zigarre in den Stall kommt. Die Ziegen schnuppern genüßlich und können von dem Qualm nicht genug bekommen. Sie springen mit den Vorderbeinen auf den oberen Rand der Futterraufe, um möglichst viel vom Tabaksduft zu inhalieren.

1959

Bürgermeister Köster während seiner Ansprache zur Schuleinweihung am 5. September. Friedrich Köster, 1908 in Dortmund geboren, seit 1950 Mitglied der SPD, wurde in der Sitzung des Gemeinderates am 10. November 1956 in sein Amt gewählt (Wiederwahl am 30. Oktober 1958). „Herr Bürgermeister Köster ist ein energischer, zielstrebiger Mann und von enormem Fleiß. Die eigentliche Aufschwungperiode setzte erst ein, als er zum Bürgermeister gewählt wurde.“ (Gemeindedirektor Winter)

Gemeindedirektor Winter am Abend der Schuleinweihung am 5. September inmitten der feiernden Gemeinde. Hans Winter, 1920 in Bad Salzuflen geboren, wurde am 29. März 1947 zum Gemeindedirektor gewählt. Er hat sich in starkem Maße für den Schulneubau eingesetzt und hat auch sonst, nicht zuletzt dank seines diplomatischen Geschicks und seiner Standfestigkeit, mancherlei Erfolge aufzuweisen.

Am 19. September ist in der Freien Presse zu lesen: „Der alte Brunnen Concordia am Gasthaus Zur Rose in Schlangen ist in diesem trockenen Sommer ein ausgesprochener Retter in der Not. Seit zwei Wochen fahren hier Landwirte der Gemeinde täglich mit großen Jauchetonnen vor, um Wasser für das Vieh auf den ausgedörrten Weiden zu holen. Oft gibt es lange Warteschlangen auf dem Gelände des Gasthofes, und es mußten schon Wartezeiten bis zu anderthalb Stunden in Kauf genommen werden ...“

Als am 28. August 1954 der Hochbehälter auf dem Weinberg eingeweiht wurde, gratulierten alle beteiligten Behördenvertreter der Gemeinde Schlangen, „daß das Wasserversorgungsproblem nun endgültig seine Lösung gefunden habe“. Schlangen wurde jetzt aus Kohlstädt und Oesterholz mit Trinkwasser versorgt. Doch am 13. September - mitten in einer ungewöhnlichen Trockenperiode - setzte die Wasserzufuhr aus Kohlstädt plötzlich aus, die Wasserleitungen im „Oberdorf“ waren leer. Die Feuerwehr half. Sie pumpte aus einem Bohrloch im Saggen das kostbare Naß in die Wasserrohre.
Am 26. November meldete die Lippische Rundschau: „Für die Wasserpumpstation im Saggen, die seit mehreren Wochen bereits unter einem behelfsmäßigen Zeltdach arbeitet, ist jetzt ein kleines Häuschen geschaffen worden, das sich mit seinem roten Dach gut in das Landschaftsbild einfügt. Die Maurerarbeiten sind abgeschlossen, und nun sind die Handwerker dabei, die Inneneinrichtung zu schaffen. Die neue Pumpstation macht Schlangen von der Wasserversorgung aus Kohlstädt unabhängig.“
Im Vordergrund ist ein Teil der provisorischen Pumpanlage zu erkennen.

Anmerkungen, Quellen, Literatur, Abbildungsnachweise

Ernst Th. Seraphim
Die Eigenart der Sennelandschaft bei Schlangen unter besonderer Berücksichtigung ihrer Flora und Vegetation

Quellen:

1 Göbel, W. (1992): Der Truppenübungsplatz Senne, Entstehung und Erweiterung. - In: U. Piesczek (Herausgeber): Truppenübungsplatz Senne. Zeitzeuge einer hundertjährigen Militärgeschichte. Chronik, Bilder, Dokumente, S. 16 - 107. - Paderborn (Bonifatius).

2 Ellenberg, H. u. a. (1992): Zeigerwerte von Pflanzen in Mitteleuropa - Scripta Geobotanica XVIII, 2. verbess. u. erweit. Auflage.

3 Schriftenreihe der Landesanstalt für Ökologie, Bodenordnung und Forsten/Landesamt für Agrarordnung (LÖBF, ehemals LÖLF) Nordrhein-Westfalen.
   a) Band 4: Rote Liste der in Nordrhein-Westfalen gefährdeten Pflanzen und Tiere, 2. Fassung (1986),
   b) Band 7: Florenliste von Nordrhein-Westfalen, 2. Auflage (1988),
   c) Band 10: Florenliste von Nordrhein-Westfalen, 3. verbess. u. erweit. Aufl. (1996).

4 Hohenschwert-Heuwinkel, F. (1969): Erdgeschichte, Landschaftsentstehung und Besiedlung der Senne am südlichen Teutoburger Wald. - In: H. Wiemann (Herausgeber): Lanchel, Colstidi, Astanholte. Beiträge zur Geschichte der Ortschaften Schlangen, Kohlstädt, Oesterholz, Haustenbeck, S. 15 - 50. - Detmold (Topp & Möller).

Abbildungen:

Walter Göbel: 16.
Peter Rüther: 8.
Ernst Th. Seraphim: 10, 14, 15.
Paul Theurich: 12.

Heinz Wiemann
Schlangen in den fünfziger Jahren

Anmerkungen:

Die Texte zu den Fotos beruhen im wesentlichen auf Protokollen der Sitzungen des Gemeinderates, Berichten der lippischen Tageszeitungen „Freie Presse", „Lippische Rundschau" und „Lippische Landes-Zeitung" sowie mündlichen Mitteilungen.
Allen Zeitzeugen, die mit Fotos und Informationen einen Beitrag geleistet haben, sei herzlich gedankt.

Abbildungen:

(Abkürzungen: L=Leihgeber, Leihgeberin, Fotograf unbekannt, o = oben, u = unten, l = links, r = rechts)

Ilse Altrogge (L): 92 r, 127 r.
Willi Benkelberg: 56 o, 57 o, 58 u, 74, 77, 94 o, 110 u, 111 u, 125 u, 137.
Bruno Bieberneit (L): 82 u.
Erwin Buchholz (L): 55 r.
Karlheinz Budde: 140.
Alfred Dirscherl: 21 u, 79 o, 82 o.
Alfred Dirscherl (L): 55 l.
Tankstelle Dreier: 79 u.
Paul-Ernst Ebert: 155 u.
Friedhelm Ellerbrok (L): 138.
Günter Ellerbrok (L): 80 l.
Willy Femmer: 109 u, 111 o, 170 u.
Heinrich Fleege: 35 o, 114 u, 139 o.
Reinhard Göbel: 113 r.
Reinhard Göbel (L): 125 o.
Walter Göbel: 92 l.
Heinrich Haase (L): 81 u.
Berta Hanke (L): 35 u, 59 u.
Peter Hanke: 109 o.
Willi Hanselle (L): 38 o.
Gottfried Hilgerdenaar: 59 o, 81 o, 94 u.
Friedrich-Wilhelm Huneke: 80 r.
Ellen Junk (L): 39 r.
Wilhelm Keiser (L): 110 o.
Franz Kirschfink (L): 139 u.
Berta Kluge (L): 54 u.
Herbert Klöpping: 114 o.
Wilhelm Klöpping (L): 56 u.
Heinrich Krieger (L): 25 o.
Birgit Lücking (L): 126.
Hanna Lüning (L): 39 l.
Anni Mehler (L): 37 u.
Hermann Nolte: 171 u.
Walter Penke: 155 o.
Marie Rebbe (L): 25 u.
Walter Reese (L): 21 o.
Günther Rekemeier: 24, 57 u, 91, 97 o.
Luise Roth (L): 97 u.
Elfriede Schäfer (L): 113 l, 157.
Gustel Schäferjohann (L): 22.
Helga Schmidt (L): 19, 76.
Elmar Siepmann (L): 169.
Walter Steffens: 23, 36, 95 o, 96, 124.
Walter Tegeler: 78 o.
Heinz Varchmin (L): 20.
Paul Vogel (L): 115.
Lilli Wetzig (L): 112.
Heinz Wiemann: 18, 53 u, 90, 123, 127 l, 128, 141 r, 142 u, 143, 152, 153, 154 o, 156, 158, 159, 160, 167, 168, 170 o, 171 o, 172, 173.
Sammlung Wiemann: 38 u, 53 o, 54 o, 58 o, 75, 78 u, 93, 95 u, 154 u, 158 o.

Frank Huismann
Die Entstehung von Schlangen, Kohlstädt und Oesterholz im Frühmittelalter

Anmerkungen:

1 Zur Ur- und Frühgeschichte der Gemeinde Schlangen vgl. F. Hohenschwert-Heuwinkel: Erdgeschichte, Landschaftsentstehung und Besiedlung der Senne am südlichen Teutoburger Wald, in: H. Wiemann (Hrsg.): Lanchel, Colstidi, Astanholte: Beiträge zur

Geschichte der Ortschaften Schlangen, Kohlstädt, Oesterholz, Haustenbeck. Schlangen 1969, S. 15-50, hier S. 30.

2 Dazu F. Hohenschwert (Bearb.): Der Kreis Lippe II (= Führer zu archäologischen Denkmälern in Deutschland; Bd. 11). Stuttgart 1985, S. 206 ff.

3 Ausführlicher W. Rösener: Bauern im Mittelalter. München 1985, S. 21 ff.

4 W. Winkelmann: Frühgeschichte und Frühmittelalter, in: W. Kohl (Hrsg.): Westfälische Geschichte Bd. I. Düsseldorf 1983, S. 187-230, hier S. 197.

5 G. Spitzbart (Hrsg.): Beda der Ehrwürdige - Kirchengeschichte des englischen Volkes (= Texte zur Forschung; Bd. 34). Darmstadt 1982, S. 462. Vgl. auch W. Winkelmann: Frühgeschichte (wie Anm. 4), S. 217.

6 Vgl. E. Kittel: Heimatchronik des Kreises Lippe (= Heimatchroniken der Städte und Kreise des Bundesgebietes; Bd. 44). 2. Aufl. Köln 1978, S. 29 ff.

7 M. Balzer: Grundzüge der Siedlungsgeschichte (800-1800), in: W. Kohl (Hrsg.): Westfälische Geschichte Bd. I. Düsseldorf 1983, S. 231-273, hier S. 233.

8 Vgl. z.B. F. Brand: Ländliche Siedlungen in Lippe - Gefüge und Struktur, Genese und Form, in: Stadt und Dorf im Kreis Lippe in Landesforschung, Landespflege und Landesplanung (= Spieker; Bd. 28). Münster 1981, S. 33-55, hier S. 47.

9 E. Treude: Karolinger- und ottonenzeitliche Scheibenfibeln aus Schlangen-Oesterholz, Kreis Lippe, in: Festschrift für Klaus Günther: Archäologische Beiträge zur Geschichte Westfalens (= Studia honoraria; Bd. 2). Rahden 1997, S. 249-258.

10 Dazu M. Balzer: Paderborn als karolingischer Pfalzort, in: Deutsche Königspfalzen: Beiträge zu ihrer historischen und archäologischen Erforschung Bd. 3 (= Veröffentlichungen des Max-Planck-Instituts für Geschichte; Bd. 11). Göttingen 1979, S. 9-85.

11 Annales regni Francorum - Die Reichsanalen, in: R. Rau (Hrsg.): Quellen zur karolingischen Reichsgeschichte Teil 1 (= Ausgewählte Quellen zur deutschen Geschichte des Mittelalters; Bd. 5). Darmstadt 1955, S. 47. Die Schlacht wird auch von Einhard erwähnt, vgl. Einhardi vita Karoli Magna - Einhard: Leben Karls des Grossen, in: ebenda, S. 177.

12 M. Balzer: Siedlungsgeschichte (wie Anmerkung 7), S. 237.

13 A. Gerke: Die Besuche der deutschen Könige und Kaiser in der Reichsabtei Corvey. Paderborn 1995.

14 Honselmann: Die alten Mönchslisten und die Traditionen von Corvey (= Abhandlungen zur Corveyer Geschichtsschreibung; Bd. 6). Paderborn 1982, S. 112, Nr. 172.

15 F. Tenckhoff (Hrsg.): Das Leben des Bischofs Meinwerk von Paderborn (= MGH SS rer. germ. in usum schol.; Bd. 59). Hannover 1921, S. 39.

16 So auch schon M. D. Sagebiel: Die mittelalterlichen Besitzverhältnisse in Schlangen, Kohlstädt und Oesterholz. Schlangen 1969, S. 61-96, hier S. 68. Vgl. auch E. Kittel: Heimatchronik (wie Anmerkung 6), S. 52.

17 Die Belege für Bevo und die Zeugen der Schenkung hat L. Schütte: Die alten Mönchslisten und Traditionen von Corvey Teil 2: Indices und andere Hilfsmittel (= Abhandlungen zur Corveyer Geschichtsschreibung; Bd. 6). Paderborn 1992, S. 175 zusammengestellt.

18 K. Honselmann (Hrsg.): Traditionen (wie Anmerkung 17), S. 185 f.

19 K. Schoppe: Sachsenkriege und Missionierung, in: H. Wiemann (Hrsg.): Die Kirche zu Schlangen 1978, S. 13-23.

20 U. Lobbedey: Grabung in der Kirche zu Schlangen, in: H. Wiemann (Hrsg.): Lanchel, Colstidi, Astanholte: Beiträge zur Geschichte der Ortschaften Schlangen, Kohlstädt, Oesterholz, Haustenbeck. Schlangen 1969, S. 97-98, hier S. 98 und derselbe: Eine Grabung und ihre Ergebnisse, in: H. Wiemann (Hrsg.): Die Kirche zu Schlangen. Schlangen 1978, S. 49-53.

21 F. Tenckhoff (Hrsg.): Meinwerk (wie Anmerkung 15), S. 39.

22 Ebenda, S. 62 f. Vgl. auch M. D. Sagebiel: Besitzverhältnisse (wie Anmerkung 16), S. 66 ff. Dort auch kurz die Entwicklung der Ortsnamen.

23 Druck der Urkunde ist zuletzt sehr ausführlich behandelt worden von J. Mundhenk: Forschungen zur Geschichte der Externsteine Bd. III (Lippische Studien; Bd. 8). Lemgo 1983, S. 79 ff.

24 J. Prinz (Hrsg.): Die Urkunden des Stifts Busdorf in Paderborn (= Veröffentlichungen der Historischen Kommission für Westfalen; Bd. 37). Paderborn. Nr. 1.

25 Vgl. M. Balzer: Untersuchungen zur Geschichte des Grundbesitzes in der Paderborner Feldmark (= Münstersche Mittelalter-Schriften; Bd. 29). München 1977, besonders S. 731.

Abbildungen:

Diözesanmuseum Paderborn: 29.
Lipp. Landesmuseum Detmold (J. Ihle): 27.

Frank Huismann
Die Burg in Kohlstädt

Anmerkungen:

1 Nach F. Hohenschwert (Hrsg.): Führer zu archäologischen Denkmälern in Deutschland Bd. 11: Der Kreis Lippe II. Stuttgart 1985, S. 215.

2 W. G. L von Donop: Historisch-geographische Beschreibung der Fürstlichen Lippischen Lande in Westphalen. Zweite verbesserte Auflage. Lemgo 1790, S. 135.

3 Dazu kurz F. Hohenschwert: Ur- und frühgeschichtliche Befestigungen in Lippe (= Lippische Studien; Bd. 4). Lemgo 1978, S. 168. Etwas ausführlicher bei G. Engel: Landesburg und Landesherrschaft an Osning, Wiehen und Weser. Bielefeld 1979, S. 33 f.

4 Zur Beschreibung der ganzen Anlage siehe F. Hohenschwert: Der Kreis Lippe II (wie Anmerkung 1), S. 215 ff.; derselbe: Befestigungen in Lippe (wie Anmerkung 3), S. 166ff.; H. Wiemann: Schlangen-Kohlstädt-Oesterholz-Haustenbeck: Bilder aus der Vergangenheit Bd. I. Schlangen 1986, S. 67ff.; W. Meyer/L. Nebelsiek/H. Kiewning: Die Ruine von Kohlstädt, in: Mitteilungen aus der lippischen Geschichte und Landeskunde 14/1933, S. 125-141.

5 Dazu W. Meyer/L. Nebelsiek/H. Kiewning: Ruine (wie Anmerkung 4), S. 127.

6 F. Hohenschwert: Die Burg Brake und die Gründung der Stadt Lemgo, in: P. Johanek/H. Stöwer (Hrsg.): 800 Jahre Lemgo:

Aspekte der Stadtgeschichte (= Beiträge zur Geschichte der Stadt Lemgo; Bd. 2). Herford 1990, S. 57-74.

7 H. Dietz: Burg und Stadt Rischenau (= Sonderveröffentlichungen des Naturwissenschaftlichen und Historischen Vereins für das Land Lippe: Bd. 31). Detmold 1981, besonders S. 184 und S. 196.

8 Ebenda, S. 196.

9 Vgl. dazu Ph. R. Hömberg: Die Burgen des frühen Mittelalters in Westfalen, in: Westfälisches Museum für Archäologie (Hrsg.): Hinter Schloß und Riegel: Burgen und Befestigungen in Westfalen. Münster 1997, S. 120-159; R. Langen: Die Bedeutung von Befestigungen in den Sachsenkriegen Karls des Großen, in: Westfälische Zeitschrift 139/1989, S. 181-211.

10 Zusammenfassend H. K. Schulze: Grundstrukturen der Verfassung im Mittelalter Bd. 2: Familie, Sippe und Geschlecht, Haus und Hof, Dorf und Mark, Burg, Pfalz und Königshof, Stadt. Stuttgart; Berlin; Köln; Mainz 1986, S. 90 f.

11 Die Urkunde ist unter anderem abgedruckt in: Westfälisches Urkundenbuch Additamenta, bearbeitet von R. Wilmans. Münster 1877, Nr. 24. Siehe auch Lippische Regesten, bearbeitet von O. Preuß und A. Falkmann. Lemgo; Detmold 1860-1866, Nr. 38 zum Jahr 1093. Zur Urkunde selbst und ihrem Inhalt ausführlicher H. Kiewning in: W. Meyer/L. Nebelsiek/H. Kiewning: Ruine (wie Anmerkung 4), S. 137 ff. Vgl. auch M. D. Sagebiel: Die mittelalterlichen Besitzverhältnisse in Schlangen, Kohlstädt und Oesterholz-Haustenbeck, in: H. Wiemann (Hrsg.): Lanchel - Colstidi - Astanholte. Detmold 1969, S. 61-96, hier S. 69.

12 Zu diesem Schluß kommt auch F. Hohenschwert: Befestigungen (wie Anmerkung 3), S. 170.

13 Zur Einordnung der Keramik vor allem W. Meyer / L. Nebelsiek / H. Kiewning: Ruine (wie Anmerkung 4), S. 137. Die Tatsache, daß man in der Burg auch Scherben des 11. Jahrhunderts gefunden hat, bedeutet natürlich nicht, daß die Burg am Anfang des 11. Jahrhunderts erbaut worden ist. Keramik des 11. Jahrhunderts wurde auch nur an einer einzigen Stelle gefunden. Der Vergleich mit anderen Anlagen legt nahe, daß es sich um das Ende des 11. Jahrhunderts oder den Beginn des 12. Jahrhunderts handeln muß. Dazu paßt, daß bei den Ausgrabungen Keramik des 12. bis 14. Jahrhunderts bei weitem überwog. Der oft genannte Fischgrätenverband im Mauerwerk bietet keine zuverlässige Datierungshilfe, wie schon Leo Nebelsiek in seinen Ausführungen betonte.

14 W. Meyer/L. Nebelsiek/H. Kiewning: Ruine (wie Anmerkung 4), S. 131.

15 H. Kiewning in: W. Meyer / L. Nebelsiek / H. Kiewning: Ruine (wie Anmerkung 4), S. 138.

16 Vgl. zum Beispiel Lippische Regesten (wie Anmerkung 11), Nr. 20.

17 Zu den Grafen von Schwalenberg F. Fowick: Die staatsrechtliche Stellung der ehemaligen Grafen von Schwalenberg (= Veröffentlichungen der Historischen Kommission Westfalens XXI: Geschichtliche Arbeiten zur westfälischen Landesforschung; Bd. 5). Münster 1963; F. Huismann: Die Grafen von Schwalenberg und das Reich im Hochmittelalter, in: Mitteilungen des Vereins für Geschichte an der Universität-GH Paderborn 10/1997, S. 5-24.

18 Lippische Regesten (wie Anmerkung 11), Nr. 655 vom 6. Juli 1320.

19 Vgl. H. Dietz: Rischenau (wie Anmerkung 7), S. 192. Bei der Wehranlage auf dem Brink kann es sich nur um eine Schwalenberger Anlage gehandelt haben, siehe ebenda S. 197.

20 Ebenda, vor allem S. 184 f.

21 Lippische Regesten Neue Folge, bearb. von H.-P. Wehlt (= Lippische Geschichtsquellen; Bd. 17). Lemgo 1989 ff. 1365.01.25.

22 Zu Niederem und Oberem Hof in Kohlstädt vgl. F. Hohenschwert: Die Fundamentgrabung auf dem Kuhlhof in Kohlstädt (Lippe): Ein Beitrag zur mittelalterlichen Hausforschung, in: M. Bringemeier u.a. (Hrsg.): Museum und Kulturgeschichte - Festschrift für Wilhelm Hansen (=Schriften der Volkskundlichen Kommission für Westfalen; Bd. 25), S. 73-90, hier S. 77.

23 Vgl. W. Meyer/L. Nebelsiek/H. Kiewning: Ruine (wie Anmerkung 4), S. 139.

24 F. Hohenschwert: Fundamentgrabung (wie Anmerkung 22), S. 74.

25 Lippische Regesten Neue Folge (wie Anmerkung 21), 1405.09.29.

Abbildungen:

Lipp. Landesbibliothek Detmold: 32, 33.
Heinz Wiemann: 30.

Heinrich Stiewe
Das Bauernhaus Kuhlmeier aus Kohlstädt

Anmerkungen:

1 Zur Topographie Kohlstädts und des Kuhlhofes vgl. die kenntnisreiche Einleitung bei Friedrich Hohenschwert: Die Fundamentgrabung auf dem Kuhlhof in Kohlstädt (Lippe). Ein Beitrag zur mittelalterlichen Hausforschung. In: Martha Bringemeier u. a. (Hgg.): Museum und Kulturgeschichte. Festschrift für Wilhelm Hansen. Münster 1978, S. 73-90 (Schriften der Volkskundlichen Kommission für Westfalen, 25), hier: S. 74-77; zur mittelalterlichen Geschichte vgl. Martin D. Sagebiel: Die mittelalterlichen Besitzverhältnisse in Schlangen, Kohlstädt und Oesterholz. In: Heinz Wiemann (Hg.): Lanchel, Colstidi, Astanholte. Beiträge zur Geschichte der Ortschaften Schlangen, Kohlstädt und Oesterholz-Haustenbeck. Schlangen 1969, S. 61-96; hier: S. 81 ff.

2 Herbert Stöwer und Fritz Verdenhalven: Salbücher der Grafschaft Lippe von 1614 bis etwa 1620. Detmold 1969 (Lippische Geschichtsquellen, 3), S. 392 und 462; zum Begriff der Eigenbehörigkeit vgl. ebda., S. 526.

3 Heinz Wiemann (Bearb.): Schlangen-Kohlstädt-Oesterholz-Haustenbeck. Bilder aus der Vergangenheit, Bd. 1. Schlangen 1986, S. 111 ff. sowie Hohenschwert 1978 (wie Anm. 1), S. 90. Ein Aquarell von A. Thiele aus dem Jahre 1937 (Lippisches Landesmuseum Detmold) zeigt die Hofanlage mit der Linde und einer phantasievollen Rekonstruktion des Einfahrtsgiebels, die in ihrer Fachwerkgestaltung eher an Bauten

des 19. Jahrhunderts erinnert; Abbildung bei Sagebiel 1969 (wie Anm. 1), S.82.

4 P[aul] Michels: Ein uraltes Zweiständerhaus. In: Heimatborn. Beilage zum Westfälischen Volksblatt, 16. Jg. Nr. 7, Paderborn 1936, S. 28.

5 Josef Schepers: Das Bauernhaus in Nordwestdeutschland. Münster 1943 (Neudruck Bielefeld 1978), S. 85. Übrigens nimmt Schepers für sich in Anspruch, den Bau „entdeckt" zu haben - er zitiert den „Herr(n) Stadtbaurat a.D. Michels aus Paderborn, der von mir in dieses Haus hineingeführt wurde und freundlicherweise die zeichnerische Aufnahme besorgte" (ebda.). Das Aufmaß von Michels entstand im Dezember 1935 (Signatur auf den erhaltenen Zeichnungen im Westf. Amt für Denkmalpflege, Münster).

6 Josef Schepers: Westfalen-Lippe (Haus und Hof deutscher Bauern, 2). Münster 1960, S. 376 f., Taf. 163 f. Spätere Auflagen unter dem Titel: Haus und Hof westfälischer Bauern (7. Auflage Münster 1994). Die Originalzeichnungen von Eitzen befinden sich im Westfälischen Amt für Landes- und Baupflege in Münster.

7 Hohenschwert 1978 (wie Anm. 1). Hohenschwert fand auch die Fundamente des 1957 abgebrochenen, rezenten Baus mit den zugehörigen Lehmfußböden der Diele und einem rautenförmig gemusterten Kieselpflaster im Flett, das auf den Fachwerkeinbau des späten 17. Jahrhundert und die dadurch verkleinerte Küchenlucht (siehe unten) Bezug nimmt. Auffällig war das Fundament der linken Dielenständerreihe, das am Beginn des Fletts zur Diele abwinkelte - möglicherweise war es von einem älteren Vorgängerbau des 15. Jahrhunderts übernommen worden (S. 78 ff.).

8 Hohenschwert 1978 (wie Anm. 1), S. 73. Tatsächlich betrug die Breite der Diele etwa 7,60 m (nach Aufmaß).

9 Schepers 1960 (wie Anm. 6), S. 50.

10 Auf diesen Befund weist Schepers (1960, wie Anm. 6, S. 377) hin. Neben einer unzutreffenden Rekonstruktionszeichnung (ohne Zwischenständer, Taf. 163a) ist dort eine perspektivische Ansicht von Eitzen abgebildet, die eine Rekonstruktion des Giebels mit Zwischenständern zeigt (Taf. 163d). Diese Ansicht wurde offensichtlich für den Druck überarbeitet - die Originalzeichnung Eitzens, die sich im Westfälischen Amt für Landes- und Baupflege, Münster, befindet, zeigt ebenfalls keine Zwischenständer.

11 Dendrochronologisches Gutachten vom 29.9.1998 von Hans Tisje, Neu-Isenburg, im Auftrag des Westfälischen Freilichtmuseums Detmold.

12 Gestaffelte Baukörper dieser Art kommen nur selten an größeren Bauernhäusern vor, so z. B. am abgebrochenen Haupthaus des Meierhofes in Stapelage, das durch zwei Zeichnungen von Emil Zeiß im Lippischen Landesmuseum Detmold überliefert ist. Häufiger sind sie dagegen bei ländlichen Gutshäusern oder Pfarrhäusern nachweisbar; vgl. Heinrich Stiewe: Pfarrhausbau in Lippe. In: Thomas Spohn (Hg.): Das Pfarrhaus in Westfalen und Norddeutschland (im Druck, erscheint voraussichtlich 2000).

13 Susanna Catharine Lakemeier (Lakemeyer) stammte vom Lakehof, einem großen Meierhof bei Belle im Amt Schieder (geb. 7.5.1778, gest. 15.6.1854); ihr Vater war der Vollmeier Wilhelm Lakemeier. Am 15.4.1803 heiratete sie Johann Heinrich Ernst Kuhlemeyer (geb. 4.12.1762, gest. 16.4.1820). Die familiengeschichtlichen Daten verdanke ich Frau Jutta Kuhlemeier, Kohlstädt; zur Hof- und Familiengeschichte des Lakehofes vgl. Eduard Schulte: Der Lakehof und seine Erbmeier. Ohne Ort (Wattenscheid) 1954, S. 111.

14 Zum Bruchsteinbau in Schlangen und Kohlstädt vgl. Wiemann 1986 (wie Anm. 3), S. 137-154.

15 Heinrich Stiewe: Die ältesten Bauernhäuser der Grafschaft Lippe. Neue Befunde zum ländlichen Hausbau des 16. Jahrhunderts. In: Ländlicher Hausbau in Norddeutschland und in den Niederlanden (Berichte zur Haus- und Bauforschung 4). Marburg 1996, S. 293-328; hier: S. 313 ff.

16 Zu Westkirchen vgl. Heinrich Stiewe: Ein Bauernhaus des frühen 16. Jahrhunderts im östlichen Münsterland. In: Hausbau in Münster und Westfalen (Jahrbuch für Hausforschung 36/37). Sobernheim/Bad Windsheim 1987, S. 113-134; zu Spexard vgl. Christoph Dautermann: Kammerfach und Preßstuck. Beobachtungen zum ländlichen Wohnen des 16. Jahrhunderts am Beispiel des Meierhofes to Berens in Gütersloh-Spexard. In: Beiträge zur Volkskunde und Hausforschung 7, 1995, S. 219-230.

17 Zu den genannten Bauten vgl. Stiewe 1996 (wie Anm. 15).

18 Die frühere Aussage des Verfassers, ein voll ausgebildetes Kammerfach sei im lippischen Baubestand des 16. Jahrhunderts noch nicht nachweisbar, ist damit zu korrigieren; vgl. Stiewe 1996 (wie Anm. 15), S. 303. Bei einem evtl. Wiederaufbau des Hauses Kuhlmeier sollte eine gründliche gefügekundliche Nachuntersuchung an den eingelagerten Bauhölzern durchgeführt werden, um noch offene Fragen und wichtige Details zu klären. Insbesondere wäre gezielt nach Hinweisen zur ursprünglichen Form und Aufteilung des Kammerfaches zu suchen.

19 Vgl. Dautermann 1996 (wie Anm. 16) sowie Christoph Reichmann: Zur Entstehungsgeschichte des Niederdeutschen Hallenhauses. In: Rheinisch-westfälische Zeitschrift für Volkskunde 29, 1984, S. 31-64.

20 Zur gewandelten Aufbaukonzeption des Museums vgl. Heinrich Stiewe: Vom Umgang mit Häusern im Museum. 30 Jahre Wiederaufbau und Baudokumentation. In: Stefan Baumeier und Jan Carstensen (Hg.): Westfälisches Freilichtmuseum Detmold. Geschichte - Konzepte - Entwicklungen (Schriften des Westfälischen Freilichtmuseums Detmold 14). Detmold 1996, S. 69-108; zum „Weserdorf" S. 96.

Abbildungen:

Friedrich Hohenschwert (Sammlung Lippisches Landesmuseum Detmold): 48 u.
Lipp. Landesmuseum Detmold: 40
Rieke, Staatshochbauamt Detmold (Sammlung Westf. Freilichtmuseum Detmold): 44 o.
Josef Schepers (Sammlung Westf. Freilichtmuseum Detmold): 41, 44 u, 46 o, 47, 48 o, 51.
Westf. Amt für Landes- und Baupflege, Münster: 45, 46 u.

Heinz Wiemann (Sammlung H. Wiemann, Dorsten): 42, 43, 50.
Sammlung H. Wiemann, Dorsten: 49.

Anne Schunicht-Rawe
Das Jagdschloß Oesterholz unter den Grafen Simon VI. und Hermann Adolph

Anmerkungen:

1 Die Quellen hierzu finden sich im Staatsarchiv Detmold (vor allem StA. Detmold, L92 R, Tit. VI 21; StA. Detmold, L33, C IV 2). Weitere Angaben finden sich in der Sekundärliteratur: u. a. Preuß, Otto: Die baulichen Altertümer des lippischen Landes. 2. Auflage Detmold 1881, S. 111. - Sundergeld, Karl: Die Baumeister des Jagdschlosses Oesterholz. In: Lippische Mitteilungen aus Geschichte und Landeskunde, 31. Bd., 1962, S. 197-229.
2 Die Dendrochronologie ist eine Untersuchungsmethode zur Altersbestimmung von Holz. Sie beschäftigt sich mit der Wachstumsstruktur der Baumjahresringe. Aufgrund ähnlicher klimatischer Verhältnisse bilden Baumarten einer Region vergleichbare Jahresringe aus. Die Struktur dieser Jahresringe wird in Meßkurven festgehalten, mit deren Hilfe durch Vergleiche das Fälldatum eines Baumes ermittelt werden kann. Je mehr äußere Jahresringe vorhanden sind, desto genauer läßt sich das Fälldatum bestimmen.

Abbildungen:

Lipp. Landesbibliothek Detmold: 63.
Staatsarchiv Detmold (D 73 Tit. 5 1642/1643): 62, 64.
Weserrenaissance-Museum Schloß Brake: 60.

Walter E. Capelle
„...totaliter ruinieret...!“

Anmerkungen:

1 L 59 Nr.48 von 1647
2 L 59 Nr. 48 von 1647
3 L 59 Nr. 47 vom 19. März 1648
4 L 92 III b Nr. 15, Horner Amtsbelege
5 L 60 Nr. 83 vom 27. November 1651
6 L 59 Nr. 47 vom 19. März 1648
7 L 59 Nr. 48 von 1647
8 L 92 z III b. Nr. 15 vom 11. April 1648
9 L 92 z III b Nr. 15 vom 4. Februar 1645
10 L 58 Nr. 79 ab April 1646
11 ebd.
12 L 92 z III b Nr. 15 vom 11 April 1648
13 Butterweck, Geschichte der Lippischen Landeskirche, S. 562 u. 529
14 L 92 z III b. Nr. 15 vom 8. Oktober 1650
15 L 59 Nr. 41 vom 11. Februar 1647
16 L 59 Nr. 48 von Ende 1647
17 L 59 S. 93 von Herbst 1647: Horner Burgmeierei soll verpfändet werden
18 Lit. 6 von 1640/42: Kommandant von Lemgo
19 Lit. 6, vom November 1643: Horner Burg (= ihr Wittumb)
20 L 58 Nr. 79 vom 17. April 1646
21 L 58 Nr. 79 April bis Mai 1646
22 L 58 Nr. 79, September 1646: „Kornboden leer!“
23 Lit. 8 und Lit. 11
24 L 59 Nr. 42 Herbst 1647: Hessischer Paß für Prinz Simon Ph. u. Tutor
25 L 59 Nr. 43 vom 14. Februar 1648
26 Lit. 6 u. Lit. 8
27 Lit. 6 u. Lit. 11, B 10 u. B 11
28 28 Lit. 10: Bongers, Ulrike, Plünderung Lemgo, 23. Mai 1646
29 L 59 Nr. 47 vom 19. März 1648
30 L 59 Nr. 43 von 1648
31 Lit. 1, 1675, S. 135 u. Lit. 13, B 13 g
32 Lit. 3, Schlangen 1991, S. 33-35, Lit. 11, B 13 1

Quellen - Findbücher - Regesten

L 1 Urkunden
L 2 Gräfliche Korrespondenz 1637-1650
L 33 Amt Horn, Vogtei Schlangen
L 34 Stadt Horn
L 58 30jähriger Krieg 1645-1652
L 59 30jähriger Krieg 1645-1652
L 60 30jähriger Krieg 1645-1652
L 65 Lippische Kirchengeschichte
L 70 Kirchen und Schulakten A I - D IV
L 80 Schulakten-neu III
L 92z III a, Nr. 15: Amtsrechnungen Horn
L 92z III b, Nr. 15: Amtsbelege Horn
LR Lippische Regesten - alt: 4 Bände Urkunden 1860-68
LR Lippische Regesten - neu: Lose-Blatt-Sammlung Dr. Wehlt, ab 1989

Quellensammlung Horn-Bad Meinberg und Schlangen, Privatsammlung des Verfassers.

Literatur

Bongers, Ulrike: Die Plünderung der Stadt Lemgo am 23.05.1646, in: Heimatland Lippe, 10/1998, S. 285-286.
Butterweck, Wilhelm: Geschichte der Lippischen Landeskirche, Detmold 1926.
Capelle, Walter: Stadt und Amt Horn (Vogtei Schlangen) im 17. Jahrhundert, Maschinenschriftlich, November 1991.
Drewes, August: Geschichte der Lippischen Landeskirche, Detmold 1889.
Falkmann, August: Fernere Schicksale der Gräfin Katharina und ihrer Zeitgenossen, in: ebda., S. 158-189.
Gerking, Willy: Die Leute sind in die Wälder verlaufen, in: Heimatland Lippe 10/1998, S. 274-284.
Gerking, Willy: Der lippische Südosten im 30jährigen Krieg, in: Heimatland Lippe 12/1998, S. 357-361.
Hoffmeister, Wilma: Das Brandunglück in Schlangen am 2. Mai 1678, in: Wiemann, Heinz (Bearb.): Beiträge zur Geschichte, Schlangen 1991, S. 33-35.
Kittel, Erich: Heimat-Chronik Kreis Lippe, Köln 1978.
Meier-Lemgo, Karl: Die standhafte Katharina, Lemgo 1935.
Vennefrohne, Hans (Hrsg.): Nachrichten aus Stadt und Amt Horn, Horn 1890, Reprint 1976.
Wiemann, Heinz (Hg.): Lanchel / Colstidi / Astanholte, Detmold 1969.

Abbildungen:

Städt. Kunstsammlungen Augsburg: 66.
Lipp. Landesmuseum Detmold: 71.
Heinz Wiemann: 69, 73.

Ingrid Ahrendt-Schulte
„Von bösen Weibern ins Verderben gestürtzt"

Quellen:

Staatsarchiv Detmold
L 86 (Hexenprozesse) B 27;
L 86 S 24;
L 54 (Audienzprotokolle) Bd. 1.

Weiterführende Literatur:
Ingrid Ahrendt-Schulte, Zauberinnen in der Stadt Horn (1554-1603). Magische Kultur und Hexenverfolgung in der Frühen Neuzeit, Frankfurt a.M./ New York 1997.
Rainer Walz, Hexenglaube und magische Kommunikation im Dorf der Frühen Neuzeit. Die Verfolgungen in der Grafschaft Lippe, Paderborn 1993.

Abbildungen:

Mit freundlicher Genehmigung dem Buch von Marlies Saatkamp „Von den bösen Weibern, die man nennet die Hexen" (Borken 1992) entnommen.

Nicolas Rügge
Aus der Geschichte der Tütgenmühle

Anmerkungen:

1 Dem Bearbeiter, Herrn Heinz Wiemann, sage ich für vielfältige Hilfe herzlichen Dank; auch danke ich für freundliche Auskünfte Frau Magdalene Rügge in Schlangen (Tütgenmühle)
2 Das niederdeutsche Wort „Tüte" bezeichnete verschiedene Vorrichtungen zum Schütten, vor allem Gießröhrchen an Kannen, aber auch Trichter. Belege aus Norddeutschland beweisen, daß man auch einen Mühlentrichter darunter verstehen konnte - sowohl den, in welchen das Korn geschüttet wird, als auch den, durch welchen das Mehl in den Sack läuft: Mitteilung der Kommission für Mundart - und Namenforschung Westfalens an Heinz Wiemann, mit zahlreichen Wörterbuchbelegen. Für Westfalen ist auch die Form „Tüttek" belegt. Aus der Bedeutung des Gießens oder Schüttens erklärt sich wohl auch das Verb „(einen) tütge(r)n" = (Schnaps) trinken, vgl. zu dieser Deutung Hermann Diekmann, Woher der Name „Tütgemühle"?, in: Heimatland Lippe 55 (1962), S. 218.
3 1615 wird „Teller Henrichs Junge uff der Tetkenbecke" genannt, wobei nicht klar ist, auf welchen Bach sich dies bezieht: Staatsarchiv Detmold, L 89 A I Nr. 129, Bl. 537r (sofern nicht anders angegeben, beziehen sich alle folgenden Archivsignaturen auf Bestände des Staatsarchivs Detmold).
4 L 89 A I Nr. 134, Bl. 189v. In den Mühlenakten ist von der „Tütken Mühlen" erst 1725 die Rede: L 92 C Tit.4 Nr. 1 BI. 29.
5 Lippische Landesbeschreibung von 1786, bearb. von Herbert Stöwer, Detmold 1973, S. 110.
6 L 92 C Tit. 4 Nr. I Bl. 22.
7 L 92 R Nr. 1334 (nicht datiert), die folgenden Zitate ebd.
8 Meister Iggenhausen Voßhagen oder Walnolte stammte aus Waddenhausen; vermutlich war er nah verwandt mit Bernd Walnolte, der vor 1588 als Müller zu Steinbeck genannt ist. Interessanterweise wurde der zeitweilige Pächter der Tütgenmühle, der gräfliche Jägermeister Rabe de Wrede in Oesterholz, 1617 auf dem Gut Steinbeck ansässig. Vgl. Karl Sundergeld, Die Baumeister des Jagdschlosses Oesterholz, in: Lippische Mitteilungen aus Geschichte und Landeskunde 31 (1962), S. 197-229, hier bes. 202 ff.; Otto Pölert, Wüsten. Eine Höfe- und Siedlungsgeschichte. Wüsten o. J., S. 17, 25.
9 Wenn nicht anders angemerkt, folgt die Darstellung den Mühlenakten der Tütgenmühle: L 92 C Tit. 4 Nr. 29, 4 Bde.
10 Ra(a)be de Wrede war seit 1617 auf dem Gut Steinbeck in Wüsten ansässig (s. o.), er starb vor 1628. Vgl. Findbuch H 1; Pölert, Wüsten, S. 17.
11 Ar(e)ndt Schmer(r)ie(h)m (u. ä.), erbgesessen zu Detmold und Eckendorf, verh. mit Ilsabein Kerkmann aus Lemgo, ist u. a. 1626 und 1632 als Jägermeister genannt, 1643 als Oberforst- und Jägermeister. 1632 wohnte er nachweislich im gräflichen „Jagdhaus" Oesterholz. Vgl. Findbuch H 1; Sundergeld, Baumeister, S. 227.
12 Vgl. Hermann Wendt, Das ehemalige Amt Falkenberg, Lemgo 1965, S. 43 f.
13 L 89 A 1 Nr. 131, Bl. 47 v.
14 L 92 R Nr. 1505, n. pag. (21.9.1650)
15 L 89 A 1 Nr. 132, BI. 599r.
16 Vgl. Nicolas Rügge, Zur Herkunft der Familie Rügge in Schloß Neuhaus, in: Die Residenz, Heft 106 (Sept. 1998), S. 3-9.
17 1663: „Curd" (evtl. Vater von Claus?). Die „Endemühle" konnte bisher nicht identifiziert werden.
18 L 89 A 1 Nr. 133 Bl. 213 (Gogerichtsregister Ostern 1664).
19 Vgl. z. B. L 89 A 1 Nr. 133 Bl. 400v (Gogerichtsregister Ostern 1667: Der Müller klagt, daß Voß sein Korn nach Lippspringe zum Mahlen gebracht, „da er doch Wasser gnug hätte, ihme zu helffen", 1/2 Taler Strafe).
20 Vgl. Wilma Hoffmeister, Das Brandunglück in Schlangen am 2. Mai 1678, in: Heinz Wiemann (Hg.), Schlangen, Kohlstädt, Oesterholz, Haustenbeck. Beiträge zur Geschichte, Schlangen 1991, S. 33-35.
21 L 92 C Tit. 4 Nr. 1 Bl. 27.
22 Zu den Klagen über Wassermangel vgl. z. B. für das 18. Jahrhundert (1725, 1726, 1738 ...): L 92 C Tit. 4 Nr. 1 Bl. 29 ff.
23 L 92 C Tit. 4 Nr. 29 Bl. 21. Für 1715 ist ein „Knecht aus der Tüetke Mühlen" bezeugt: L 89 A 1 Nr. 137, Bl. 227r.
24 L 92 C Tit. 4 Nr. 1 Bl. 39. Honerla gibt an (1738), seine Vorfahren und er hätten die „Tütken Mühle bey Österholtz" schon über 50 Jahre lang gepachtet.
25 L 92 R Nr. 1505, n. pag. (1748).
26 So sind wohl die Äußerungen von der 1766 „neu erbauet(en)" Mühle bzw. vom „neu aufgebauten Mühlen =Gebäude" zu verstehen: L 92 C Tit. 4 Nr. 29 Bd. 1 Bl. 55-57.
27 1802 ist „der Tütkenmüller Tracht" genannt in der Auflistung der neun Branntweinbrenner in der Vogtei Schlangen, u. a. mit der Meierei Oesterholz, „Girken Hof" und dem Müller Honerlage zu Kohlstädt: Vgl. Heinz Wiemann, Amtsrat Krücke und der Kornbranntwein, in: ders. (Hg.), Schlangen, Kohlstädt, Oesterholz, Haustenbeck, Beiträge zur Geschichte, Schlangen 1991, S. 40 f.
28 L 92 C Tit. 4 Nr. 29 Bd. 1 Bl. 72 (1784).
29 Vgl. Heinz Wiemann, Keine Mühle auf dem Gut Girke, in: Schlänger Bote Nr. 132 (Jan. 1991); ders., Eine Waage für die Tütkenmüh-

le, ebd. Nr. 134 (April 1991). Auch in Lage wurde 1780 auf Beschwerden hin eine Waage in der Mühle installiert: Vgl. Heinz Kreutzmann/Ludwig Altrogge, Die Herrschaftliche Mühle zu Lage, Lage 1977, S. 17.

30 So die Vormünder der Anerbin Busch (1805): L 92 C Tit. 4 Nr. 29 Bd. 1 Bl. 276v.

31 Ebd., Bl. 278v.

32 L 92 C Tit. 4 Nr. 29 Bd. 1 Bl. 288-90; zu der aus dem Teich hervorgegangenen Wiese ebd. Bd. 2 Bl. 5 ff. Nach dem Verlassen der Mühle kämpfte Trachte vergeblich darum, die mit einem Stauwerk versehene Wiese vor dem Mühlendamm weiterhin selbst in Erbpacht zu behalten. Später wurde er zu einer Zuchthausstrafe verurteilt (Wendt, Amt Falkenberg, S 244).

33 Lt. Kirchenbuch Detmold getauft am 1. Januar 1785 auf die Namen Charlotte Friederike.

34 L 92 C Tit. 4 Nr. 29 Bd. 2 Bl. 48.

35 Wohl zur Zeit seiner Heirat 1814 zogen der Blaufärber Hans Anton Althof aus Osnabrück und seine Frau als Einlieger auf die Tütgenmühle. Vgl. Heinz Wiemann, Blaufärberei „auf der Tütkenmühle", in: ders. (Hg.), Schlangen, Kohlstädt, Oesterholz, Haustenbeck. Beiträge zur Geschichte, Schlangen 1991, S. 73-77.

36 Zeugnis des Friedrich Wilhelm Bauer vom 5.7.1814: L 92 C Tit. 4 Nr. 29 Bd. 2 Bl. 139 (Unterstreichungen im Orginal)

37 Vgl. L 92 C Tit. 4 Nr. 19.

38 Eine noch im Juli 1869 projektierte Verlegung der Hilfsmühle an die Lutter in der Senne (Akten darüber lt. freundl. Mitteilung von Herrn Heinz Wiemann in L 108 Amt Horn, Fach 14 Nr. 32) dürfte nicht mehr realisiert worden sein.

39 L 92 C Tit. 4 Nr. 29 Bd. 4 Bl. 35.

40 Ebd.

41 Vgl. Wilhelm Klöpping, In Schlangen gab die Familie Lübbertsmeier für die Landwirtschaft leuchtende Beispiele, in: Lippische Blätter für Heimatkunde 1984 Nr. 2 S. 7 f.

42 Vgl. Heinz Wiemann, „Dieses Haus haben bauen lassen ...", in: Der Gemeindebote, Heft Nr. 15, Schlangen 1961, S. 27.

43 Vgl. Adreßbuch für das Fürstentum Lippe, Detmold 1901.

44 Vgl. Heinz Wiemann, Die ersten Trecker, in: Schlänger Bote Nr. 176 (Okt. 1995).

Abbildungen:
Heinz Wiemann: 98.
Sammlung Wiemann: 107

Hanns-Peter Fink
Jagdfrevel in der Senne im 18. Jahrhundert

Quellen:
Das Diarium Lippiacum des Amtmanns Anton Henrich Küster, bearb. von Fritz Verdenhalven (†) und Hanns-Peter Fink, Detmold 1998.
(= Lippische Geschichtsquellen Band 22.)
Staatsarchiv Detmold L 39 A X.

Clemens Freiherr von Wolff-Metternich: Familienchronik. Münster 1985.
(= Westfälische Quellen und Archivverzeichnisse Band 11.)

Abbildungen:
Paul Theurich: 120.
Staatsarchiv Detmold (D 75 Nr. 2840/23a): 122.
Westf. Amt für Denkmalpflege Münster: 118.

Heinz Wiemann
Zur Geschichte eines „besonderen Grenzsteines"

Quelle:
Staatsarchiv Detmold: L 77 A Nr. 6449.

Literatur:
Wolfgang Büchel: Karl Friedrich Schinkel, Reinbek 1994.

Anmerkung:
Durch ein Versehen wurde im 1. Band der „Beiträge zur Geschichte" (Schlangen 1991) 1825 - statt 1845 - als das Jahr der Aufstellung des Grenzsteines angegeben.

Abbildungen:
Westfälisches Amt für Denkmalpflege Münster: 130.
Hermann Diekmann: 134.
Friedel Schütte: 136.
Staatsarchiv Detmold (L 77A Nr. 6449): 131.
Heinz Wiemann: 129.

Vera Scheef
Die Senne in der bildenden Kunst des 19. Jahrhunderts

Anmerkungen:
1 Hansen, 1962, S. 39.
2 Wasgindt, 1986, S. 109.
3 Unsere Senne, S. 342.
4 Wasgindt, 1986, S. 113.

Literatur:
Hansen, Wilhelm: Lippe-Ansichten aus alter Zeit, Detmold 1962.
Unsere Senne, Staumühle 1928.
Vogt, Mathias: Die Senne - Natur- und Kulturlandschaft in Ostwestfalen, hrsg.: Landschaftsverband Westfalen-Lippe 1992, Heft 1.
Wasgindt, Horst: Romantisches Ostwestfalen, Lippe, Bielefeld 1986.
Ders.: Bielefeld, Senne, Bielefeld 1982, Bd. 2.

Abbildungen:
Lipp. Landesmuseum Detmold: 146, 147.

Walter Göbel
Elektrizitätsversorgung in Haustenbeck

Quellen:
Protokollbuch der Gemeinde Haustenbeck 1921 bis 1929.
Privatarchiv Walter Göbel, Schlangen.

Mündliche Auskünfte:
Frau Auguste Wulfkuhle, geb. Oesterhaus, Kohlstädt.
Werk Wesertal, Niederlassung Detmold.

Abbildungen:
Walter Göbel: 149, 151.
Sammlung Göbel: 150

Erika Varchmin
1945: Die Amerikaner kommen ins Dorf

Anmerkung:
Erika Varchmin, geb. Vollmer (geb. 1914), hat ihre Erinnerungen wenige Monate nach der Ankunft der amerikanischen Soldaten im April 1945 in Schlangen aufgeschrieben.

Abbildung:
Willi Benkelberg: 162.

Heinz Wiemann
Erinnerungen an die Konfirmation im Jahre 1948

Den Zeitzeugen sei herzlich für ihre Mitteilungen gedankt.

Abbildung:
Walter Steffens: 164.